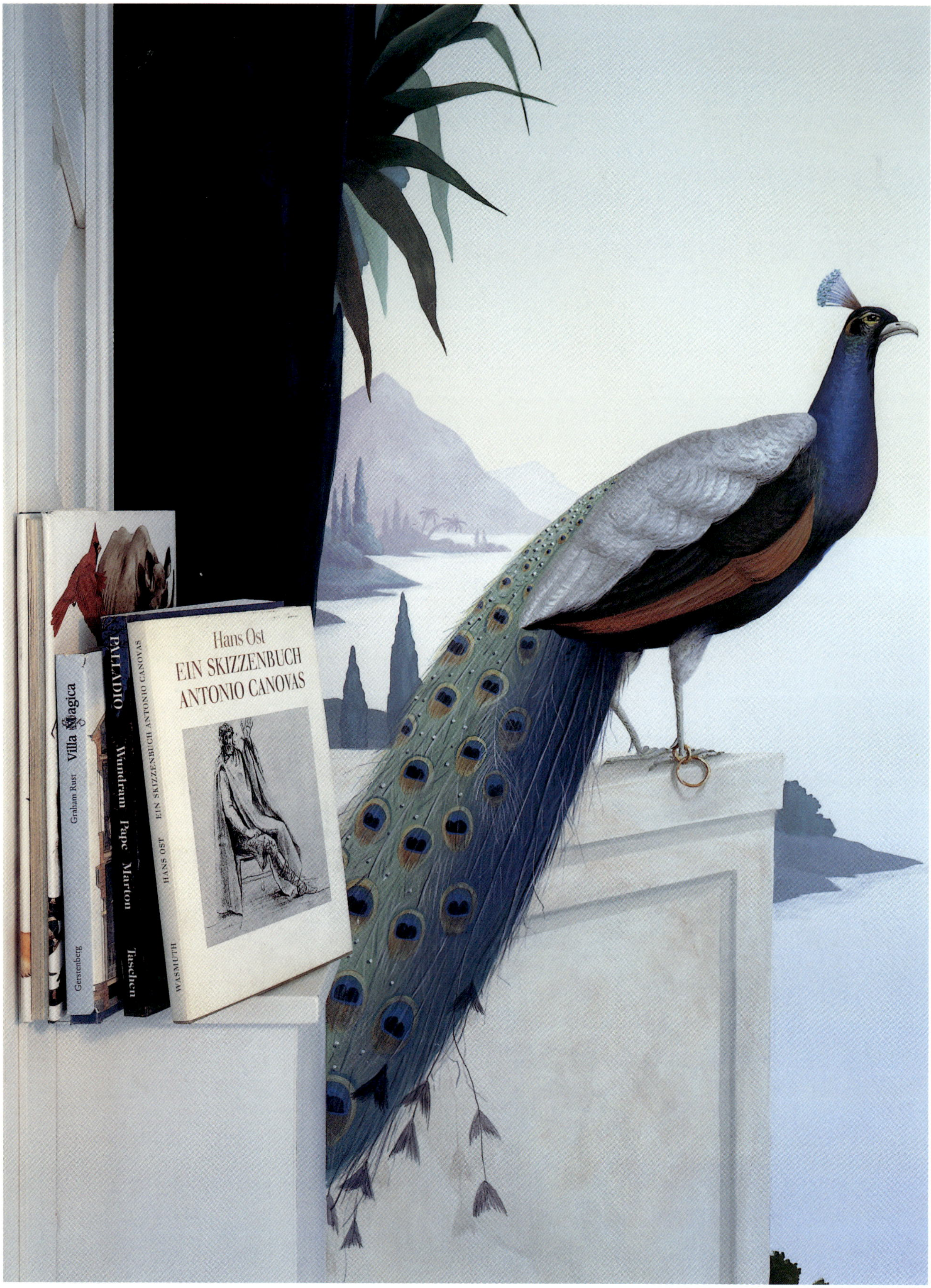
Hans Ost
EIN SKIZZENBUCH
ANTONIO CANOVAS
HANS OST EIN SKIZZENBUCH ANTONIO CANOVAS
WASMUTH
PALLADIO
Wundram Pape Marton
Taschen
Villa Magica
Graham Rust
Gerstenberg

Christian Wahl · Carlo Forster
Text Katalin Fischer

Illusionsmalerei

Effektvolle Dekoration für jeden Raum
Vorbilder · Techniken · Materialien

Callwey

Zu den Bildern
Die Aufnahmen zu diesem Buch stammen größtenteils von Herrn Noah Cohen und Hans Engels sowie von den Autoren. Die einzelnen Arbeitsschritte wurden jeweils mit der Kamera festgehalten. Hieraus erklären sich auch die zum Teil verschiedenen Lichtverhältnisse bei Naturlicht, die in manchen Schritt-für-Schritt-Folgen zu sehen sind.

Abbildung auf Seite 2
Die echten Bücher im Vordergrund machen es dem Betrachter schwer, die Trennungslinie von Realität und Illusion zu erfassen. Der Pfau im Vordergrund ist präzise gemalt, während die Berge und der Horizont im Hintergrund im diffusen Licht zu verschwimmen scheinen. Diese Luftperspektive wird durch kühle, verwischte Töne im Hintergrund und warme, präzise ausgewählte Farben im Vordergrund erreicht.

Abbildung rechts
Firmentafel der Autoren

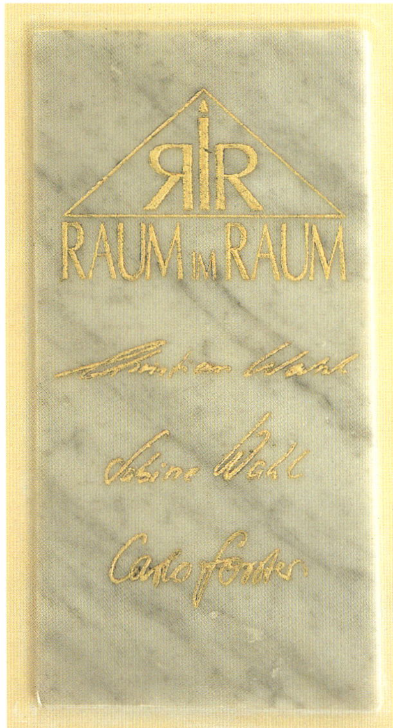

Die Deutsche Bibliothek – CIP-Einheitsaufnahme
Illusionsmalerei : effektvolle Dekoration für jeden Raum; Vorbilder, Techniken, Materialien/Christian Wahl; Carlo Forster; Text Katalin Fischer. – 2. Auflage – München : Callwey, 1999
(Callwey creativ)
ISBN 3 - 7667 - 1283 - 7

2. Auflage 1999

Streitfeldstraße 35, 81673 München
http://www.callwey.de
E-Mail: buch@callwey.de

Einbandgestaltung Jonas Distel, München, unter Verwendung der Abbildung 35
Satz Filmsatz Schröter GmbH, München
Lithos Fischer Repro Technik GmbH, Frankfurt
Druck und Bindung Ludwig Auer GmbH, Donauwörth
Printed in Germany 1999
ISBN 3-7667-1283-7

Inhalt

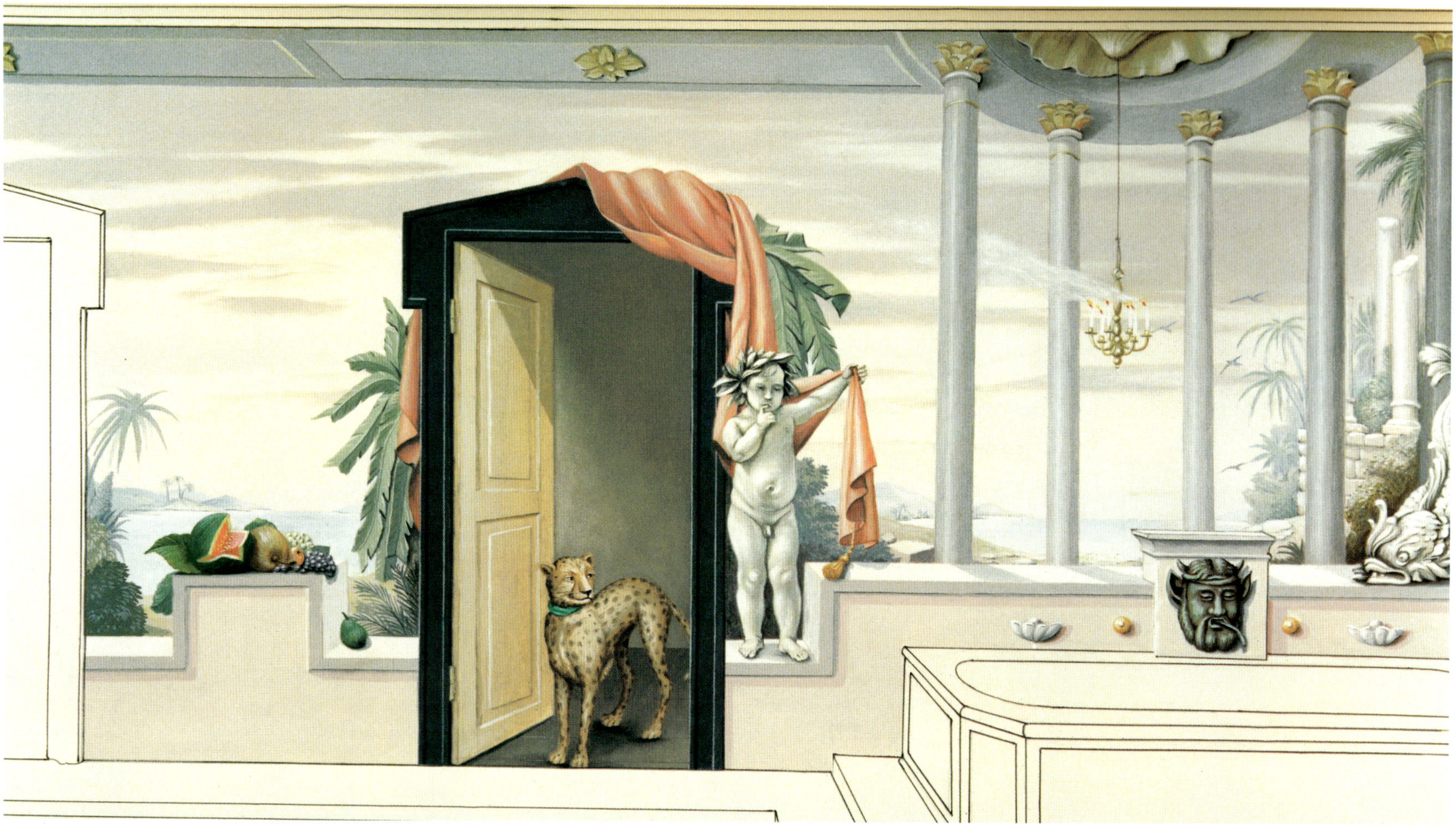

1 Entwurf für Illusionsmalerei im Bad: Der Ausblick über die Brüstung auf das Meer und die Landschaft erweckt den Eindruck, die Wand des Bades existiere nicht. Gesteigert wird diese Illusion noch durch die eingemalte, halb offenstehende Türe, in der ein Gepard steht.

Vorwort

Vor fünf Jahren wurde ich von meinem geschätzten Freund und Partner Carlo Forster dazu verführt, bei einem Industriellen in dessen Gästetoilette meine erste Trompe-l'œil-Malerei anzufertigen. Ich malte schon damals meine großformatigen, abstrakten Bilder, beteiligte mich an nationalen und internationalen Ausstellungen und nun galt es, eine völlig andere Richtung einzuschlagen.

Mit feinen Borstenpinseln, Malstock und Farben ausgerüstet stand ich in einem kleinen und schlecht beleuchteten Raum. Die Vorgabe hieß: Balustrade – Früchte – Palmen – Inseln – Horizont; Vordergrund – mittlerer Bereich – Hintergrund, das war der klassische Aufbau, wie er mir aus dem Manierismus der italienischen Renaissance bekannt ist.

Ich versank in Blumen, »flog« über die Balustrade hinüber zu den Inseln, hinein in das gleißende Licht eines beginnenden Tages. Nur nicht aufhören zu malen, Aufenthalt nehmen im Traum einer Landschaft.

Aus diesem ersten Kontakt mit dem für mich neuen Metier entstand die Idee, RIR – Raum im Raum – als Markenbezeichnung zu gründen, mit den gemalten Illusionen von Christian und Sabine Wahl und Carlo Forster.

Das war eine gute Konstellation: Meine Frau und ich als Maler und Carlo Forster, spezialisiert auf kostbare Wandoberflächen mit dem Flair venezianischer Palazzi.

Mit zunehmender Erfahrung stellten wir immer höhere Ansprüche an unsere Fähigkeiten. Schon bald entstanden die ersten Gesamtkunstwerke, Architektur und Malerei verschmolzen zu perfekten Arrangements. Carlo Forster setzte beispielsweise ein Schwimmbad in ein antik anmutendes Ruinenfeld, wir bemalten die Wände im Stil pompejanischer Fresken – und die Illusion war gelungen.

Vor einem Jahr entstand in unserem Kinsauer Atelier die Idee zu diesem Buch. Es sollte eine kleine Meisterschule werden, welche qualifizierten Autodidakten und professionellen Malern viele Anregungen bieten könnte. Freilich ist dieses Genre als künstlerische Disziplin so umfangreich, daß wir im Buch nur gezielt einige wichtige Bereiche behandeln konnten.

Mein Dank geht an meine Frau Sabine für ihre Unterstützung in schwierigen Momenten und ihre wertvolle Kritik, an Carlo Forster für seine begeisterte Mitarbeit und an Katalin Fischer, die sich in unermüdlichen Recherchen in dieses Thema eingearbeitet und den Text mitverfaßt hat.

Christian Wahl, im Herbst 1997

Einleitung: Über Trompe-lœil und seine Geschichte

Das Amusement

Ein Gemälde betrachten ist eines, eine Landschaft betrachten etwas anderes. Ein Gemälde betrachten, das eine Landschaft darstellt, vermittelt die Vision dieser Landschaft unter der Voraussetzung, daß wir sie als Vision und nicht als wirklich erkennen. Das Betrachten eines Gemäldes indessen, das für den Moment vorgibt, eine wirkliche Landschaft zu sein, um sich im nächsten Moment selbst augenzwinkernd als Betrug zu entlarven, hat noch eine andere, eine intellektuelle Dimension. Wir erfreuen uns nicht nur an der Technik, wie bei der Malerei und nicht nur an der Schönheit der Landschaft, wie beim Blick aus dem Fenster, sondern an etwas Zusätzlichem, nämlich am Getäuscht-Werden.

Diese Freude ist eine geistige. Die Erfahrung, daß sich unsere Sinne durch einen perfekten visuellen Trick täuschen lassen, weicht der lächelnden Erkenntnis, wie raffiniert wir hinters Licht geführt werden. Wir sehen eine halbgeöffnete Tür, in der ein Gepard sitzt. Freude – oder Angst? – kommt auf: »Oh! Er ist da!«, um dann der Erkenntnis zu weichen: »Er kann nicht da sein!«

In der langen Geschichte der Trompe-l'œil-Malerei stand neben ökonomischen und praktischen Gesichtspunkten immer diese Freude an erster Stelle. Die Täuschung ist kein Betrug, im Gegenteil, oft ist Illusion schöner als die Wirklichkeit, zuweilen ziehen wir die künstliche Landschaft dem Blick aus dem Fenster vor und genießen die Erfahrung eines illusionistisch verlängerten Korridors mehr als den wirklichen langen Gang. Die Lust an der Entdekkung, daß das, was wir mit Augen sehen, nicht identisch ist mit dem, was unser Verstand sagt, ist unvergleichlich größer als simpler ästhetischer Genuß.

Die Experimentierfreude mit Trompe-l'œil-Techniken brachte zuweilen regelrechte Gags hervor, wie im Fall des berühmten »ungefegten Speisesaals«. Es handelt sich um ein Mosaik in Rom des griechischstämmigen Künstlers Heraklit aus dem zweiten Jahrhundert, das sich auf eine noch ältere Variante aus Pergamon beruft. Auf dem Fußboden scheinen Gemüsekerne, Fischgräten, Hummerscheren, Nußschalen und andere Essensreste verstreut herumzuliegen – akkurat, mit wohlgesetztem Schatten, modelliert. Auch in der modernen Illusionsmalerei treffen wir auf diese humoristische Note: Ein hingeworfenes Handtuch auf dem vorgetäuschten Fensterbrett im Bad impliziert eine imaginäre Person, die es gleich abholen wird, Holzbottich und Reisigbesen wurden vom illusionären Reinigungspersonal auf dem eleganten Flur »vergessen«.

Die Geschichte

Die alten Ägypter liebten es, die Decken ihrer Bauwerke mit gemaltem Himmel, auf dem Sterne leuchteten, zu »öffnen«. Griechen und Römer dekorierten ihre Häuser mit Fresken im Trompe-l'œil-Stil. Renaissance, Manierismus, Barock und Rokoko entwickelten und verfeinerten die Technik, Räume und Gegenstände vorzugaukeln. Die Liebe zur Illu-

2 *Cubiculum floreale, Wandbild in der Casa del Fruttero in Pompeji, vor 79 nach Christus*

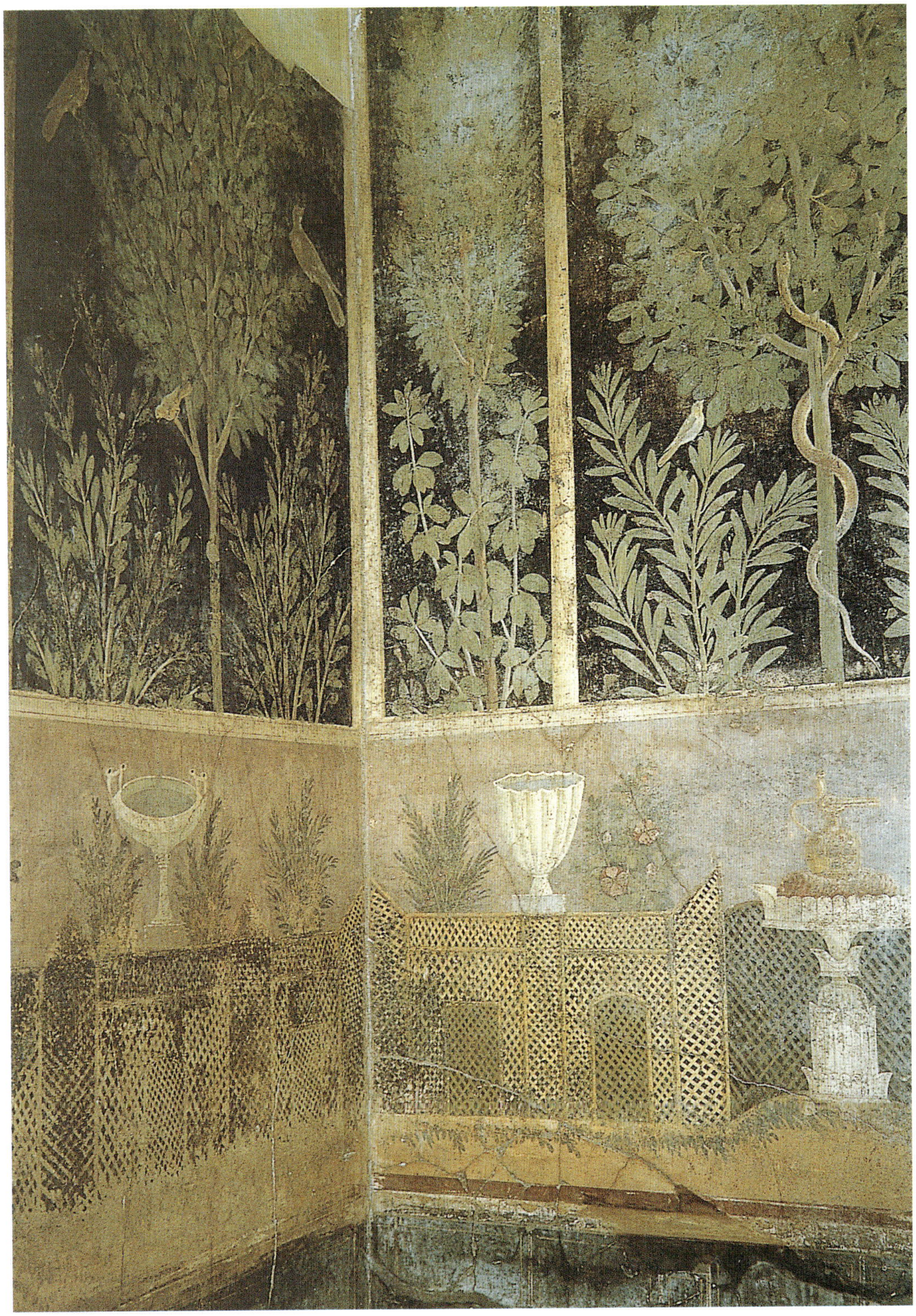

sion blieb bis hin zur Postmoderne erhalten, ihre Regeln wurden, mit geringen individuellen Abweichungen, die lediglich Details betreffen, weiter beachtet.

Plinius der Ältere berichtet von einem Wettstreit zweier Meister der täuschenden Malerei, Zeuxis und Parrhasius, etwa um 400 v. Chr. Zeuxis malte seine Trauben so echt, daß die Vögel angeflogen kamen, um davon zu picken. Dennoch gestand er den Sieg seinem Rivalen zu, als sich nämlich herausstellte, daß der Vorhang, den er von Parrhasius' Bild beiseitezuziehen bat, das Gemälde selbst war.

Die pompejanische Kunst verwendete mit verspielter Treffsicherheit die Trompe-l'œil-Technik zur Strukturierung von Wohnräumen. Die Häuser waren um Innenhöfe gruppiert, die, von Säulen gesäumt, das Herzstück des Hauses, einen Springbrunnen oder ein Wasserbecken umgaben. Weil zur Straße hin fast keine Öffnungen existierten, schufen Illusionsmalereien und Mosaiken künstliche Ausblicke. Von reichen Bordüren gesäumte Wandabschnitte lockten das Auge auf Werke monumentaler Architektur und von dort in die Ferne diesiger Landschaften einer unendlichen Welt. Allgemein üblich war die Imitation exotischer Marmorarten oder anderer edler Steine wie Porphyr, Basalt oder Alabaster. Glatte Wandflächen wurden durch aufgemalte Friese und Gesimse dynamisch gegliedert.

Die pompejanische Kultur endete abrupt, als die Stadt 79 v. Chr. nach dem Ausbruch des Vesuv unter

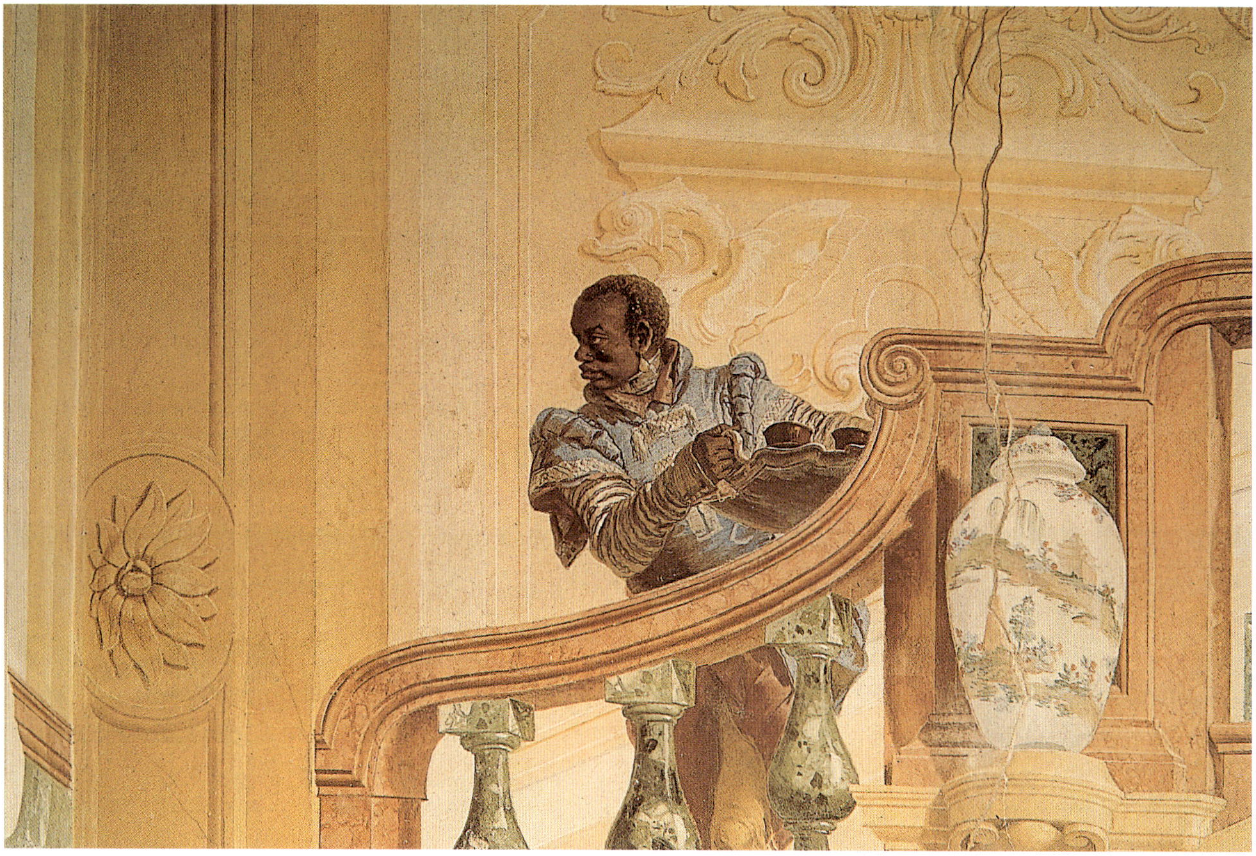

3 Mohr mit Tablett, Wandbild aus der Villa Valmarana in Vicenza, das Tiepolo zugeschrieben wird.

Lava und Asche vergraben wurde. Erst 1743 entdeckte man sie wieder, zerstört, doch konserviert. Die Ausgrabungen beeinflußten schlagartig und nachhaltig die zeitgenössische Kunst, die erste Welle des Neoklassizismus. Goethe bemerkte, keine Naturkatastrophe habe der Nachwelt je soviel Freude beschert, wie diese. Die pompejanische Wandmalerei ist zwar üppig und vielfältig, jedoch von einer unprätentiösen Schlichtheit. Daß ihr zudem das Maß aller Dinge, nämlich das menschliche Maß, innewohnt, fasziniert bis heute.

Die vermögende Gesellschaftsschicht des ausgehenden 18. Jahrhunderts vergab zahllose Aufträge für derartige Pompeji-Zimmer. 1839 ließ sich dann Ludwig I. in Bayern eine pompejanische Villa erbauen. Der Gartenpavillon im Buckingham Palast wurde 1844 um einen pompejanischen Raum bereichert, der mit gemaltem Marmor, Stoffdraperie, imitierendem Stuck und illusionistischer Landschaft geschmückt war. Die Kristallpalast-Ausstellung in London 1851 enthielt naturgemäß einen pompejanischen Hof, und Frankreichs Prinz Jérôme Napoléon zog 1860 in sein pompejanisches Haus in Paris ein.

Jene typischen bröckelnden »Fresken« auf rotem Hintergrund, illusionistisch beschädigte Bodenmosaiken oder imitierte Steinwände sind auch heute zeitgemäß wie eh und je. Selbst Imitate vermitteln die unerreichte Ausstrahlung von Ästhetik, Reinheit und Harmonie, die den Originalen zu eigen ist.

Meisterhafte Trompe-l'œil-Malereien finden sich auch in den berühmten Villen Venetiens aus dem 16. Jahrhundert. Der Architekt Andrea Palladio erbaute die berühmteste unter ihnen, die Villa Bar-

4 *Villa Barbaro, Maser: Wandmalerei von Paolo Veronese um 1560*

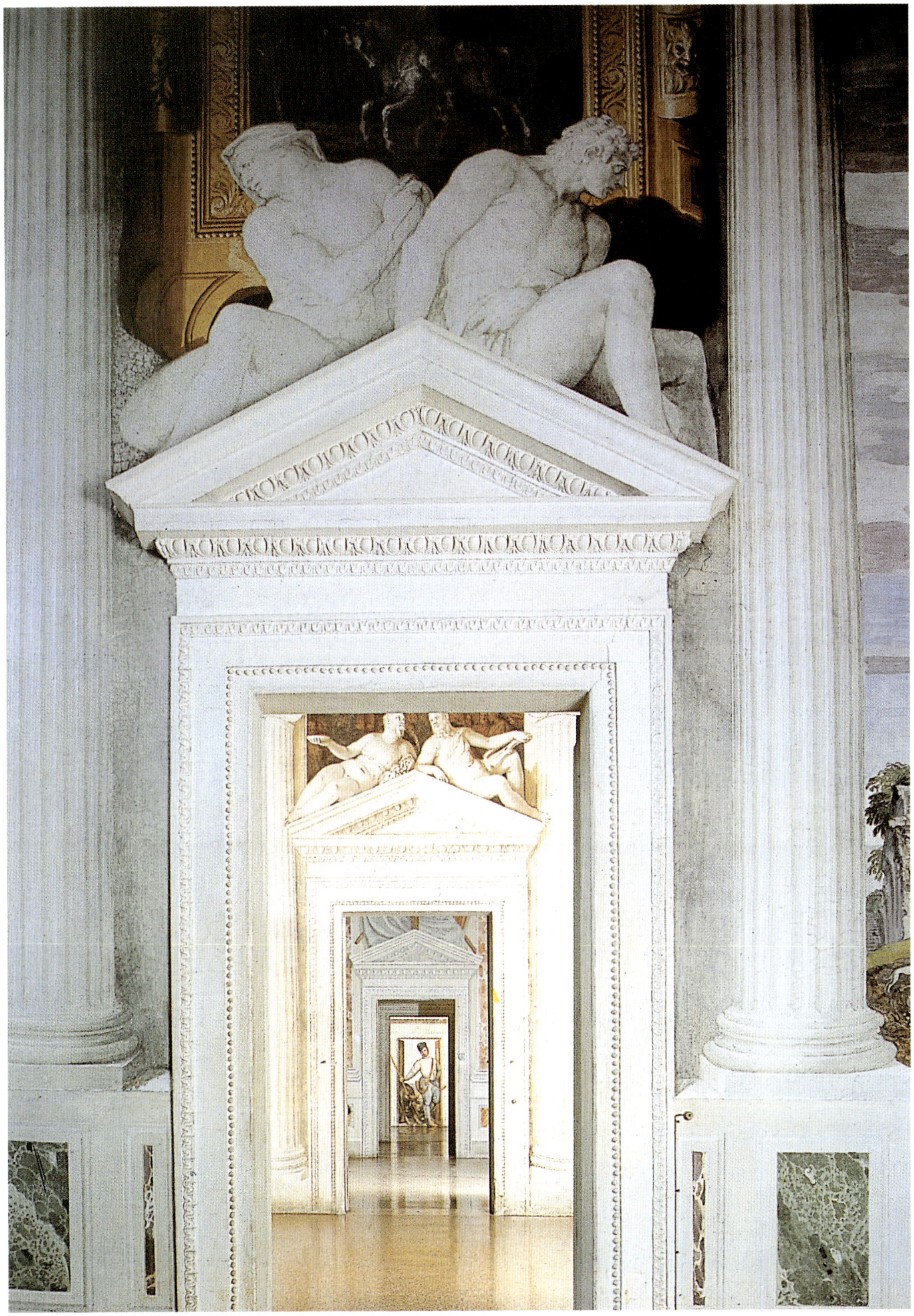

baro in Maser. Zentrum des Gebäudes ist der Saal des Olymp, bemalt von Paolo Veronese. Die Kuppel, von illusionistischer Architektur gerahmt, öffnet sich und gibt den Blick auf das Treiben der Himmlischen frei. Neben echten Fenstern bieten sich illusionistische Landschaften dar, so daß Innen- und Außenwelt verbunden, Phantasie und Realität voneinander durchdrungen und belebt werden. Trompe-l'œil-Säulen und Pilaster strukturieren die Wände, Nischen öffnen virtuelle Räume. Im Saal des Bacchus führt eine gemalte Allee die Perspektive des Raumes weiter, hinaus in die imaginäre Weite, bis zu einer entfernten Phantasievilla.

Die Gestalten der Wandmalereien entstammen ganz unterschiedlichen Welten: Antike Götter, Allegorien von Jahreszeiten vertragen sich friedlich mit der Madonna und Personen aus dem Alltagsleben. Aus einer illusionistischen Tür betritt ein Jäger mit Hunden den Raum, irgendwo steht ein schön gekleideter Diener, lebensgroße Figuren lehnen sich an gemalte Balustraden, ein Kind lugt durch die Tür – ungezwungene Gestalten, Mitbewohner und Teilnehmer am häuslichen Geschehen. Symbolische Darstellungen schmücken die Wände, die nicht nur von Festlichkeit und Kampf zeugen, sondern auch von der Hausarbeit: Besen und andere Hausgeräte runden die Dokumentation des Lebens der Villa in allen seinen Facetten ab.

Die Villa Barbaro ist ein typisches Produkt ihrer Zeit, eine vitale Huldigung an die Ästhetik und den Geist (Abb. 4). Die Renaissance strebte nach Universalität, begeisterte sich an der Schönheit in Verbindung mit der Entdeckung der Naturgesetze. Trompe-l'œil war das adäquate Ausdrucksmittel für diesen komplexen Anspruch, da es – gleichermaßen Ästhetik mit Wissen vermischend – eine kunstvoll erhöhte Variante der Natur hervorbrachte.

Die Renaissance adelte damit das Trompe-l'œil als Teil ihres philosophisch-künstlerischen Konzeptes. In der Villa Farnesina in Rom, die um 1512 von Baldassare Peruzzi erbaut wurde, befindet sich der berühmte Perspektiven-Saal. Peruzzi kreierte auf allen vier Wänden des Saales die Illusion der Öffnung, indem er durch eine gemalte doppelte Säulenhalle auf das Panorama Roms blicken ließ. Die reale Architektur wurde um den Säulengang und die dahinterliegende Terrasse mit Blick über die Stadt erweitert. Durch die luftige Konstruktion wandelt sich der Saal zur Loggia; das gesamte Haus, traditionsgemäß zur eigenen Mitte hin gestaltet, verändert seine Stimmung und strömt gleichsam nach außen. Vasari, Maler und Chronist der italienischen Renaissance, sagte dazu: »Die in Perspektive gemalten Ornamente scheinen so wahr zu sein, daß die besten Künstler glauben, es handle sich um Reliefs. Ich erinnere mich, Tizian, einen der berühmtesten Maler, mitgenommen zu haben, um sich dieses Werk anzuschauen. Er wollte einfach nicht glauben, daß es Malerei sei.« Der kritische Aretino schätzte das Werk sogar höher ein als Rafaels Malereien in der Villa.

Ein Prachtstück barocker Illusionslust ist die Passage im Palazzo Spada, von Francesco Borromini etwa um 1635 erbaut (Abb. 5). Die ganze Passage, die die Bibliothek mit dem Innenhof verbindet, ist nur achtundzwanzig Fuß lang. Borromini verlängerte sie illusionistisch, so daß sie den Eindruck einer mächtigen Kolonnade erweckt. Der Architekt verkürzte die Säulen und verengte die Weite des Ganges durch konvergierende Seiten. Gleichzeitig steigt der Fußboden, und die Decke sinkt hinab, so daß die Perspektive insgesamt eine gewaltige Verstärkung erfährt. Der Anfangsbogen, fast neunzehn Fuß hoch und zehn Fuß breit, führt zu einem Endbogen, der nur noch acht mal drei Fuß mißt. Der Betrachter, der es gewohnt ist, gleichgroße Bögen vor sich zu haben, sieht den Weg dadurch über die Maßen verlängert.

Im späten 17. und 18. Jahrhundert herrscht ein anderer Geist, damit ändert sich auch der Stellenwert des Trompe-l'œil. Hatte die Renaissance die Einheit der Dinge geschätzt und eine redliche Ästhetik gepflegt, kommt nun die suggestive Macht des Scheins zum Tragen, letztlich die Vormachtstellung des Absurden.

In der Mitte des 18. Jahrhunderts baute Giacomo Lecchi ein Palais bei Brescia, dessen Festsaal ein typisches Beispiel dafür ist (Abb. 6). Der Eintretende erkennt keine Wände mehr, weil die überwältigende Scheinarchitektur jede Ecke und Kante kaschiert. Zwei breite Treppen steigen zum Betrachter hinab, jede gibt, hinter gebündelten Marmorsäulen, den

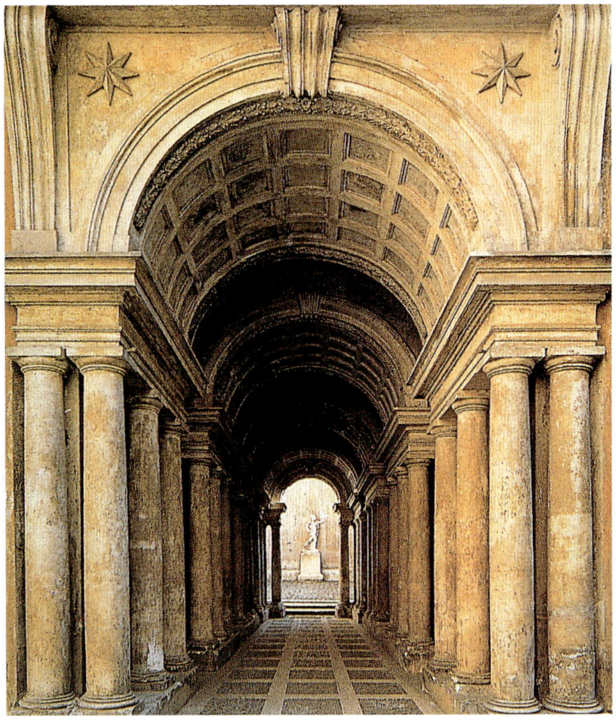

5 Gang zur Bibliothek im Palazzo Spada in Rom, von Borromini um 1635 gestaltet. Um die perspektivische Wirkung des nur 9m langen Säulenganges zu steigern, verengte Borromini die Breite des Ganges und verkürzte die Säulen jeweils nach hinten.

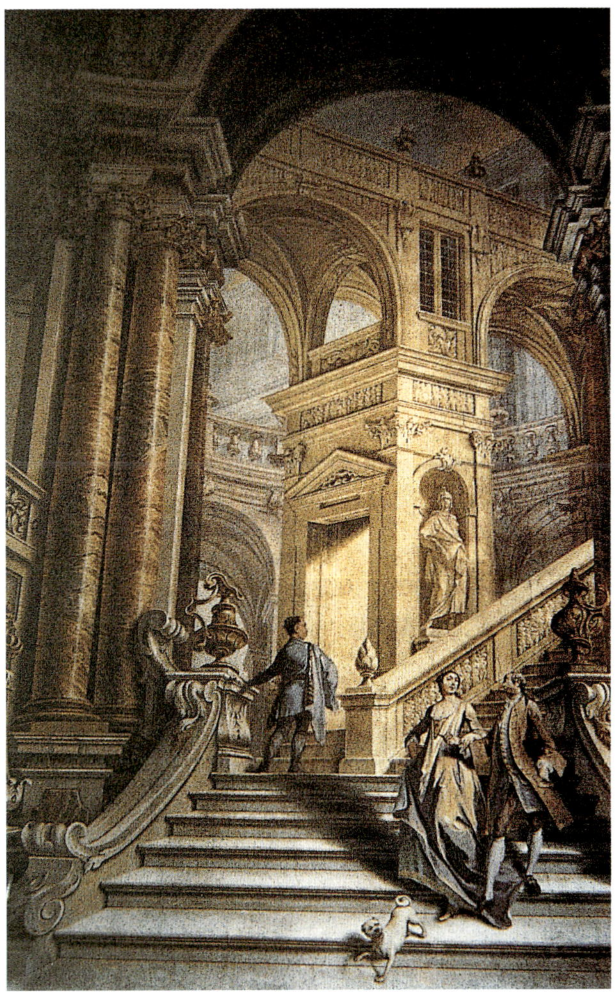

6 Festsaal in einem Palais bei Brescia von Carlo Carlone um 1745

Blick auf unendliche Hinterhöfe und entfernte Landschaften frei. Auf den Treppen laufen Kinder und Bedienstete auf und ab, Hausherr und -herrin samt Hund scheinen zur Begrüßung herbeizueilen. Der Gesamteindruck ist nicht nur überwältigend, sondern auch von bedrohlicher Atmosphäre. Der Gast fühlt sich beobachtet, da von zahllosen gemalten Balustraden und Balkonen herab versteckte Gestalten nach ihm lugen. Selbst von der nach oben hin geöffneten Decke herab fixieren ihn grimmige Allegorien und Götter. Der damalige Hausherr, Diplomat und graue Eminenz dunkler politischer Machenschaften, hatte wohl durchaus im Sinn gehabt, seine Besucher bereits durch das Interieur seines Hauses einzuschüchtern.

Zu Zeiten der Dekadenz, wenn die Kunst alle Mühe aufwendet, um trickreich über sich hinauszuwachsen, wiegt der luftige Schein allemal mehr als faßbare Materie. Am französischen Königshof des 18. Jahrhunderts durchwirkte die Illusion das gesamte Leben. Marie Antoinette, die unglückliche Königin mit dem fehlenden Bezug zur Wirklichkeit, ließ sich vom Architekten Mique einen kleinen Bauernhof in Versailles erbauen. Die Farm funktionierte sogar, die Königin und ihr Gefolge kleideten sich für Stunden illusionärer Hirten- und Bauernidyllen in entsprechend bukolische Kostüme. Freilich war das ganze Arrangement Täuschung, angefangen von der Kleidung bis hin zur prachtvollen Inneneinrichtung.

Trompe-l'œil gibt sich hier in einem ganz anderen Zusammenhang zu erkennen: als Träger für die Ausdehnung des Selbst, als Kulisse und Vehikel für Ausflüge der Persönlichkeit in andere Rollen. Marie Antoinette wurde freilich nicht zur kleinen Hirtin, aber was sie als ausgelassenes Selbstschauspiel zelebrierte, kann als eine Nuance inneren Erlebens tatsächlich stattfinden.

Das beginnende 19. Jahrhundert wurde von einer gewaltigen Nostalgie nach anderen Orten und Zeiten ergriffen. Klassische und zuweilen phantastisch aufbereitete historische Motive kamen auf und wurden unter der Last des anachronistischen Zugriffs deformiert. In Frankreich schwelgte man in dreidimensionaler Illusion: Die modischen Salons wurden mit hunderten Metern von Stoff drapiert, um exotischen Zelten, maurischen Pavillons oder einem Beduinenlager zu gleichen. Oft wurde das ganze Zimmer mit Stoff ausgeschlagen, der sich in reichem Faltenwurf über Decken und Wände spannte. Dieser diente später häufig als Vorlage für zweidimensionale Illusion.

Nach dem Eklektizismus kam die Nüchternheit. Zum 20. Jahrhundert hin erfuhr die Architektur eine Revolution der einfachen Linie. Reduziertheit, kahle Wände und gerade Linien kennzeichneten den puristischen Ruf nach Funktionalität. Er war eine notwendige Erlösung vom Ballast einer toten Tradition, weil Eklektizismus keine lebendige Kultur mehr hervorbringt. Doch auch das Postulat der Kargheit führt sich irgendwann ad absurdum. Es stürzte das

7 Gemalter Marmor mit Stuckfries: Der Aufbau wurde auf Ölbasis auf Putzuntergrund ausgeführt. Der illusionistische Phantasiemarmor lebt von den drei Kontrasten: Hell-dunkel, kalt-warm und ruhig-bewegt, die hier vorwiegend mit dem Pinsel ausgeführt wurden. Der Hintergrund wurde Naß in Naß vermalt und danach mit dem Schwamm strukturiert.

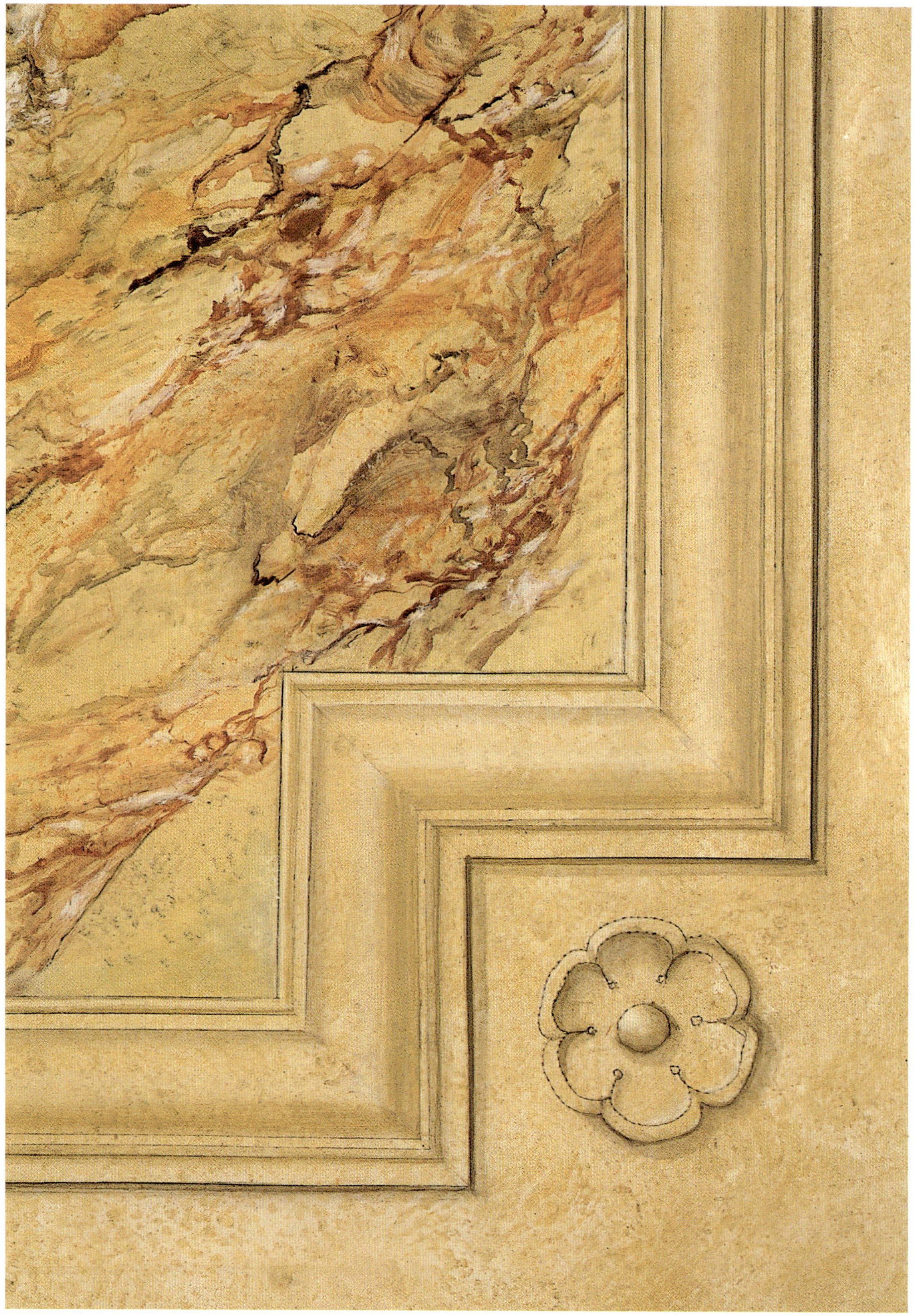

8, 9 Auf echte Kalksandsteinsäulen wurden fragmenthaft Quader aus Styropor aufgesetzt. Die zum Teil von Hand gebrochene Oberfläche wurde zunächst mit einem Gemisch aus Zement, Sand und Binder geschlämmt, mit der Bürste »verwaschelt« und anschließend in mehreren Lasurgängen mit Schwamm und Bürste dem Aussehen der Säulen angepaßt.

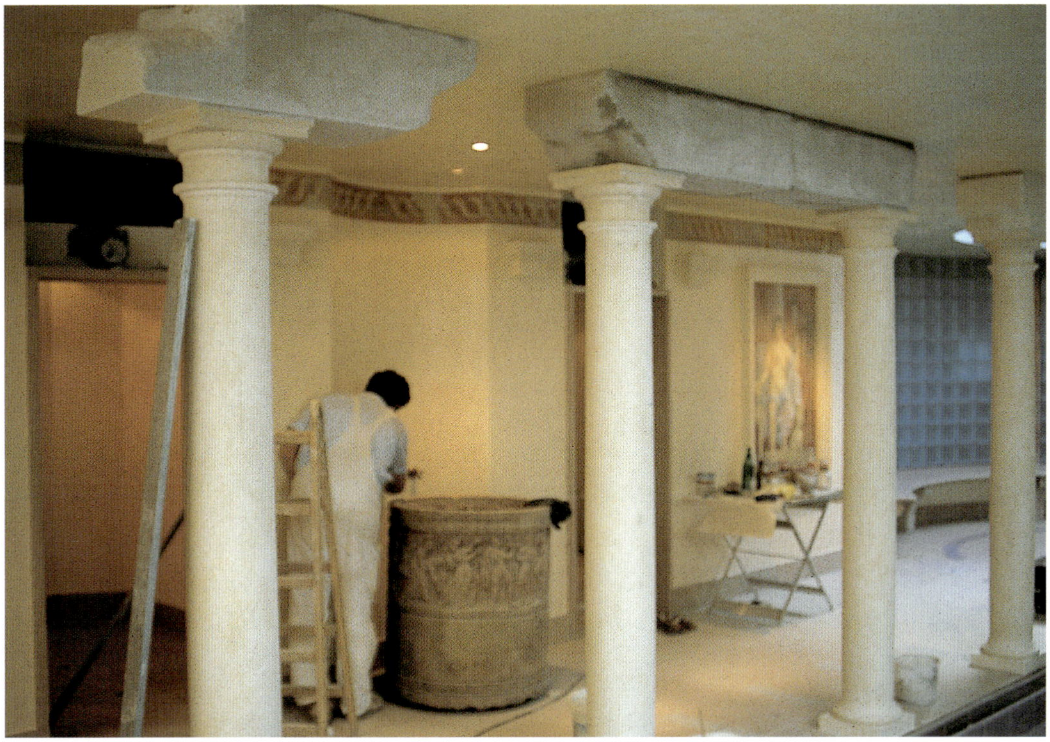

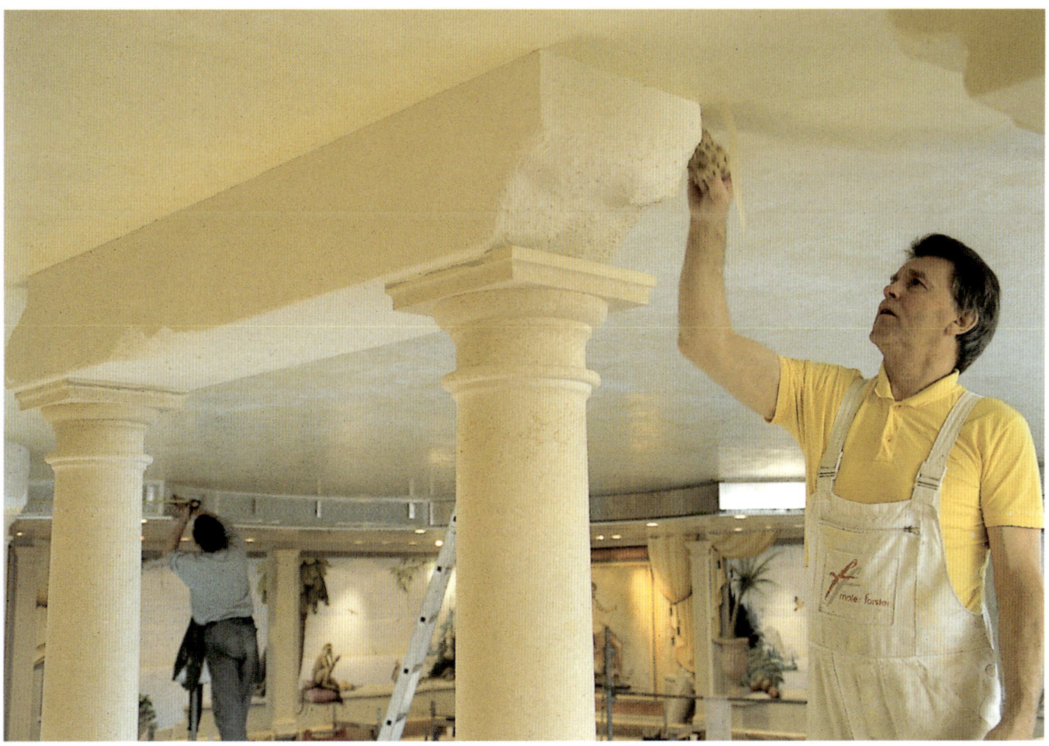

Design in triste Banalität, die Bauweise wurde von langweiliger, unmenschlicher Uniformität ergriffen, denen keine individuelle Note mehr abzugewinnen war. Mit dem aufkommenden Wohlstand in den dreißiger Jahren und – unterbrochen von den Kriegen, doch erneut an jenen Zeitgeist anschließend – in den Siebzigern erwachte wieder das Bedürfnis nach imaginärer Weite.

Zur Jahrtausendwende hin stellen sich Fragen nach dem Verborgenen, nach den unsichtbaren Dingen und unfaßbaren Räumen. Das Verlangen, hinauszutreten ins Imaginäre, dessen Bedeutung nicht im Materiellen liegt, bereitet dem Trompe-l'œil heute eine Renaissance.

Die Ökonomie

Neben dem luxuriösen Unterhaltungswert der Illusionskunst spielten auch praktische und ökonomische Gründe eine Rolle. Die praktischen hatten in erster Linie mit dem Gewicht zu tun. In vielen Monumentalbauten hätte die Statik niemals soviel Marmor tragen können, wie es die verschwenderische Lust des Auges verlangte. Also ersetzte man ihn durch Malerei und fand daran sogar noch mehr Freude als am echten Stein. Die Hälfte des Marmors, den man in italienischen Kirchen und Patrizierhäusern sieht, ist unecht, so zum Beispiel im Palazzo Vecchio und in Santa Croce in Florenz, im Petersdom in Rom oder im Schloß von Versailles in Frankreich.

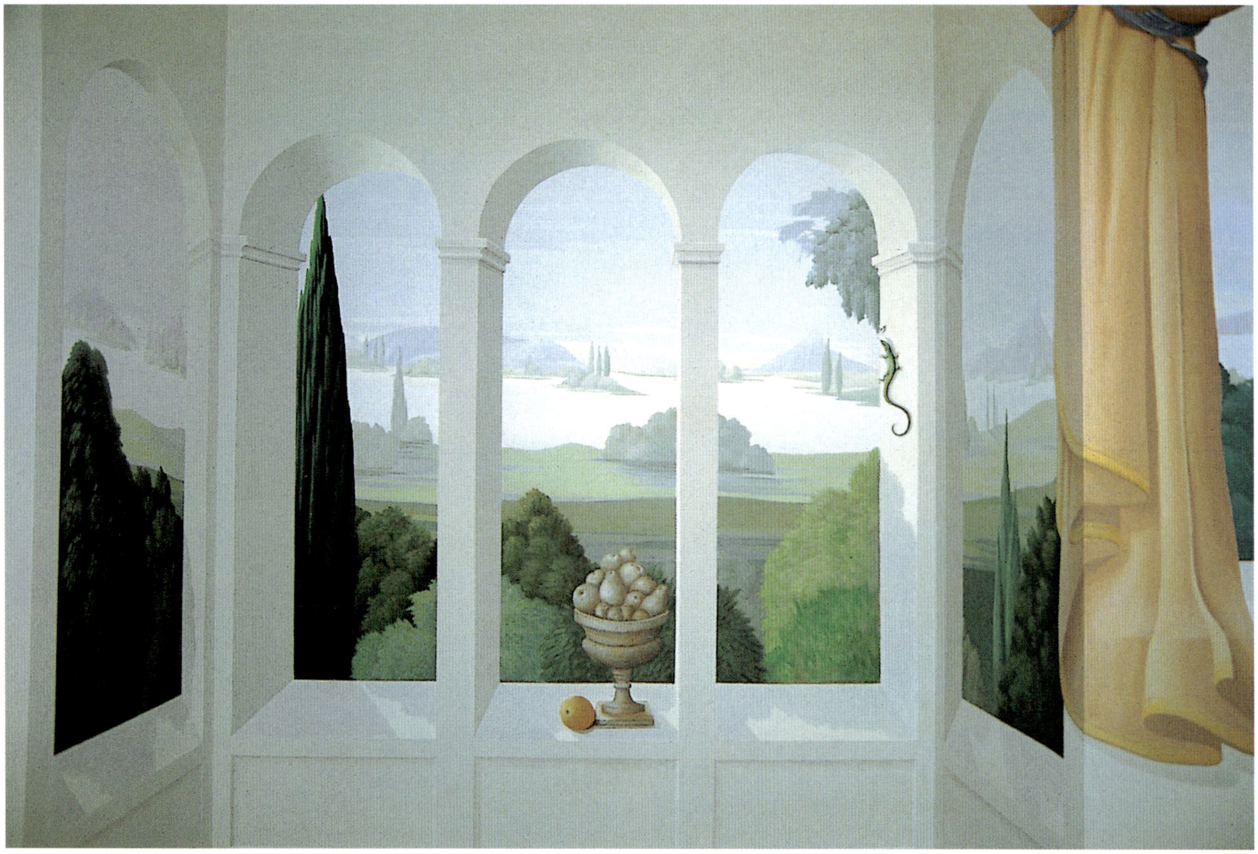

10 *Gemalter Säulengang mit Ausblick auf eine südliche Landschaft. Architektonisch oder statisch unmögliche Konstruktionen werden mit der Illusionsmalerei machbar.*

Der ökonomische Aspekt war im Lauf der Geschichte ständigem Wandel unterworfen. Mode wurde – bis in die jüngste Zeit hinein – von den Wohlhabenden diktiert. Die römischen Kaiser bauten Paläste und Tempel, um ihre Macht zu demonstrieren, feudale Könige prunkten in üppigen Burgen und Schlössern, um ihren Herrschaftsanspruch zu untermauern und die katholische Kirche sonnte sich im Glanz ihrer Kathedralen, Dome und Basiliken zum Ruhme Gottes.

In der italienischen Renaissance diktierten die großen Adelshäuser blühender Städte wie Florenz, Rom oder Venedig die Mode der Zeit. Ab dem 16. Jahrhundert übernahmen die französischen Könige die Vormachtstellung hinsichtlich Kunst und Lebensart; dies blieb so bis zur Französischen Revolution.

Die vermögende Schicht des 17. und 18. Jahrhunderts hatte es nicht nötig, die Trompe-l'œil-Malerei aus Sparsamkeit zu bemühen: Die Kosten der Illusion überstiegen oft genug den Preis einer vollständig ausgeführten dreidimensionalen Architektur! Marie Antoinette wurde besonders wegen der Dekoration ihres Palastes in Compiègne angegriffen: Im großen Saal war nichts das, was es zu sein schien, marmorne Pilaster, Holztüren, Onyxwände, Reliefs, alles Illusion, entzückende Täuschung, die weit teurer war als das echte Material samt Bearbeitung.

Nach der Französischen Revolution war mit dem Adel weitgehend auch der Handel mit Luxusgütern aus Frankreich verschwunden. Napoleon wollte die führende Rolle der Grande Nation in Kunst und Kultur nicht aufgeben und forcierte erneut den Stil der eben noch verfemten Aristokratie.

Die neuen Herren aus den Reihen des Bürgertums lechzten nach Samt, Seide, Porzellan und Brokat. Das Diktat des neuen Prunks erfaßte breitere Schichten der Bevölkerung, die nun nicht mehr durch jahrhundertealte Geburtsrechte voneinander getrennt waren. Zum ersten Mal gab es eine Zielgruppe, die Anspruch auf Luxus erhob, deren Mittel jedoch mehr oder weniger beschränkt waren. Trompe-l'œil wurde zur reellen Alternative, Glanz zu entfalten. Ganze Manufakturen begannen mit der Fabrikation von Wandbehängen und erschwinglichen Tapeten, die die Illusion von Stoff erzeugten. Je gefragter diese Imitationen, desto mehr wurde tatsächlich imitiert. Mit der Zeit erlangte nun das kunstvolle Imitat einen eigenen Stellenwert, so daß es bald seinerseits, mit noch ökonomischeren Mitteln, imitiert werden konnte. Auf Brokat und Seide folgten Wolle, dann Leinen, schließlich kamen die Tapete und das Papier. Auch das Papier wurde imitiert, und zuletzt ersetzte die Malerei direkt an der Wand jeden Wandbehang.

Ein Wort zur Gegenwart

Die zeitgenössische Illusionsmalerei kann das gesamte Potential nutzen, das sich aus antiken und klassischen Vorbildern ergibt. Fragen nach der Beschaffenheit des Raums, nach Beziehungen zwischen Formen, verfremdende Elemente auf der Basis der Trompe-l'œil-Tradition begründen eine variable Grundlage für Experimente. Auf den Häuserfassaden europäischer Großstädte begegnen wir illusionistischer Malerei, die gegenständlich oder surreal sein kann. Wir sehen durch geöffnete Illusionstüren in imaginäre Wohnungen, ein Mann lehnt am Fenster, eine Katze streicht auf dem Gesims herum, Wein rankt sich die Wand hoch. In Berlin schuf Gert Neuhaus ein Bild, auf dem die Mauer aus kargen Ziegeln durch einen gigantischen Reißverschluß aufgebrochen wird, um die dahinter verborgene klassizistische Fassade zu enthüllen (Abb. 12). In der Illusionsmalerei ist fast alles möglich.

Jeder Eingriff in ein Interieur sollte der Tatsache Rechnung tragen, daß der Wohnort einerseits dem Menschen nutzt, andererseits seine Persönlichkeit widerspiegelt. Räume sind immer auch Räume des Geistes. Die Berücksichtigung von Sehnsüchten oder imaginiertem Rollenwechsel ist von ebenso vitaler Notwendigkeit wie jedes praktische Detail im Dienst des physischen Wohlbefindens. Illusionsmalerei ist das beste Instrument dazu.

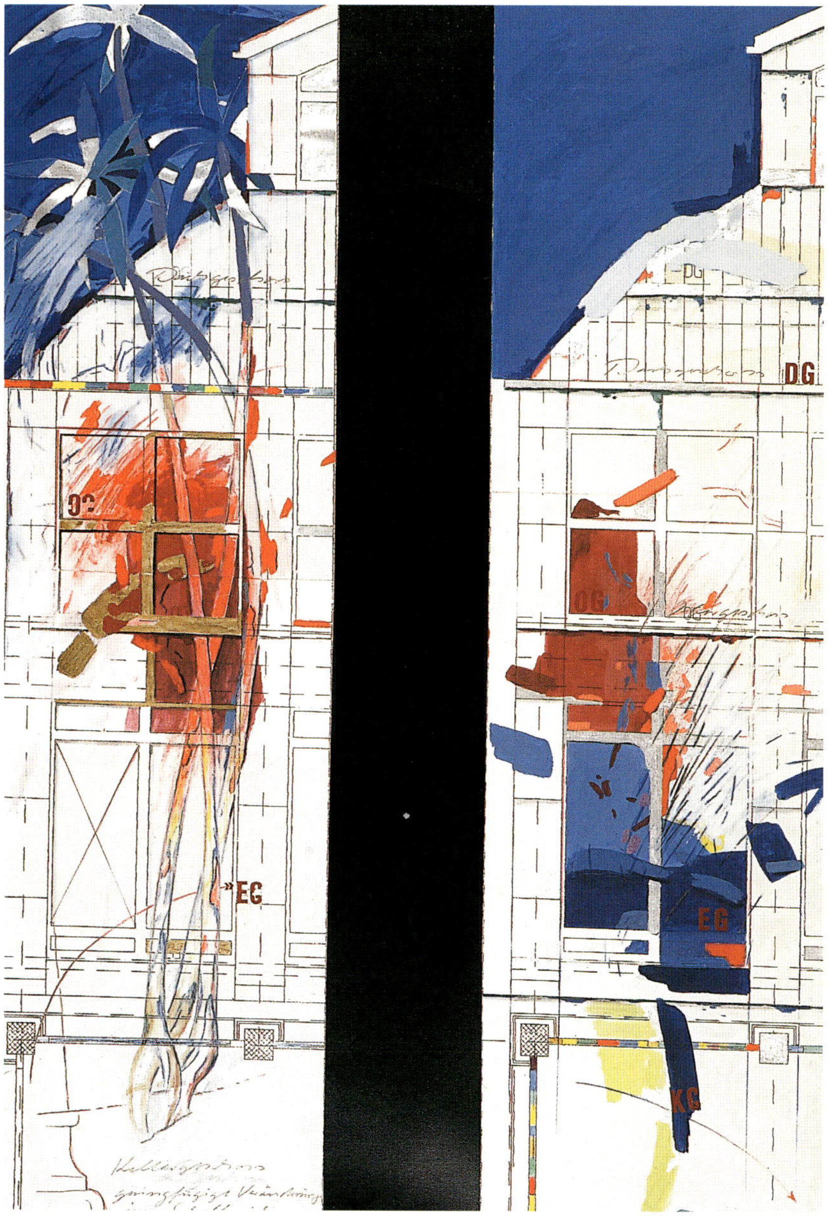

11 Die Glasarchitektur eines modernen Gebäudes wird Bestandteil bei der Gestaltung der Treppenhauswand im Inneren. Dabei eröffnet die Kombination mit Elementen der modernen Malerei neue Möglichkeiten in der Illusionsmalerei.

12 Fassadenmalerei in Berlin: Der überdimensionale Reißverschluß von Gert Neuhaus, 1979, eröffnet den Blick auf eine illusionistische Renaissancefassade.

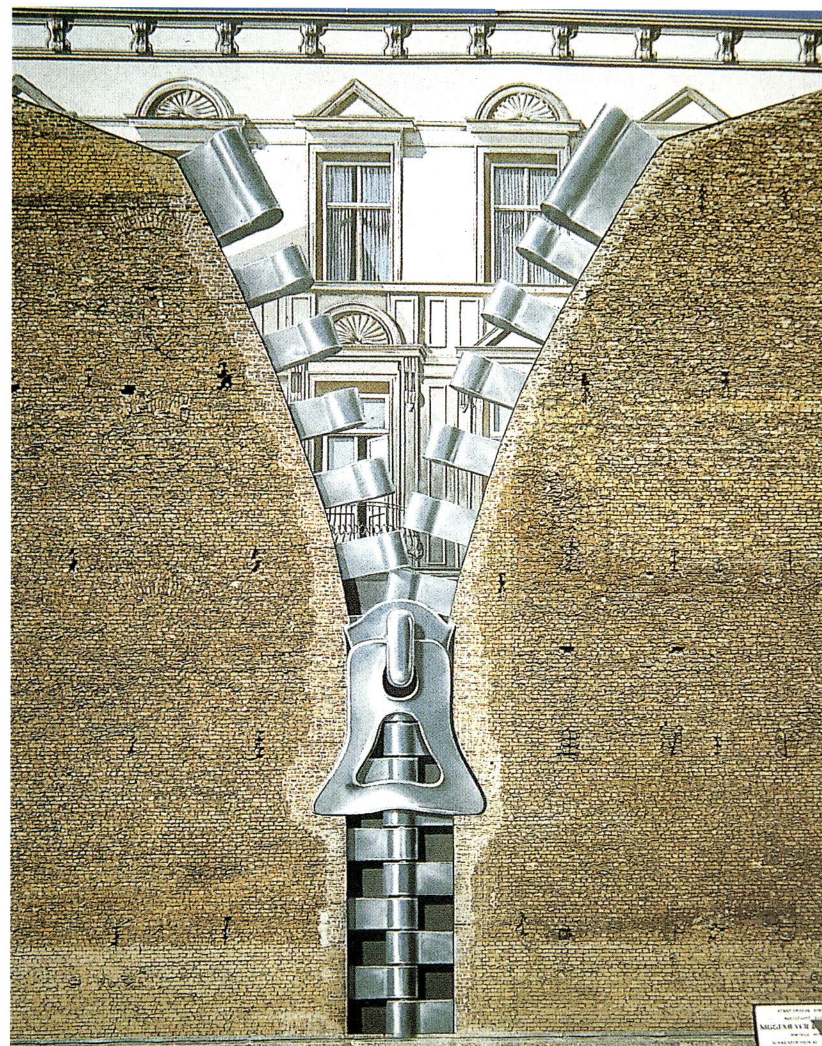

Die ungeliebten Räume

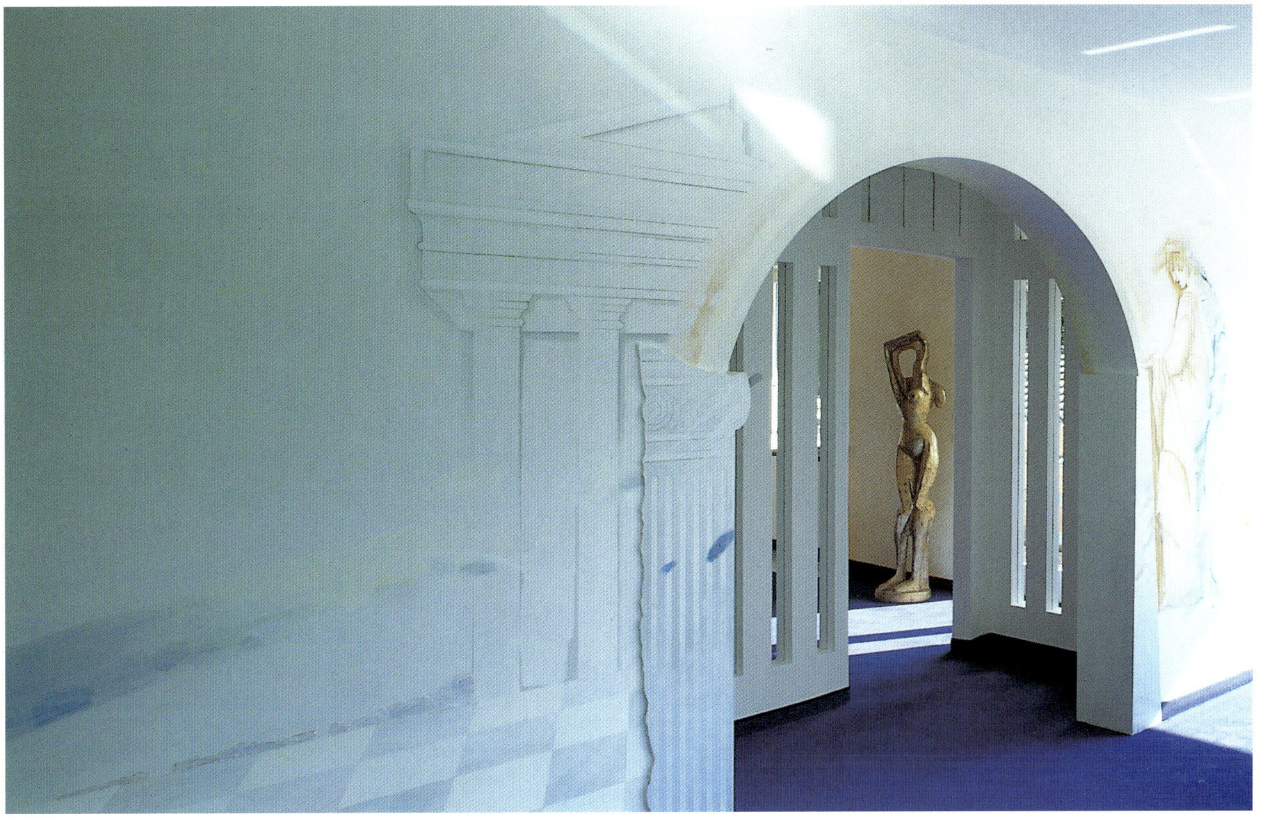

13 Der Eingangs- und Wartezimmerbereich einer Arztpraxis wurde modern umgestaltet. Die »leichte« und »offene« Innenarchitektur korrespondiert mit der verwischt und lasierend ausgeführten Illusionsmalerei. Die etwas beengte Raumsituation erhielt auf diese Weise mehr Weite und Luftigkeit.

Manche Räume werden, selbst in großzügigen Häusern, als überflüssig und häßlich empfunden: Der Besucher wird durch schlecht beleuchtete *Dielen* und Eingangshallen geschleust, um schnell in die »eigentlichen« Zimmer zu kommen. Dabei vermittelt gerade der Eingangsbereich den ersten Eindruck über ein Haus. Fällt dieser negativ aus, bleibt dieses Bild unbewußt im Gedächtnis, auch wenn die anderen Bereiche noch so angenehme Gefühle erwecken.

Wir haben allerdings die Erfahrung gemacht, daß sich diese Räume besonders gut für Trompe-l'œil-Malerei eignen. Man geht nur hindurch, hält sich nicht länger auf, und so ist die erste Wahrnehmung eine blitzartige. Das Auge läßt sich deshalb besser überraschen, weil es die Täuschung gar nicht wahrnehmen kann. Aus vielen ungeliebten Räumen ist auf diese Weise ein richtiges Schmuckstück geworden.

Die Beurteilung eines Raumes beginnt mit den Lichtverhältnissen. Bezieht der Raum Tageslicht oder nicht, wird er immer durch Kunstlicht beleuchtet? Wenn ja, will man die vorhandenen Leuchten behalten und als Stilmittel bei der Bemalung verwenden oder sollte man besser die Anschaffung anderer Leuchtkörper erwägen? Es gibt viele Wandleuchten (»Schwalbennester« oder Gipsschalen), die gut mit bestimmten Themen kombiniert werden können. Sie eignen sich auch als Träger einer Illusion, wenn man eine Säule daruntersetzt.

Alle Nachteile von *Dielen*, die meist schlecht beleuchtet und von vielen Türen und Öffnungen unterbrochen sind, weiß der geschickte Illusionsmaler für seine Zwecke zu nutzen. Durch gut gesetzte Lichtquellen kann er bestimmte Stellen hervorheben, anderen durch ein interessantes Arrangement von fließenden Schatten größere Plastizität verleihen.

Die Wandabschnitte sind meist kurz, durch Treppen oder Kellereingänge entstehen ungewohnte Winkel – eine Reihe von Voraussetzungen, die berücksichtigt werden müssen, aber gleichzeitig ganz bestimmte Gestaltungsmöglichkeiten nahelegen.

Für die Diele wählt man entweder Landschaftsmotive, da sich diese durch unregelmäßige Elemente wie großblättrige Pflanzen oder Felsen im Vordergrund gut gliedern lassen, oder, je nach Geschmack, abstrakte Variationen von Elementen in einem bestimmten Stil.

Zunächst zur Landschaft: Große Pflanzen sind geeignet, vertikale Unterbrechungen wie Türen zu begleiten. Wir wählen keinen durchgängigen Ausblick, weil man bei oft unterbrochenen Flächen und unterschiedlichen Winkeln keinen einheitlichen Horizont konstruieren kann. Zwischen den Pflanzen lassen wir Weite oder Tiefe durchscheinen. So wird die Enge des Raumes aufgehoben und zusätzlicher, virtueller Raum hinzugefügt.

Ist die Wand sehr deutlich gegliedert, das heißt, getäfelt oder von Nischen unterbrochen, löst man das Motiv auf und behandelt es als lauter Einzelmotive, die aus einem gemeinsamen Zusammenhang genommen sind. Was die abstrakten Variationen betrifft, ergibt sich ein sehr weites Feld von Möglichkeiten.

Der Entwurf von Seite 21 bedient sich der Elemente des Jugendstils, um eine enge Tür durch Umrahmung aufzuwerten. Die weibliche Figur ist für ein sehr schmales Wandsegment gedacht, jedoch schafft ihr darüber hinausfließendes, transparentes Kleid den Übergang zu einer weiteren Fläche. Die einfassenden Stein-Imitationen geben dem ganzen Raum eine edle Note.

Nehmen wir ein neues Beispiel: Die gegebene *Diele* hat einen länglichen, sich in eine Richtung leicht verengenden Grundriß mit vier Türen, die in drei verschiedene Richtungen weisen. Rechts von der Eingangstür ist eine Garderobe zu berücksichtigen, die den Blick des Hereinkommenden zwar nicht behindert, die aber beim Hinaustreten aus der gegenüberliegenden Wohnzimmertür ins Auge fällt.

Die Wand, die der Eintretende als erstes sieht, öffnet sich für eine helle Lichtung, wodurch der Raum Luft und Weite bekommt. Wir blicken in die Ferne, das blaue Wasser eines Sees blitzt auf. Die schmalen Wände zwischen den Türen werden von einzelnen Motiven dominiert: große Kakteen, breitblättrige Pflanzen, auf denen sich exotische Vögel halb im

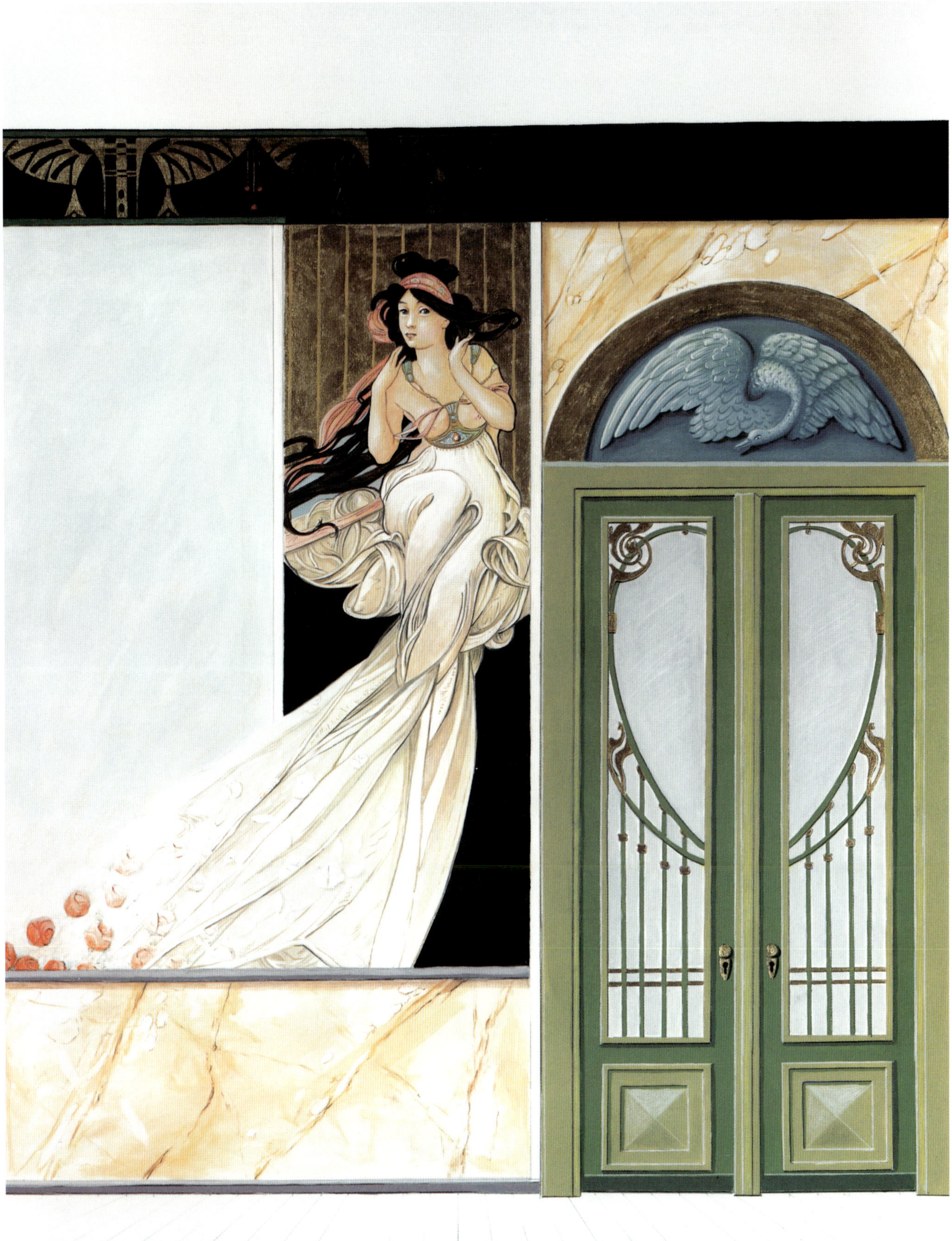

14 Entwurf für eine Wand mit Türe im Jugendstil: Das »zerfließende« Gewand der weiblichen Figur schafft den Übergang der schmalen Wand zu einer weiteren Fläche. Marmor-Imitation und Wandlasurtechniken geben dem Raum eine edle Note.

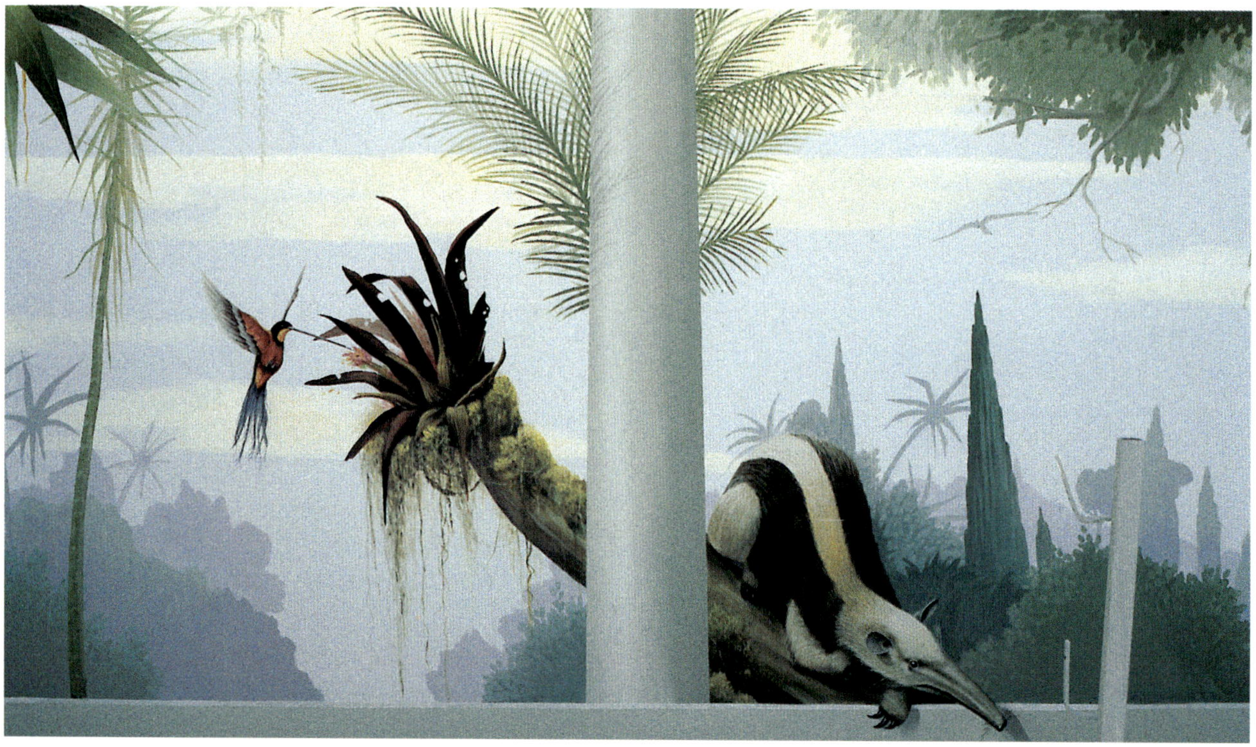

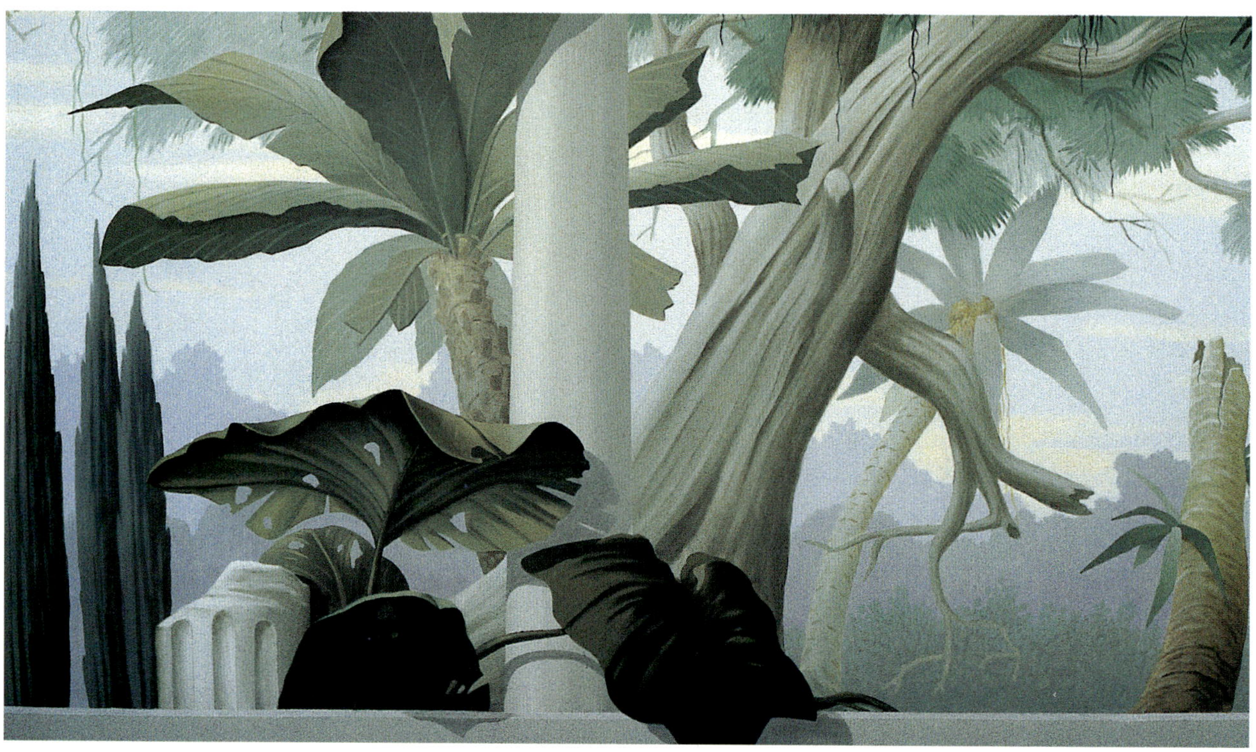

15, 16 Großblättrige Pflanzen und Bäume im Vordergrund helfen bei der Gliederung von kleinen Dielen und unterbrochenen Wandflächen. Türen, Fenster und andere Öffnungen lassen sich so geschickt in die Malerei einbinden; dabei sind lange Horizontlinien zu vermeiden.

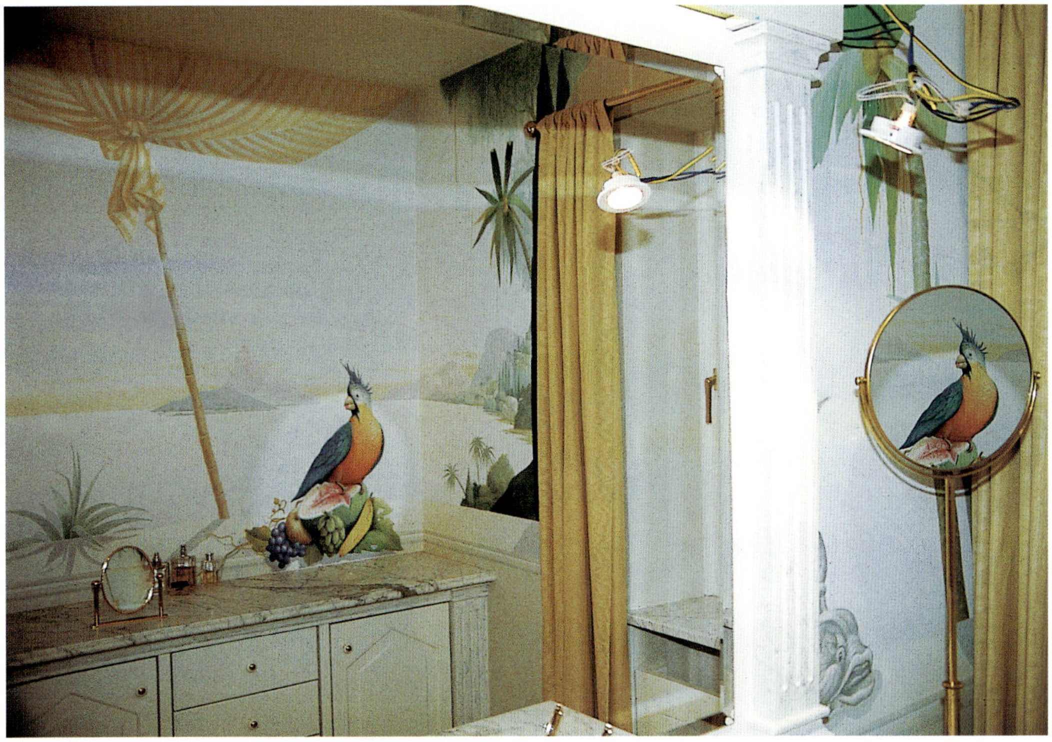

17 Der Spiegel neben der Garderobe gibt das Vogelmotiv, von einem bestimmten Standpunkt aus betrachtet, wieder. So können Einrichtungsgegenstände in die Gesamtwirkung mit einbezogen werden.

Laubwerk verstecken. In den düsteren Ecken des Raumes geht der Dschungel in unwirkliches Dunkel über, was einerseits die Raumbedingungen geschickt aufgreift und andererseits das Gefühl von Enge aufhebt, weil sich der Urwald in geheimnisvolle Fernen fortzusetzen scheint.

Um die Türen gut zu integrieren, dekorieren wir sie mit einem reichen Faltenwurf aus gestreifter Leinwand. Dadurch entsteht die Illusion, daß wir uns unmittelbar in der Landschaft befinden. Der Stoff verdeutlicht die räumliche Tiefe der Malerei, trennt er doch den Vordergrund vom Mittel- und Hintergrund ab. Die Türen bekommen Gewicht und Plastizität, sie müssen nicht vertuscht werden, weil sie schön, interessant und einladend sind.

Es ist günstig, Wirkungen zu berücksichtigen, die sich durch bauliche oder Einrichtungsgegebenheiten anbieten. Der Spiegel beispielsweise, der neben der Garderobe hängt, kann genutzt werden, indem er aus dem Blickwinkel der Wohnzimmertür ein interessantes Motiv wiedergibt (Abb. 17).

Selbst in kleinen Nebenräumen, wie etwa *Toiletten*, gibt es Möglichkeiten für eine Bemalung. Dabei sind folgende Punkte zu beachten: Türe und Wände sind dem Betrachter nahe, was eine sorgfältige und exakte Arbeit erfordert. Der Blickwinkel ist immer derselbe und ermöglicht so eine durchgehende Landschaft mit gleichbleibendem Fluchtpunkt. Je nach Wunsch kann man alle Arten von offener Landschaft wählen. Es ist gut, die Abgrenzung knapp unterhalb der Augenhöhe, zum Beispiel durch eine Balustrade oder eine kleine Mauer, zu ziehen. Dadurch fühlt sich der Betrachter geschützter. Die Tür kann, sofern sie glatt ist, für eine Malerei genutzt werden. Wir können die Landschaft fortsetzen oder aber ein vertikales Objekt, eine Statue, Architektur oder eine große Pflanze schaffen. Setzen wir Architektur in unsere Landschaft, kann man das Bild einer geöffneten Tür hinzaubern. Das wirkt wie eine Aufforderung, dem Weg nach draußen zu folgen.

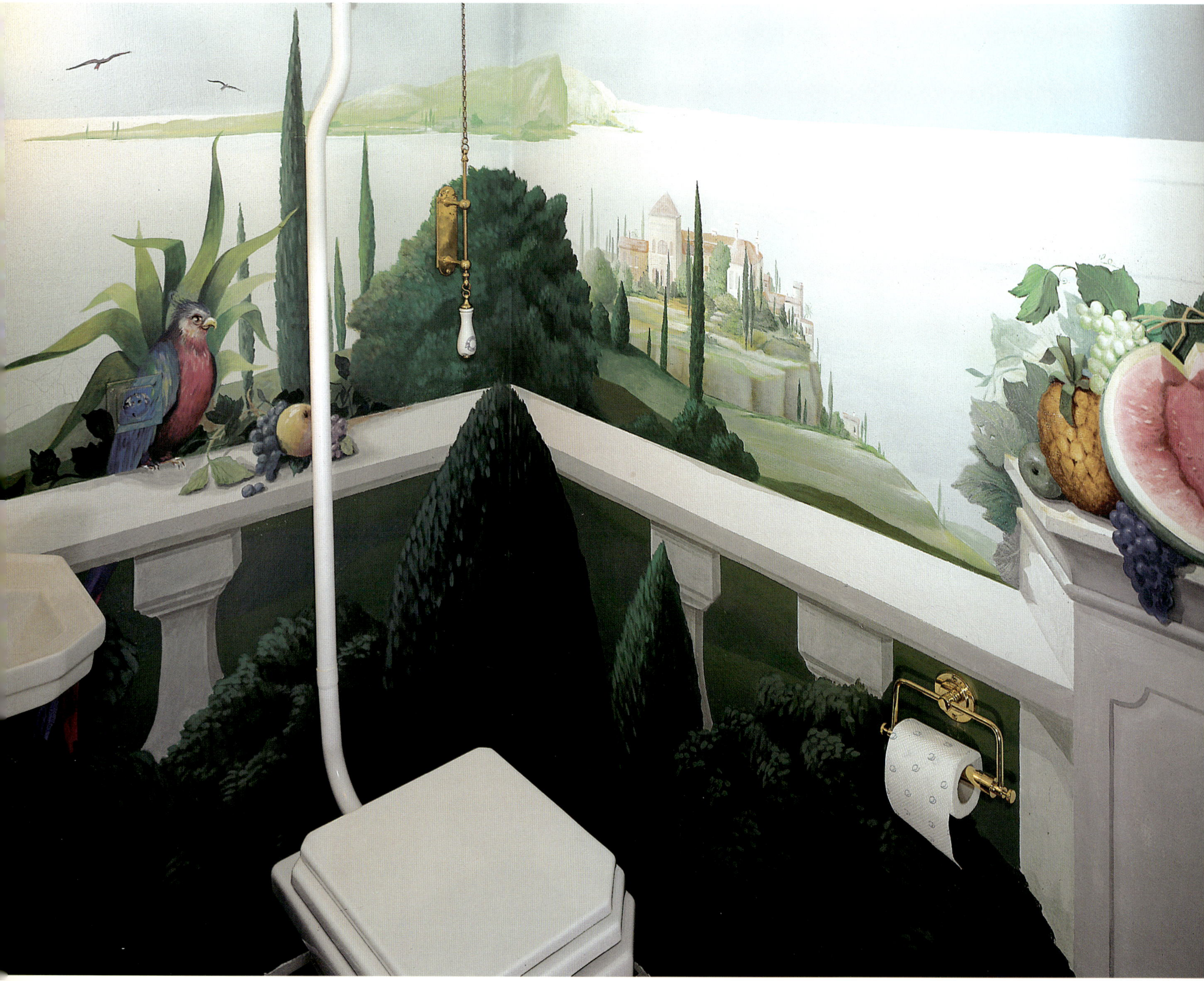

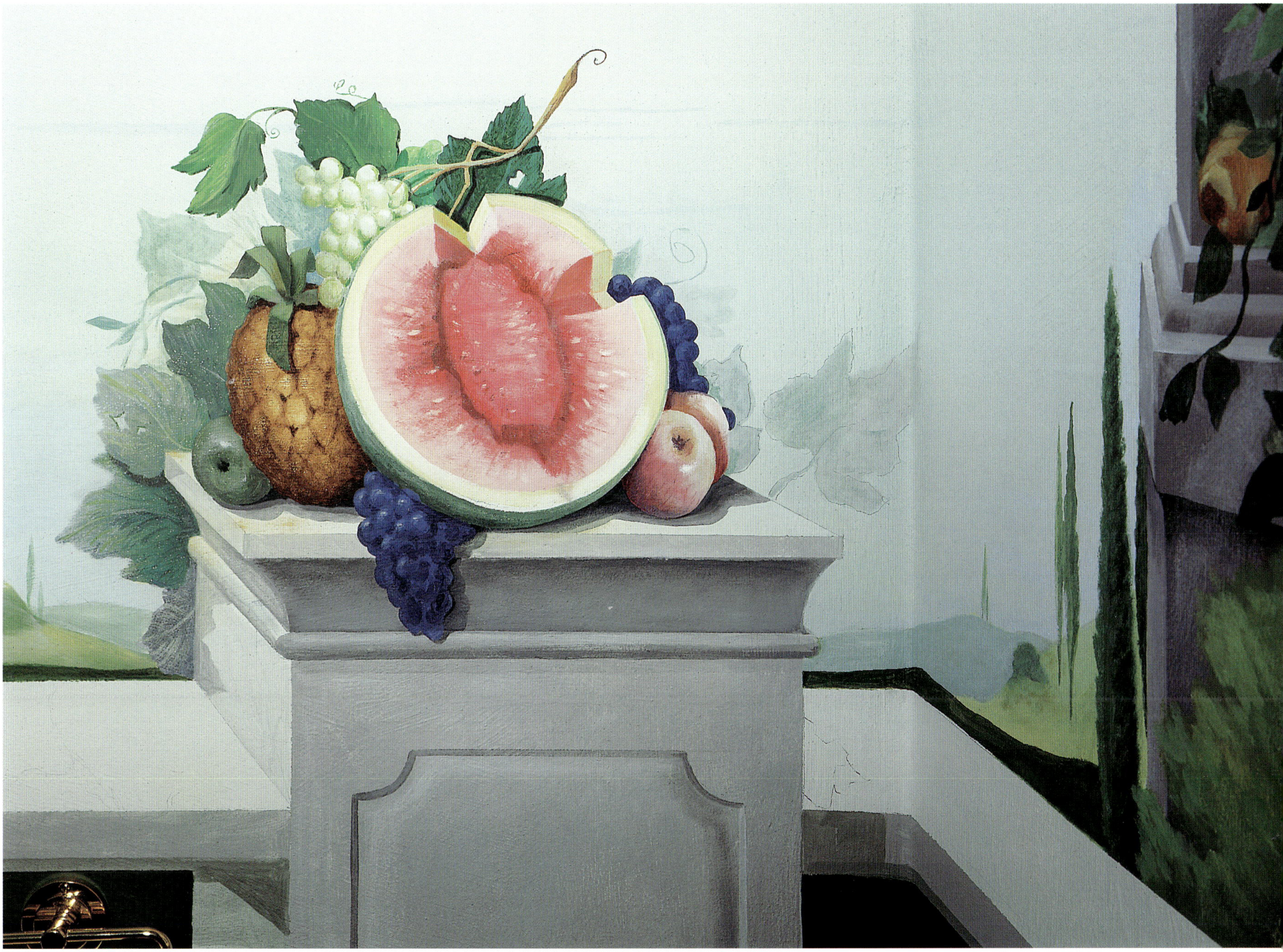

18, 19 Das kleine Gäste-WC, ca. 1,80 x 1,30 m, wurde in seiner räumlichen Wirkung gesteigert: Der Blick über die Balustrade auf das Meer löst die Enge des Raumes auf und gibt das Gefühl von toskanischem Ambiente. Das Arrangement aus Früchten scheint zum Greifen nah. Die Ausführung erfolgte mit Acrylfarben auf glatt gespachteltem Untergrund.

Die ganz privaten Räume

Grundsätzlich eignen sich fast alle Räumlichkeiten für Illusionsmalerei. Problematisch wird es allein dort, wo Wände feucht sind oder der Untergrund nicht tragfähig ist.

Wohnräume werden in der Regel seltener bemalt. Meist verstellen viele Möbel die Wände, es mangelt an zusammenhängenden Flächen. Wenn im Wohnraum viel leerer Platz ist, kann man natürlich auch dort wunderbar arbeiten, muß aber den ständig wechselnden Blickpunkten der Betrachter Rechnung tragen. Die Zentralperspektive sollte vom idealen Blickpunkt aus entwickelt werden. Man berücksichtige auch die Möblierung. Gelegentlich kann man sie sogar ins Bild mit einbeziehen. Sind noch keine Möbel da – ein idealer Zustand für den Maler –, kann man sie gleich im Gesamtkonzept mitplanen und mit der Malerei abstimmen.

Äußerst geeignet für Malereien sind *Badezimmer*. Auch hier muß man die Erfordernisse des Raumes beachten. Geräumige Bäder mit guter Belüftung bieten andere Möglichkeiten als kleine, fensterlose Räume. Gegen Feuchtigkeit sollte die fertige Bemalung in jedem Fall noch einmal versiegelt werden.

Ein *größeres Bad* eignet sich für eine durchgängige Bemalung. Beim hier abgebildeten Beispiel (Abb. 20, 21) entschieden wir uns für einen subtropischen Meeresblick. Die Marmorplatte der Einrichtung nahmen wir als Ausgangsbasis für die Farbigkeit der Malerei. Das kühle Grauweiß des Marmors setzt

◁ 20 *Das Grau des Marmorbodens wurde in die Steinmalerei des Vordergrundes übernommen. Durch den Wechsel von Tages- und Kunstlicht lassen sich kühle und warme Stimmungen erreichen.*

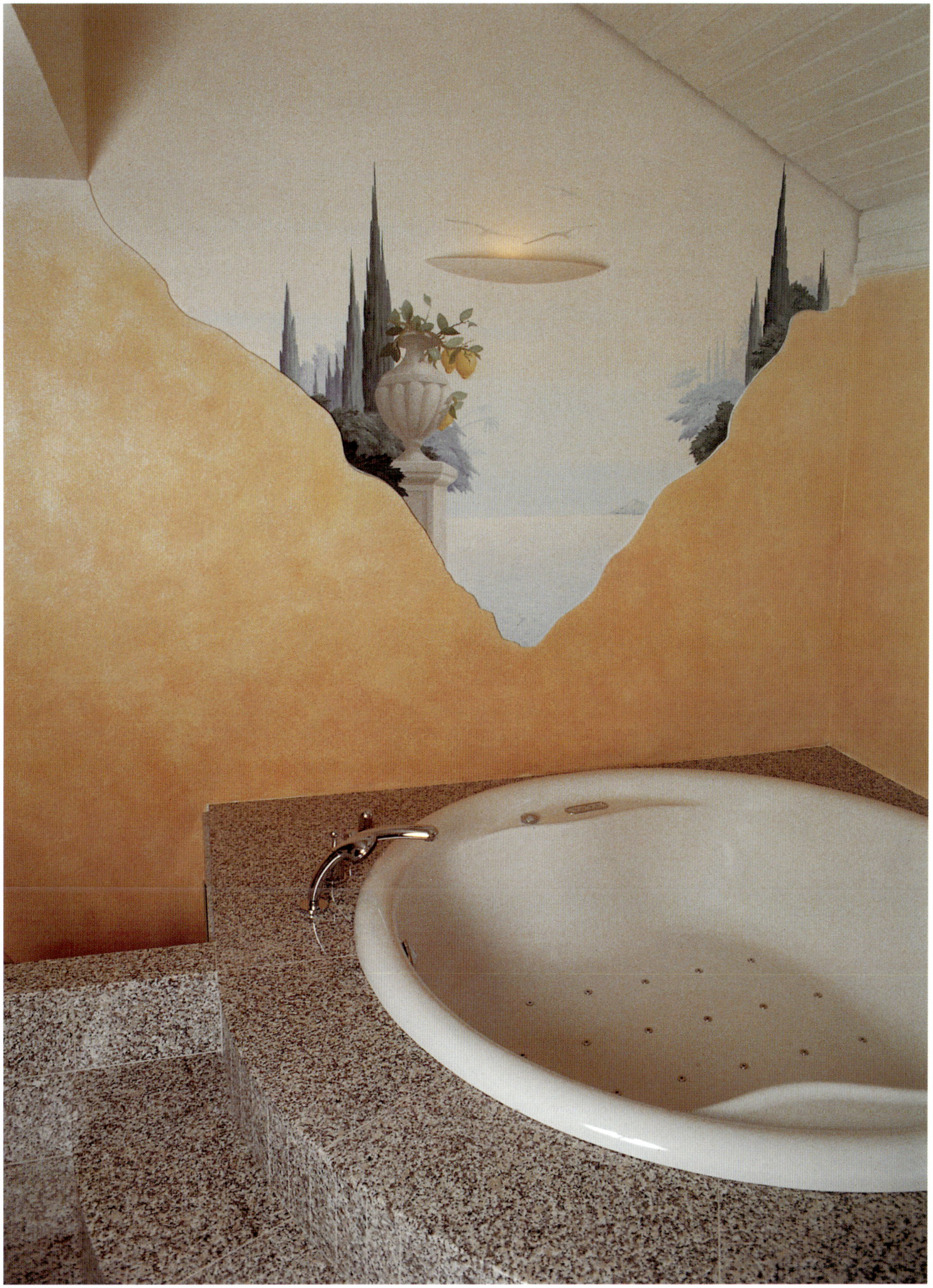

21 *Die in Schwammlasurtechnik ausgeführten Rigipswände sind in warmen Gelb- bis Rotockertönen gehalten, um dem Bad eine angenehme Atmosphäre zu verleihen. Der V-förmige »Durchbruch« durch die Rigipswand eröffnet den Ausblick in eine italienische Landschaft. Die gesamte Arbeit wurde mit einer matten Reinacrylatfarbe zum Schutz gegen Feuchtigkeit farblos überzogen.*

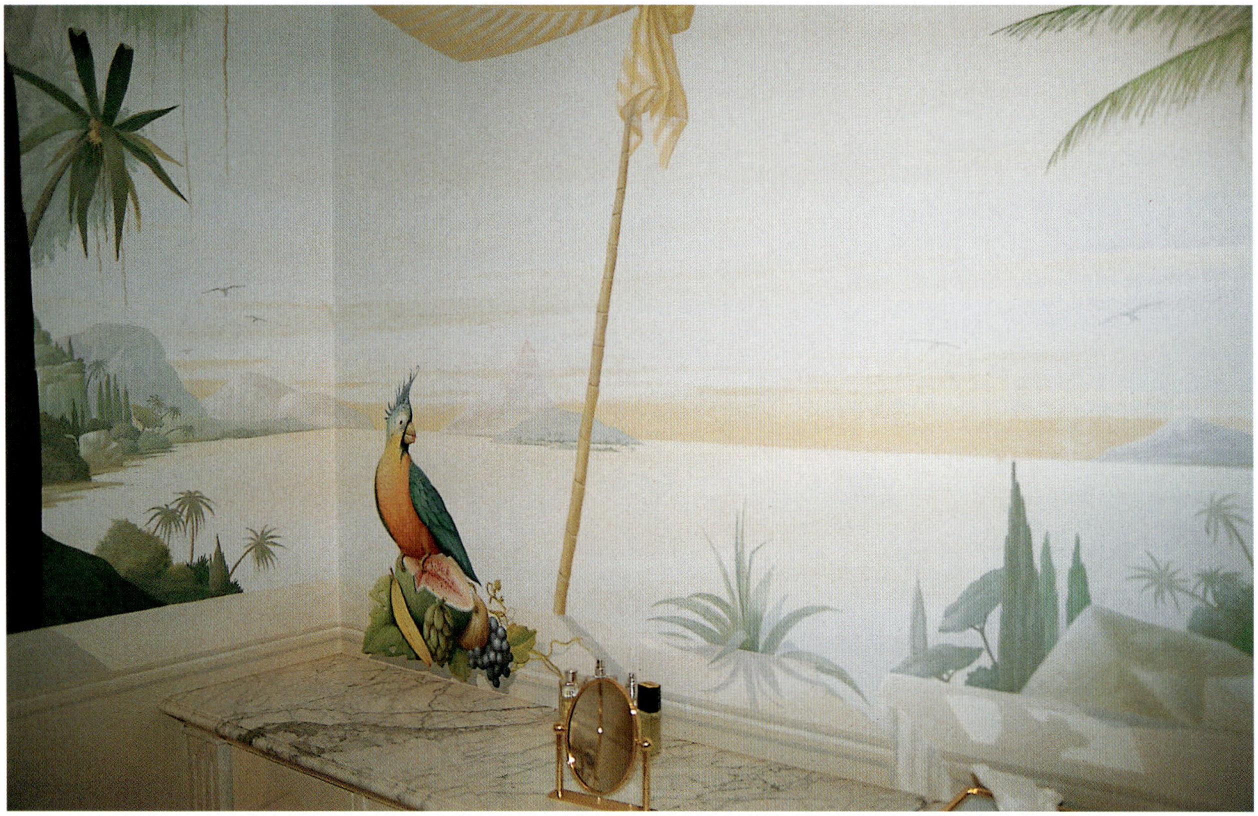

22, 23 Das angedeutete, mit einer Holzstange abgestützte Zeltdach bildet die Verbindung von Innen- zu Außenraum. Die Erfahrung, hinauszublicken, wird dadurch glaubhaft.

sich in einem ebenso kühlen und hellen Hintergrund fort, das Mobiliar verbindet sich stufenlos mit der Wand. Durch diese Farbwahl ergibt sich eine zarte, morgendliche Atmosphäre, als Grundstimmung für ein Badezimmer gut geeignet. Am Abend bekommt die Wand durch die Leuchten gelblicheres Licht, was dem Ausblick mehr Wärme verschafft.

Der mittelgroße Raum eines weiteren Badezimmers (Abb. 22, 23) wird durch den Ausblick noch geöffnet. Der Kakadu am Gesims trennt den Vordergrund vom weit zurückliegenden Hintergrund; das unterstreicht diese Weite in besonderem Maße.

Durch das vorgestellte Zeltdach aus gestreiftem Stoff verbinden wir Innen mit Außen, die Erfahrung, hinauszublicken, wird glaubwürdig. Man befindet sich an einem offenen Ort, im Zelt oder auf einer Terrasse, so daß man sich in die Landschaft eingebunden fühlt. Eine gute Illusion, die Wand öffnet sich zum superrealen Raum.

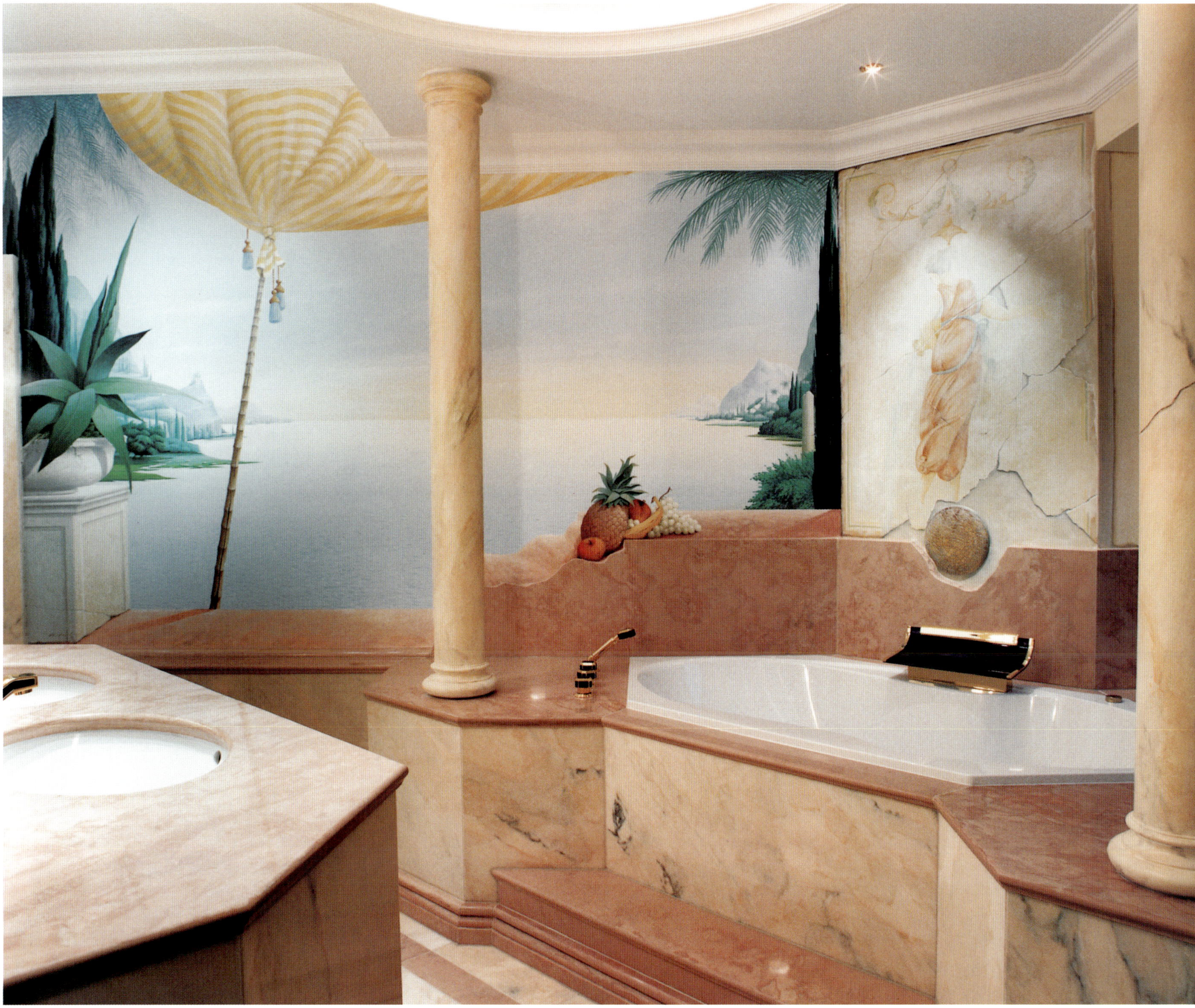

24 Entwurf für eine Wandfläche mit zwei Türen: Der Faltenwurf und reiche Verzierungen betonen die beiden alten Füllungstüren, die fehlende Brüstung in der Mitte eröffnet den Blick in die Landschaft. Exotische Früchte, detailgetreu im Vordergrund auf die Balustrade gemalt, bilden einen weiteren Blickfang.

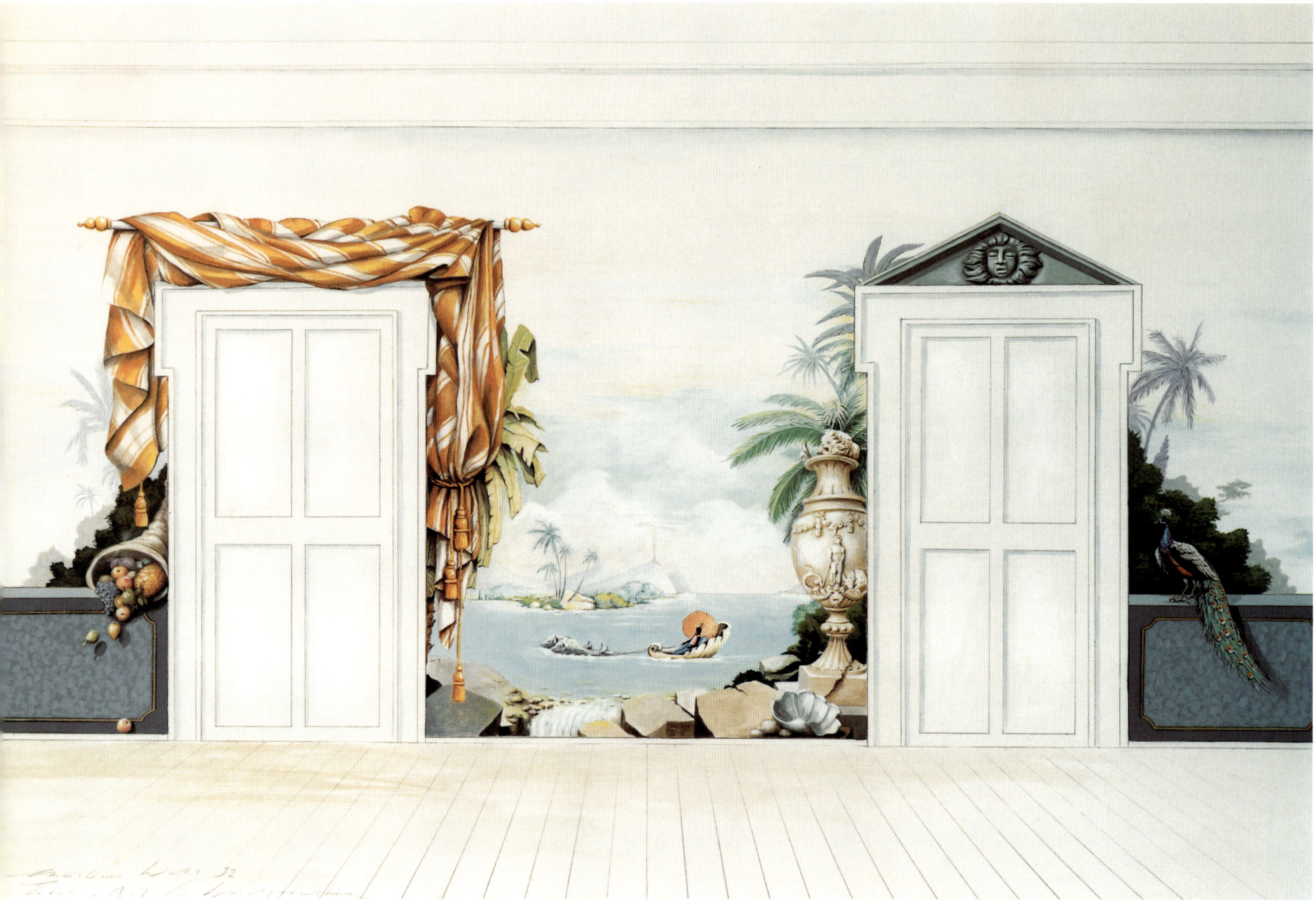

25 Der Raum um die Türe herum ist gut für einen Blickfang geeignet: Der in Steinmalerei ausgeführte Architrav wird von zwei Statuen zusätzlich getragen.

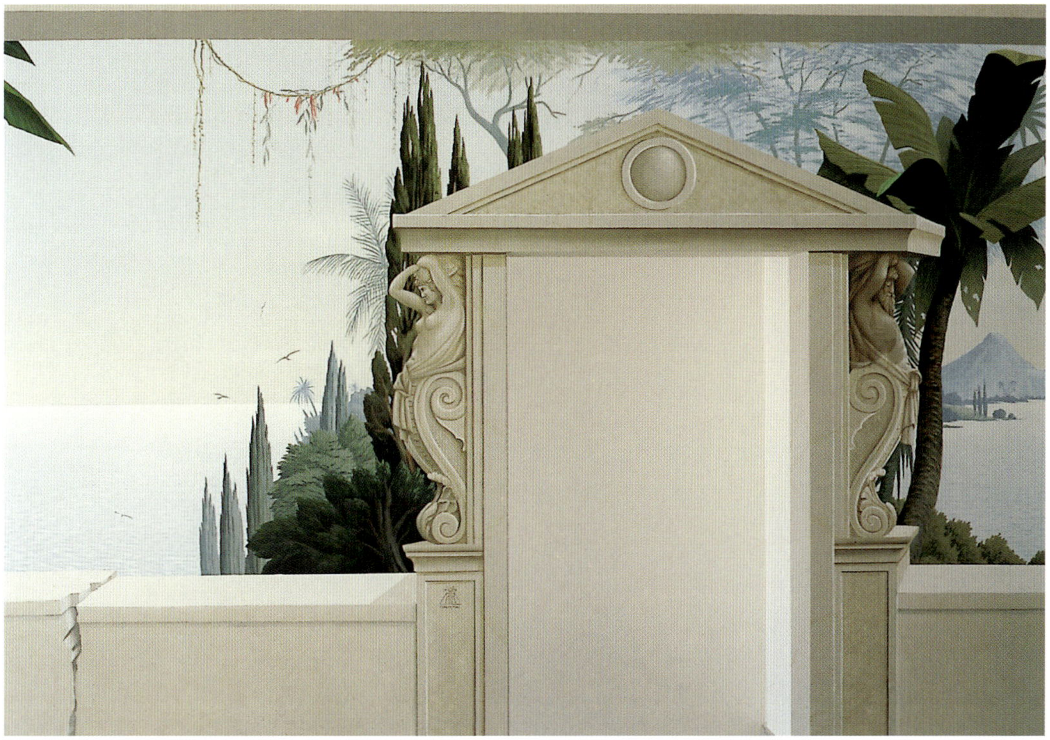

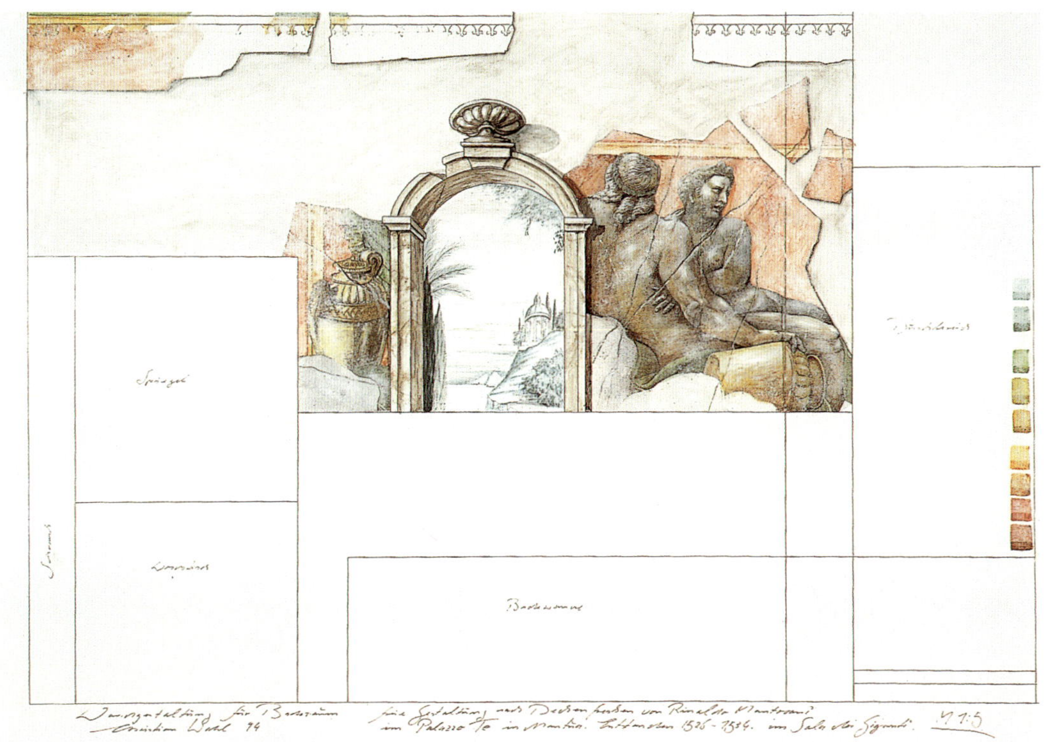

Kleine Bäder verlangen eher nach lose zusammenhängenden Elementen. Der Raum über den Türen ist bei diesem Beispiel gut für einen Blickfang geeignet (Abb. 24). Hier braucht man sich grundsätzlich nicht an den Maßstab der übrigen Bemalung zu halten, sondern kann übergroße Einzelmotive aus dem Themenzusammenhang einsetzen. Wir haben exotische Früchte ausgewählt – Ananas, Melone, Bananenstaude –, die sich mit der Draperie am Türrahmen verbinden.

Kleine Fenster erhalten durch illusionistische Umrahmung Bedeutung, gemalter Stein oder luftige Vorhänge eignen sich dafür am besten. In fensterlosen *Bädern* kann ein gemalter Ausblick Wunder wirken, der lichte Horizont schafft Tiefe. Durch geschickt angebrachte Beleuchtung bezieht der Raum sein Licht aus der Landschaft.
Sind im *Bad* technische Vorrichtungen vorhanden (z. B. Rohre, Radiatoren, Steckdosen), halte ich es für besser, sie nicht ins Bild integrieren zu wollen. Erfahrungsgemäß lassen sie sich nicht kaschieren, das Bemühen darum ist eher peinlich.

26 Die Wand eines kleinen fensterlosen Badezimmers erhält durch die bemalte Nische einen Ausblick, durch den scheinbar Licht in den Raum fällt. Am rechten Bildrand wurde ein Farbauszug eingemalt, um das Farbspektrum der Malerei auf den Raum abzustimmen.

Schlafzimmer sind die intimsten Räume des Hauses, sie werden nur von den Bewohnern genutzt. Hier kann sich jeder seine ganz persönliche Umgebung schaffen.

Unser Beispiel (Abb. 27–29) zeigt eine niedrige, etwas über der Bettkante liegende Mauer. Der Blick ins Freie wird von Säulen unterbrochen, die die Decke zu tragen scheinen. Ein üppiger gelber Vorhang, der dem Raum durch seine Fülle Glanz und Würde verleiht, schirmt den Nahbereich teilweise von der dahinterliegenden Landschaft ab. Das lichte Gelb steht in gutem Kontrast zum kühlen Hintergrund des morgendlichen Seeblicks. Gewünscht war ein süddeutsches Panorama: Vor dem See liegt ein kleiner Hügel, den ein Monopteros krönt.

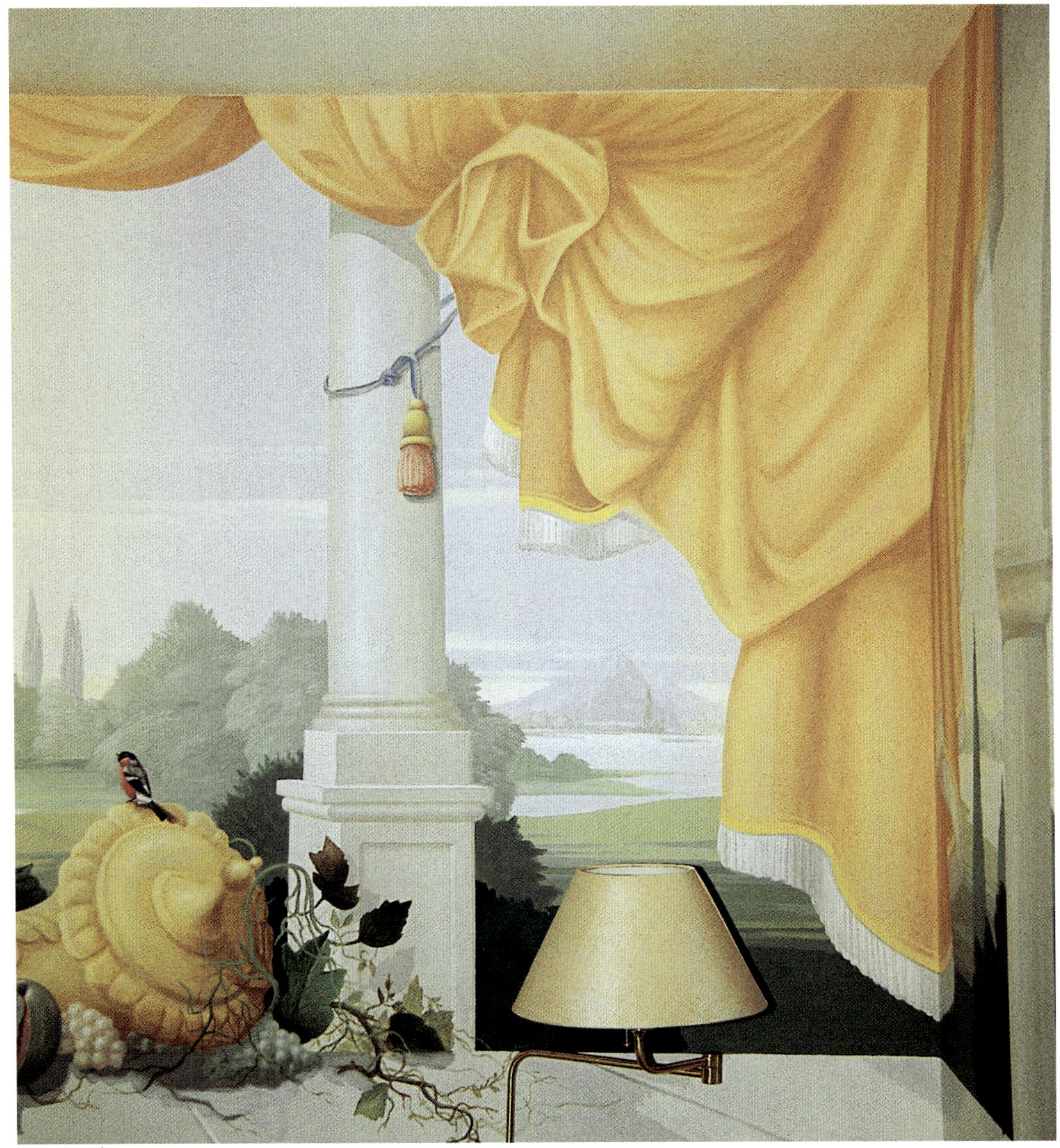

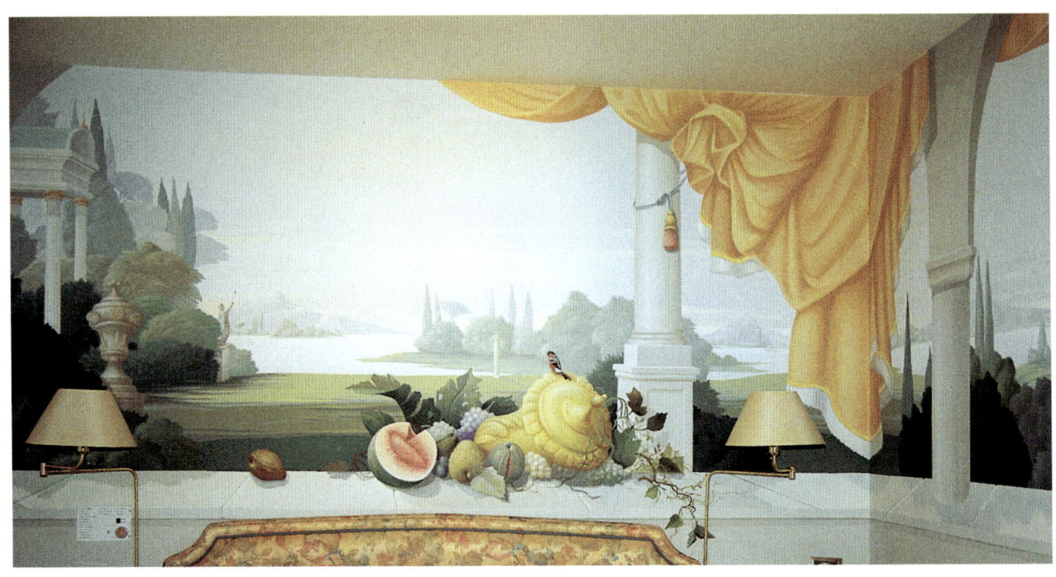

27–29 Die Decke dieses Schlafzimmers wird scheinbar durch die eingemalten Säulen getragen. Das lichte, warme Gelb des Vorhangs grenzt den Vordergrund vom Hintergrund ab.

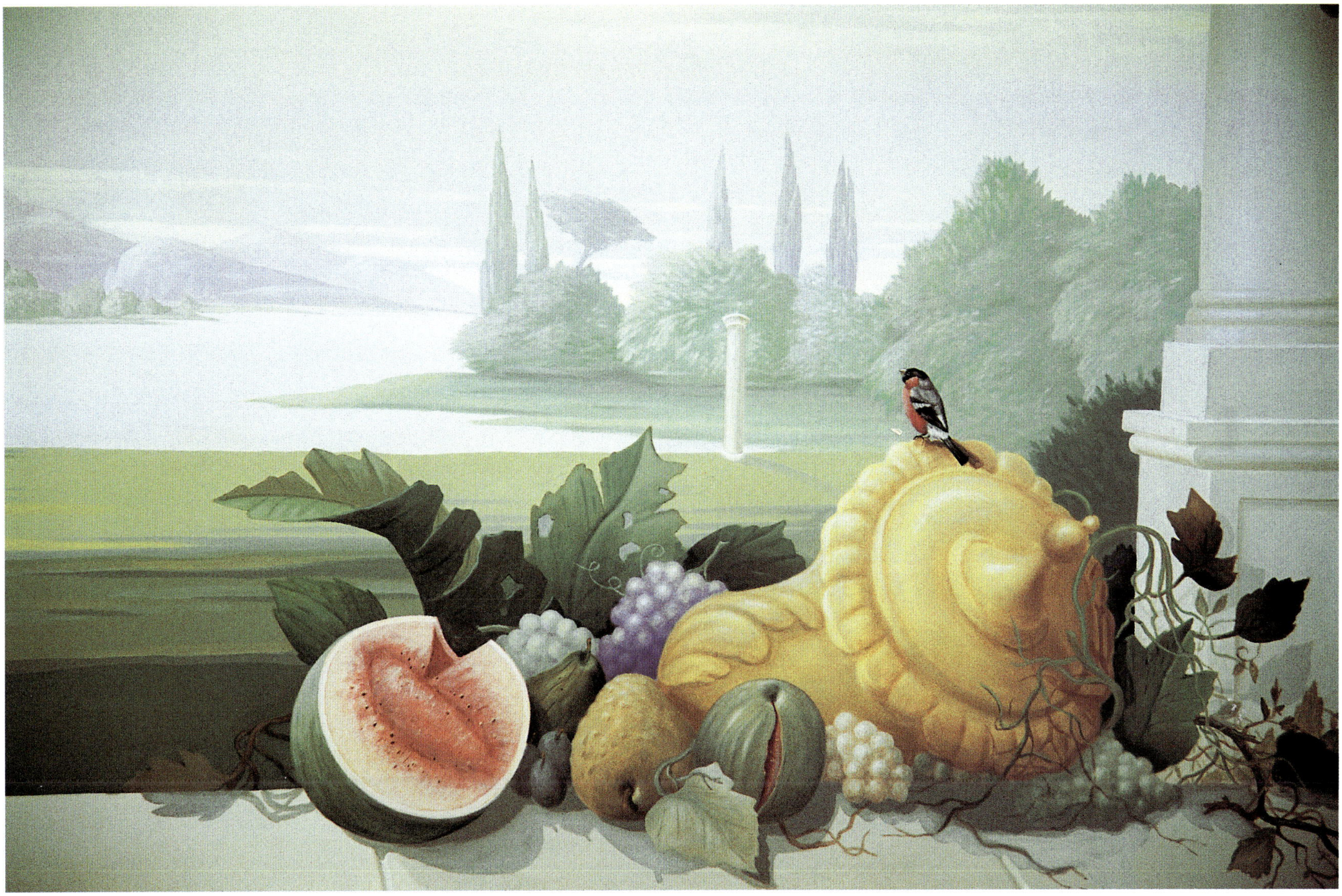

Die öffentlichen Räume

Ein sehr weites Feld unserer Arbeit umfaßt die Bemalung von öffentlichen Räumen, also *Schwimmbädern, Konferenzräumen, Läden, Cafés, Restaurants.* Wir haben hier auch *Speisezimmer* mit einbezogen, weil sie einen gewissen öffentlichen Charakter haben.

Bei *Schwimmbädern,* die meist kein Tageslicht bekommen, ist besonders auf die Lichtverhältnisse zu achten. Die Farbigkeit der Malerei sollte auf das Mischlicht abgestimmt werden.

Auch sollten Sie die Kriterien beachten, die grundsätzlich für größere Räume gelten. Aus der Entfernung zur Wand und den verschiedenen Blickwinkeln ergeben sich perspektivische Probleme. Um Räumlichkeit überzeugend zu gestalten, müssen wir Fluchtpunkte definieren.

Wir legen die Augenhöhe fest, denn alle Gegenstände und Pflanzen im Bild beziehen sich darauf. Bei einer langen Wand sollten wir zwei bis drei Fluchtpunkte bestimmen, damit die Perspektive von verschiedenen Richtungen und Entfernungen aus betrachtet stimmig bleibt. Als Motiv eignet sich eine Landschaft mit unkonkreten Formen am besten.

Durch Definition der Fluchtpunkte und Fluchtlinien lassen sich die Größenverhältnisse im zweiten und dritten Hintergrund bestimmen. Wir können beispielsweise die Maße von Bäumen oder von Architektur ersehen, vorausgesetzt natürlich, daß wir eine exakte Vorstellung von der Art und Größe dieser Bäume haben.

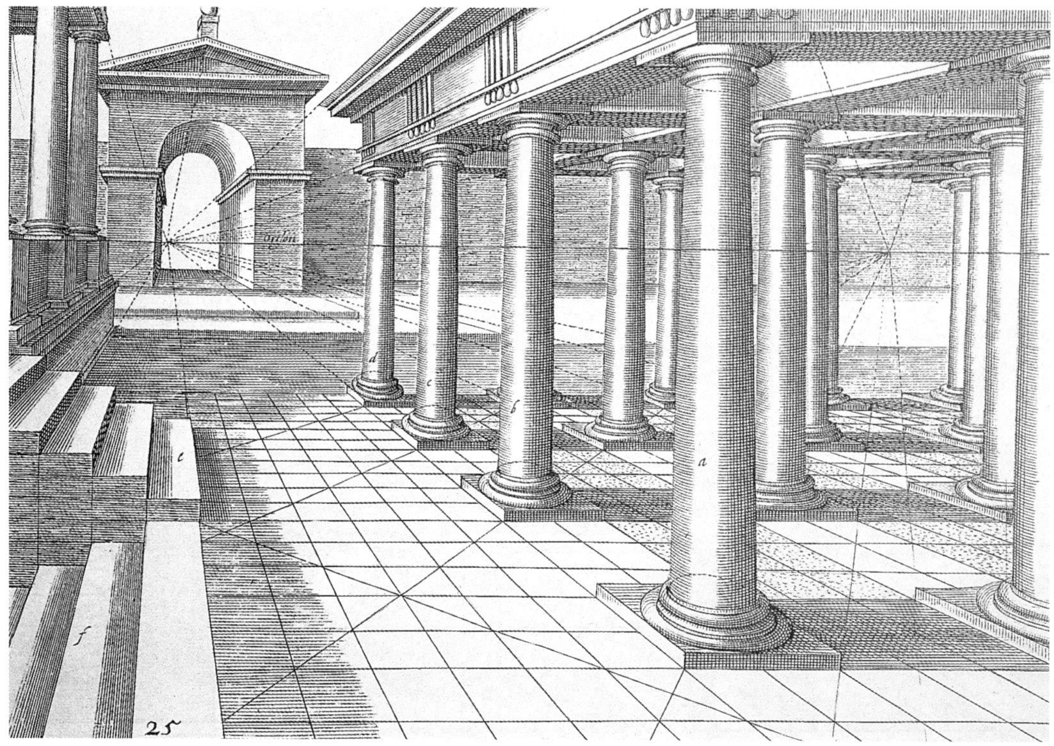

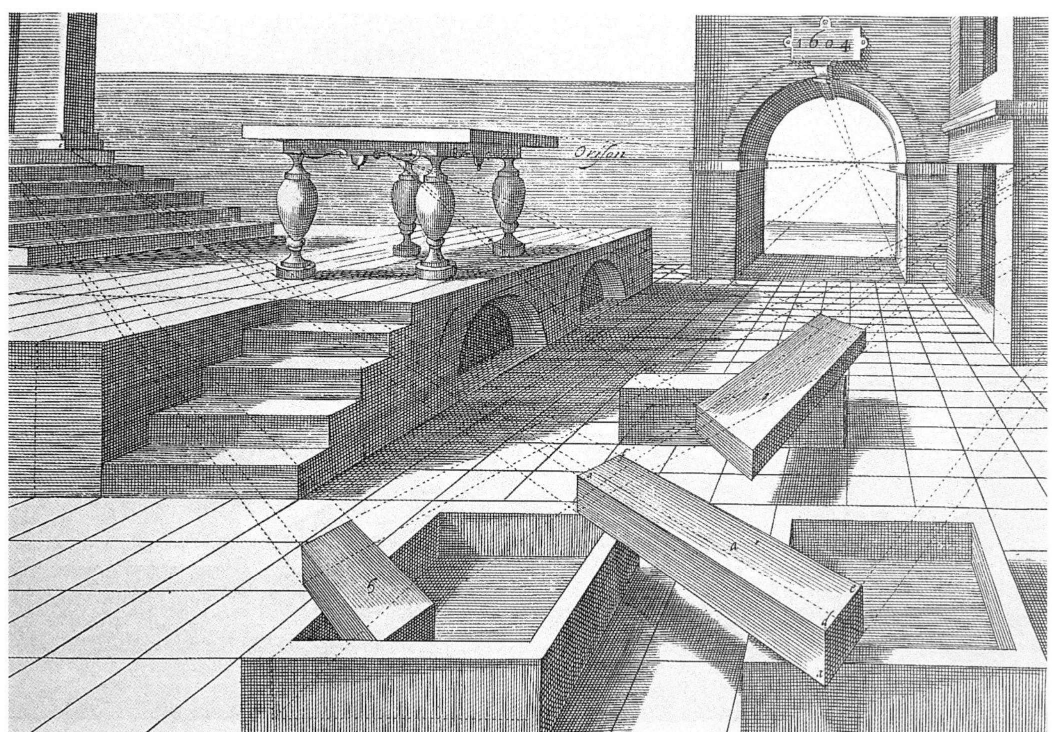

◁ 30, 31 *Architekturmalerei muß den Gesetzen der Perspektive gehorchen, wenn sie realistisch erscheinen soll: Die beiden Abbildungen zeigen die Konstruktion mehrerer Fluchtpunkte, die alle auf der Horizontlinie, der konstruierten Augenhöhe, liegen.*

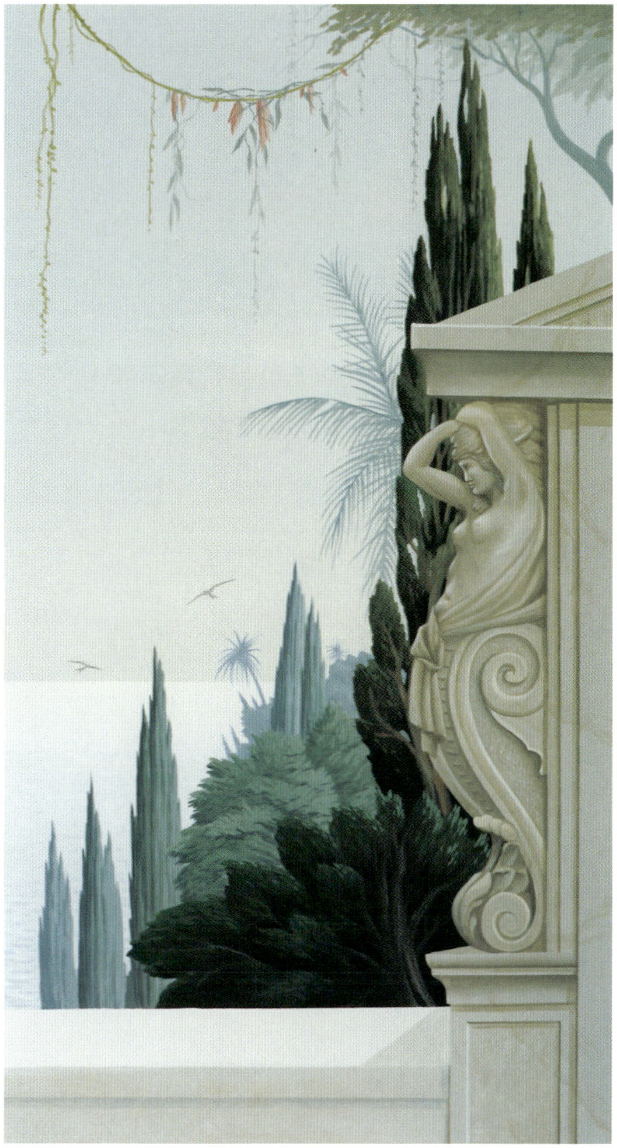

32 *Detail der linken Türeinfassung*

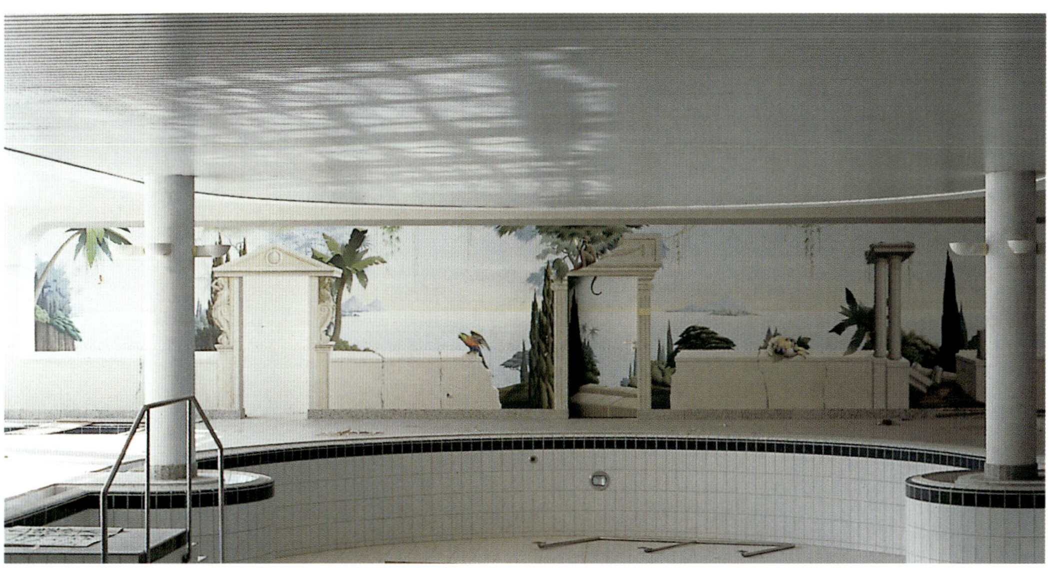

33 *Der Vordergrund der langen Wand dieses Schwimmbades wird durch eine durchgehende, niedrige Mauer definiert, durchbrochen von zwei vorhandenen Türen. Die linke wurde durch einen eingemalten Architrav und Pilaster in ihrer Wirkung betont, während die rechte Türe bemalt wurde. So entsteht, von links nach rechts betrachtet, der Eindruck von immer stärker zerfallener Architektur.*

Eine großflächige Malerei verlangt auch, daß wir uns aufs genaueste bewußt machen, was räumliche Tiefe bedeutet. Der Vordergrund ist scharf und detailliert gearbeitet, zeigt exakte Schatten und lebendige Farbigkeit, während der Hintergrund meist in verschwommenen Blautönen angelegt wird.

Im *Schwimmbad*-Beispiel (Abb. 32–35) öffnet sich die Landschaft in freie, unendliche Weiten, wo sich Meer und Horizont unmerklich begegnen. Den Vordergrund definierten wir über eine niedrige Mauer, durchbrochen von zwei Türen (Abb. 33). Von links nach rechts zeigen die Türeinfassungen zunehmenden Verfall in antiker Manier, Mahnmale edler Vorzeit und klassischer Größe. Die linke Scheintür wird von Figuren gesäumt, die den Giebel tragen, während der Giebel der echten Tür bereits zerfällt. Der Stein ist bröckelig und sehr detailliert gemalt, so daß er im schönen Gegensatz zur Lebendigkeit der Palmen und Zypressen steht. Diese gehen in den zweiten und dritten Hintergrund über und verlieren sich in weiter Ferne.

Der Vordergrund wird durch farbenfrohe Einzelheiten belebt: Auf der Mauer sitzt ein Papagei, liegt eine Obstschale, auf dem Architrav betrachtet sich ein kleiner Affe im Spiegel (Abb. 33–39 und Einbandrückseite).

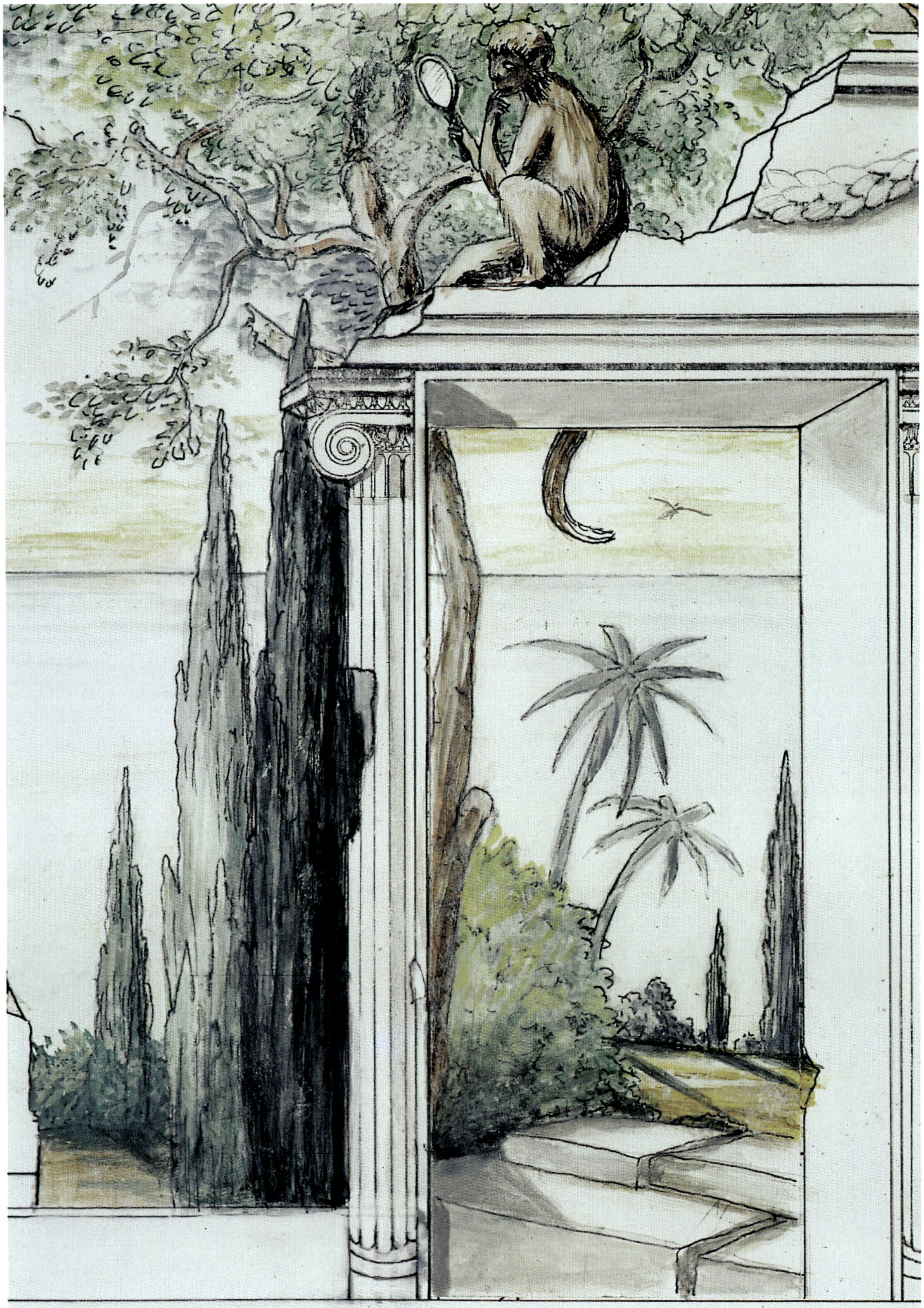

34, 35 Entwurf und Ausführung: Die Skizze zeigt die Idee eines Ausblicks durch ein antikes, fragmenthaft gemaltes Portal. Bei der Ausführung auf der Wand ist erkennbar, wie die vorhandene Türe in die Ausblicksituation mit einbezogen wurde. Sie wurde quasi entmaterialisiert und damit ein Teil der Landschaft.

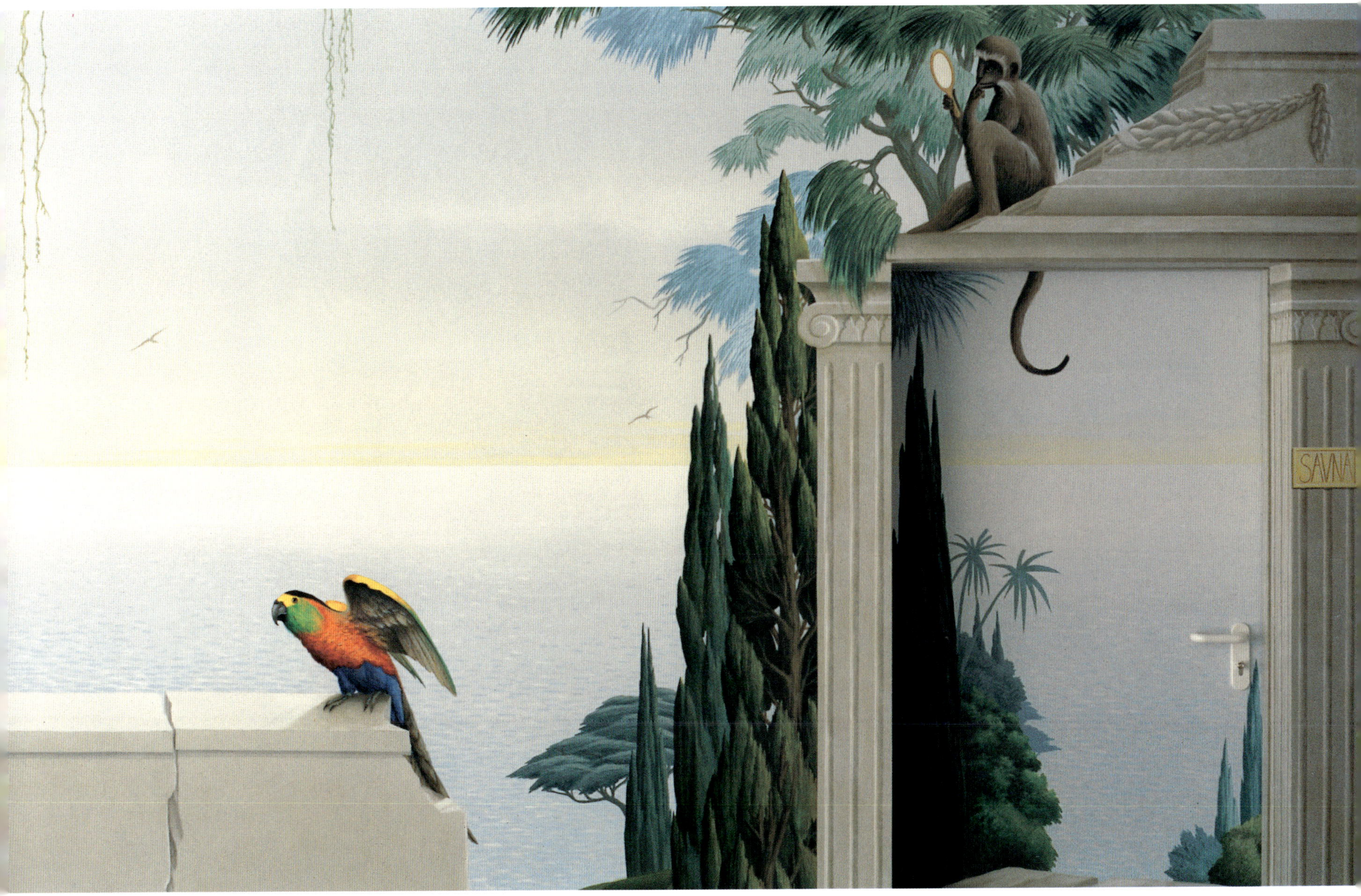
SAVNA

Für das *Speisezimmer* können wir uns Landschaften oder Genrebilder vorstellen, etwa den mediterranen Meeresblick, eventuell bereichert mit Tieren, Statuen oder Früchten, oder auch die englische Hügellandschaft mit weit entferntem Prunkschloß. Für die Perspektive berücksichtigen wir dabei die Augenhöhe der Sitzenden.

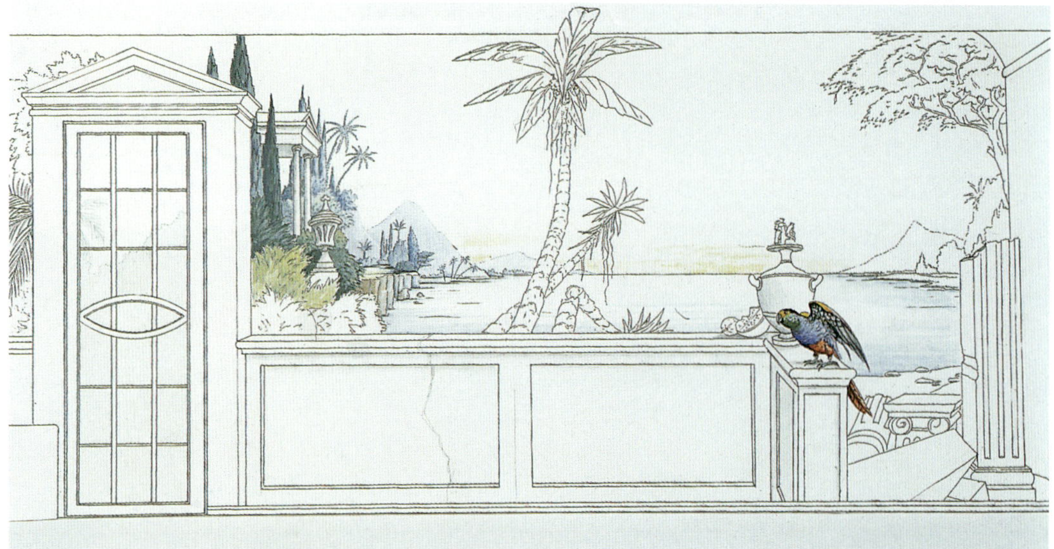

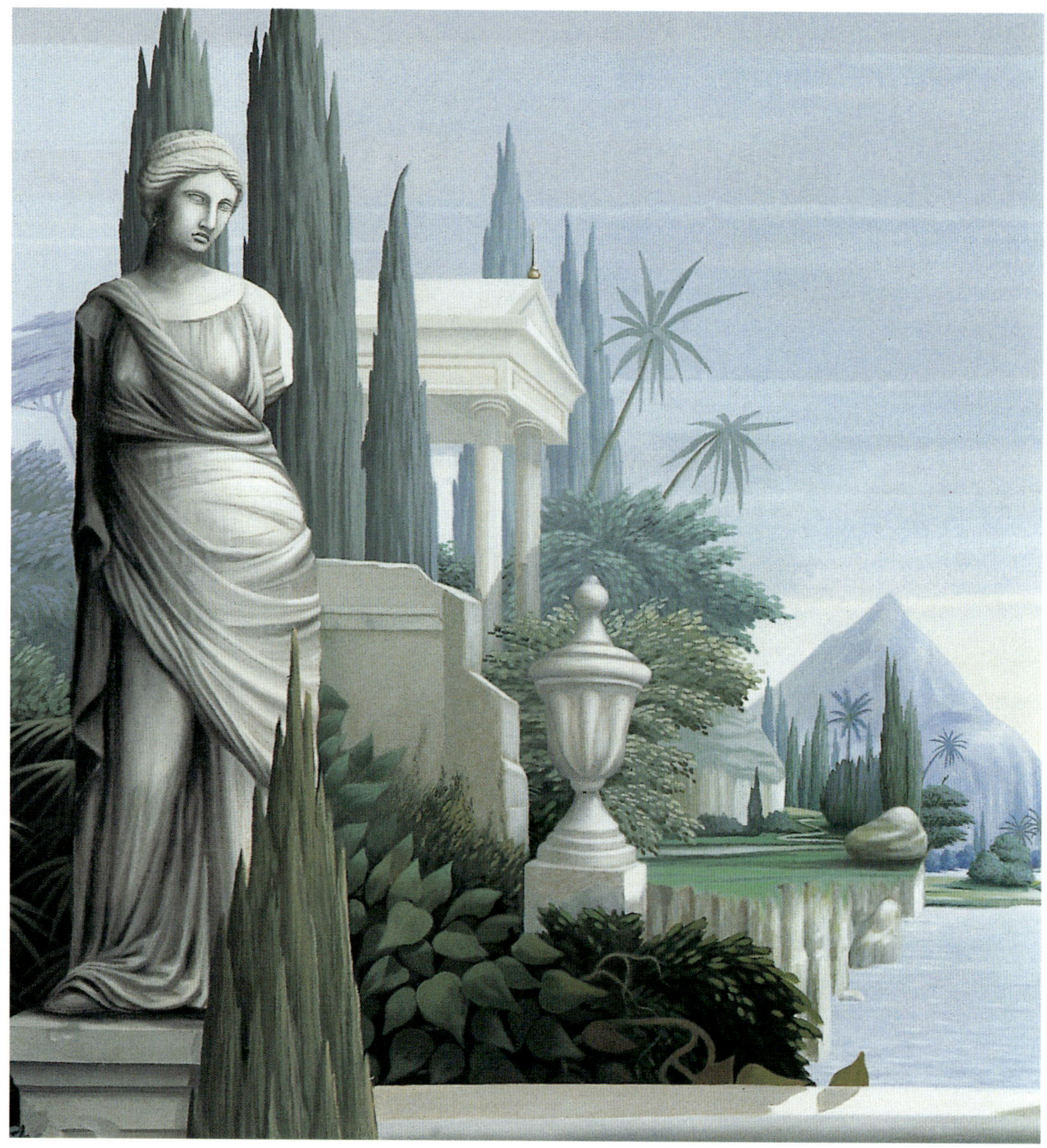

36–38 Entwurf und Ausführung: In einer Eßecke wurde als Horizontlinie die Augenhöhe der Sitzenden gewählt. Der mediterrane Meeresblick erscheint aus dieser Position betrachtet glaubhaft.

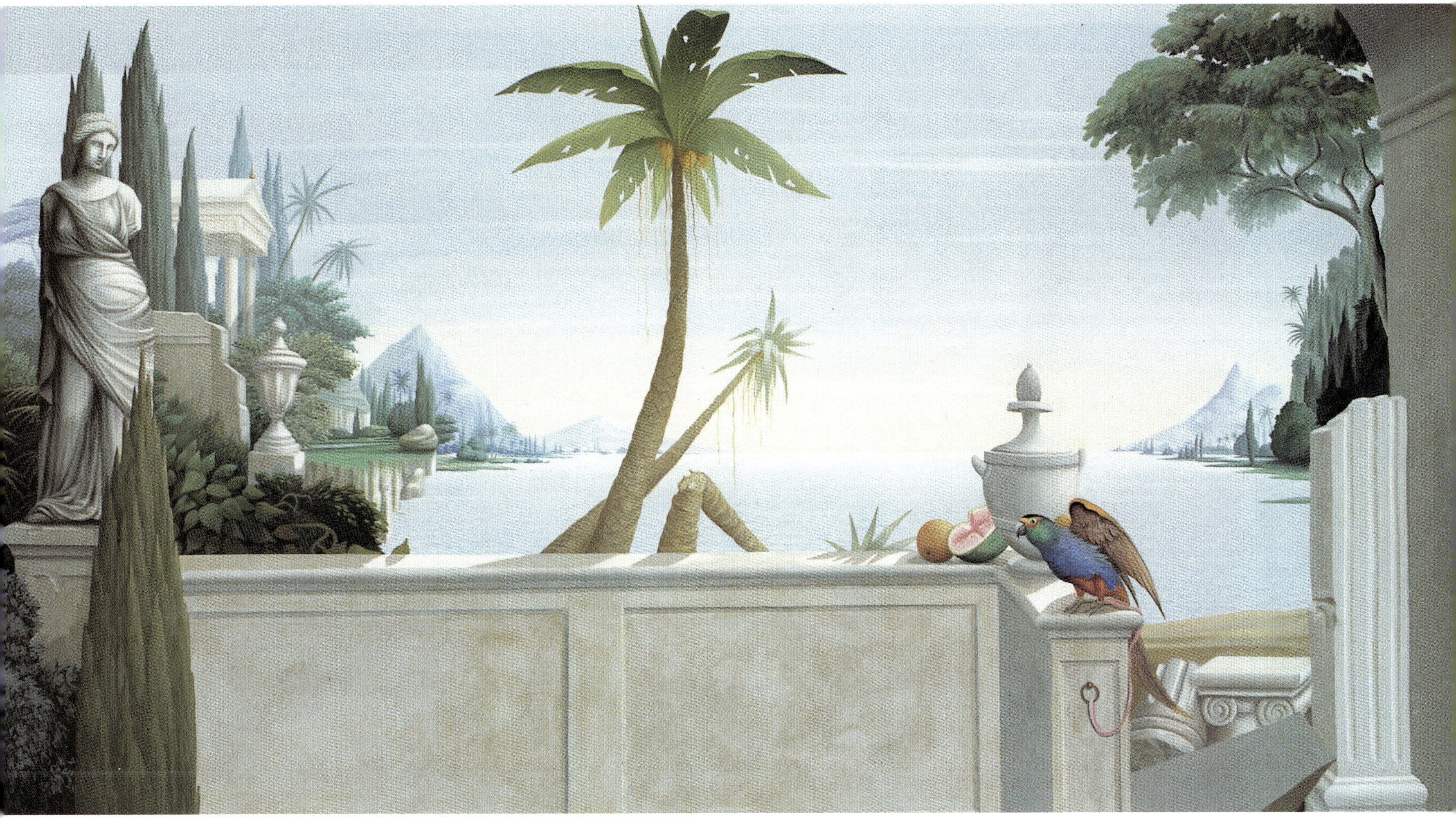

Eine andere Möglichkeit ist eine Bemalung, die die Wand in Segmente aufteilt. Unser Beispiel (Abb. 39) zeigt eine eigenwillige Verbindung von klassischen und zeitgenössischen Elementen. Als Grundlage diente Michelangelos Fresko der Erschaffung Adams. Mit skizzenhaften Einschüben wurde unser Bild zur modernen Variante eines alten Themas umgestellt.

Abbildung 40 bringt ein anderes Motiv: Wir teilten hier die Wand in einzelne Abschnitte und schufen darin pompejanische Fragmente, die eine Einheit signalisieren. Durch das Fragmentarische regen sie den Betrachter an, die fehlenden Teile im Geist zu ergänzen.

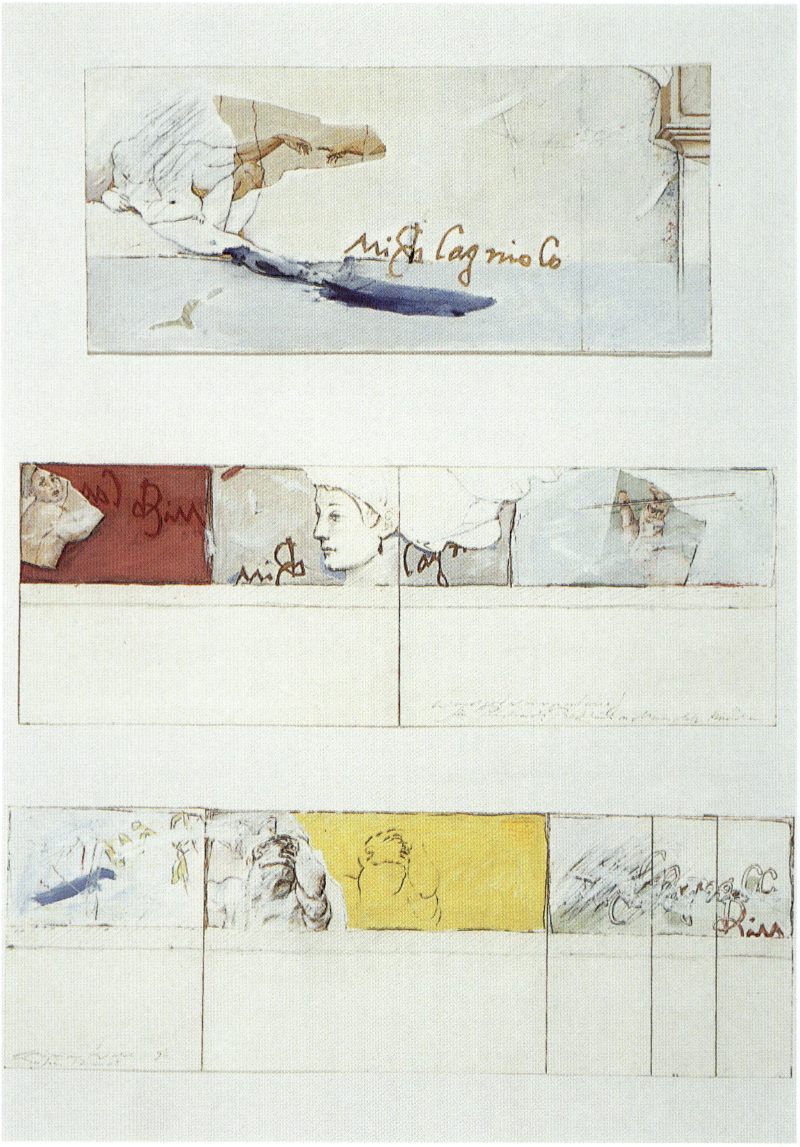

39 Dieser Entwurf zeigt die Verbindung klassischer Themen mit modernen Elementen der Malerei. Die Einbeziehung der Schrift in die Malerei (hier z.B. die entfremdete Signatur Michelangelos) gibt dem gesamten Wandbild eine besondere Note, die noch durch den Wechsel von Skizze mit antiker Frescomalerei gesteigert wird.

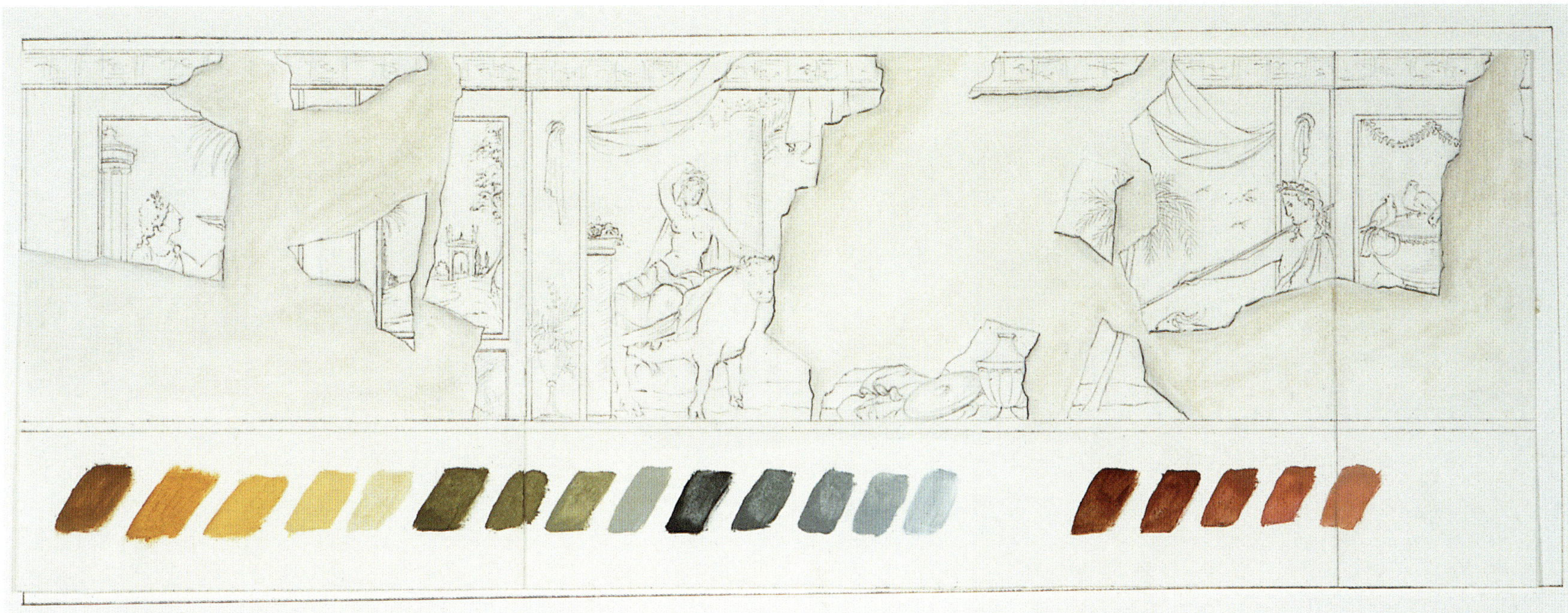

40 Die Wand wird in einzelne Abschnitte aufgeteilt, die lediglich fragmenthaft bemalt werden. Der Betrachter begreift dadurch das Wesentliche der Malerei und wird zur optischen Ergänzung der fehlenden Teile animiert.

Konferenz- und andere *offizielle Räume* sollten eher zurückhaltend gestaltet werden, damit sie die Aufmerksamkeit nicht allzu sehr auf sich ziehen. Anstatt auf verblüffende Effekte setzen wir hier auf sparsame Eleganz. In unserem Beispiel (Abb. 41, 42) wählten wir ein kühles Landschaftsmotiv, von zwei Wächtern, einem Geparden und einem steinernen Löwen gleichsam gehütet (siehe Seite 42, 43).

41, 42 Gepard und Löwe beleben dieses Landschaftsmotiv. ▷▷

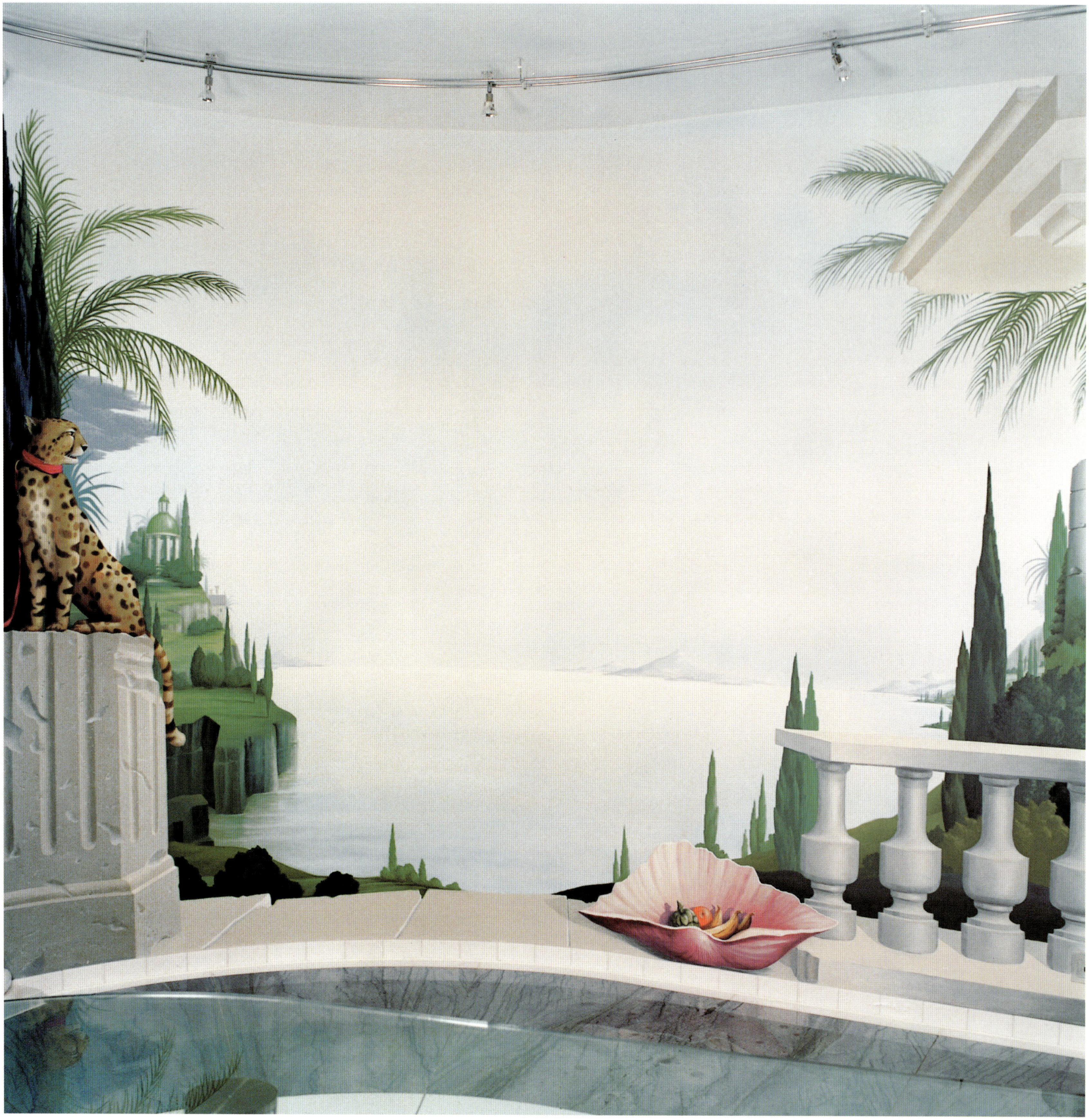

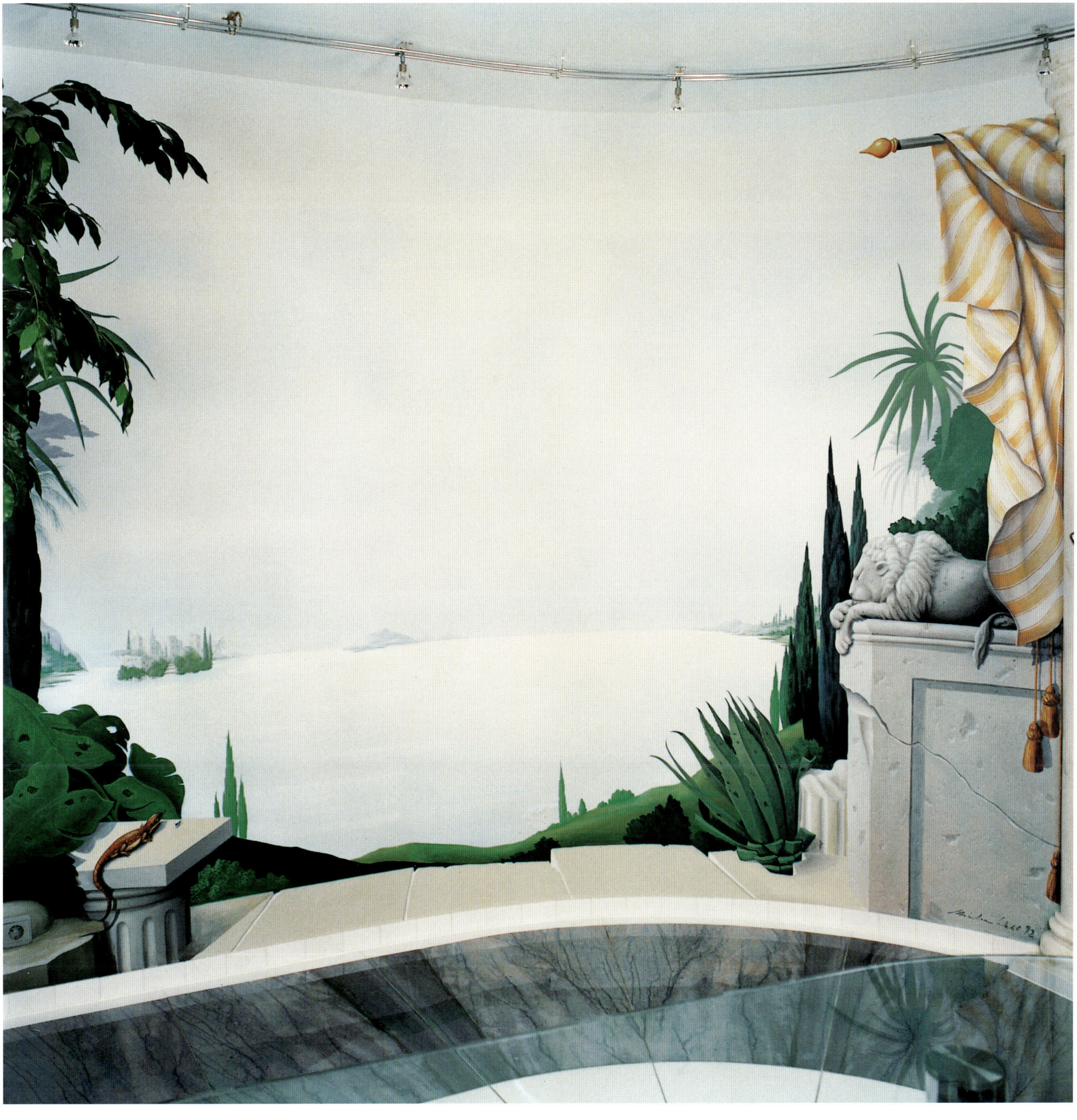

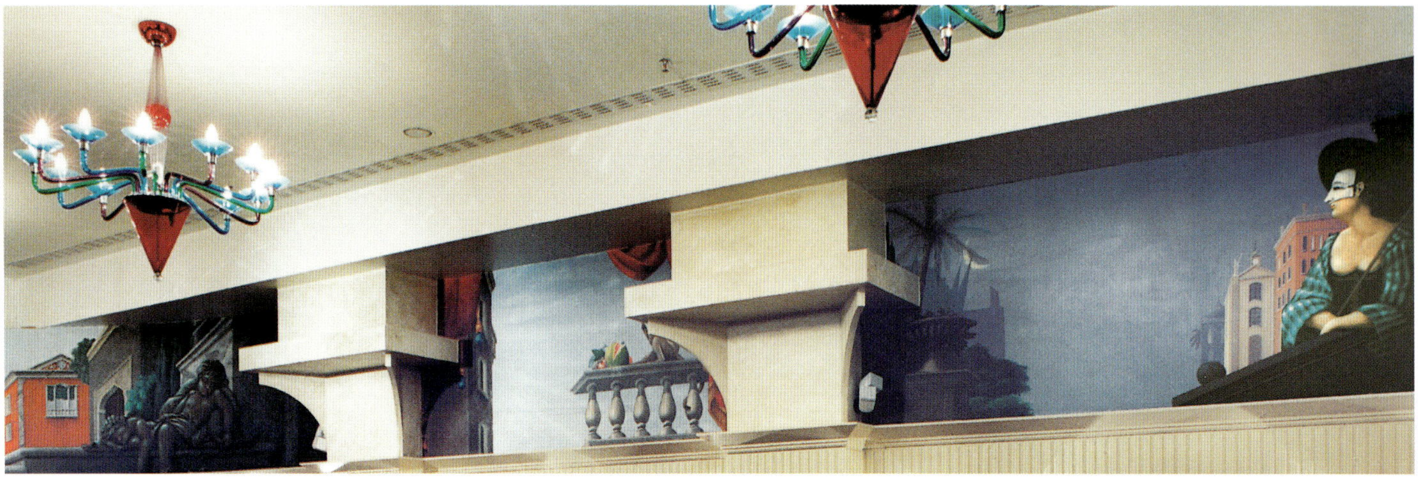

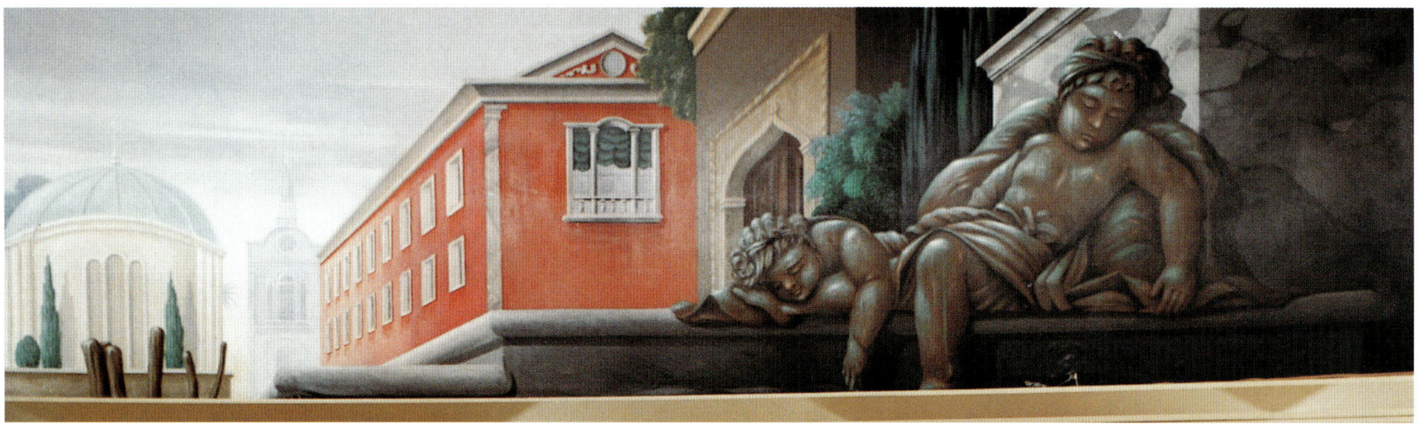

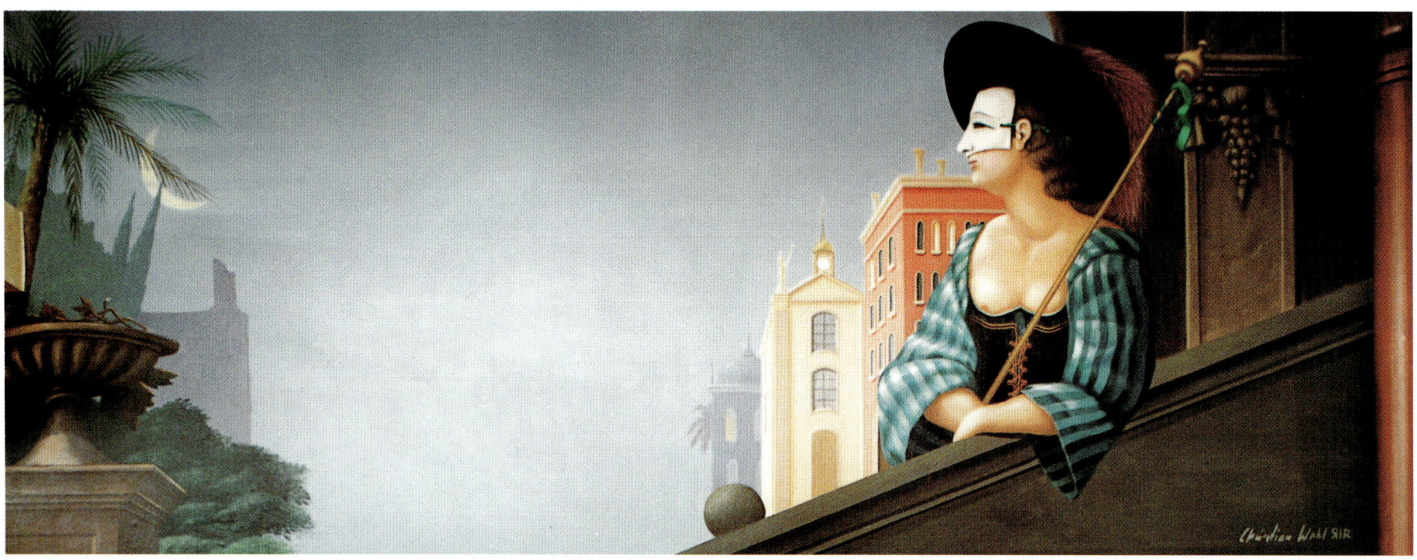

43–45 *In diesem italienischen Restaurant wurde die Thematik der Malerei ganz auf die Zielgruppe des Restaurants abgestimmt. Üppige Vasen und Steinamoretten geben dem Raum das typische venezianische Ambiente.*

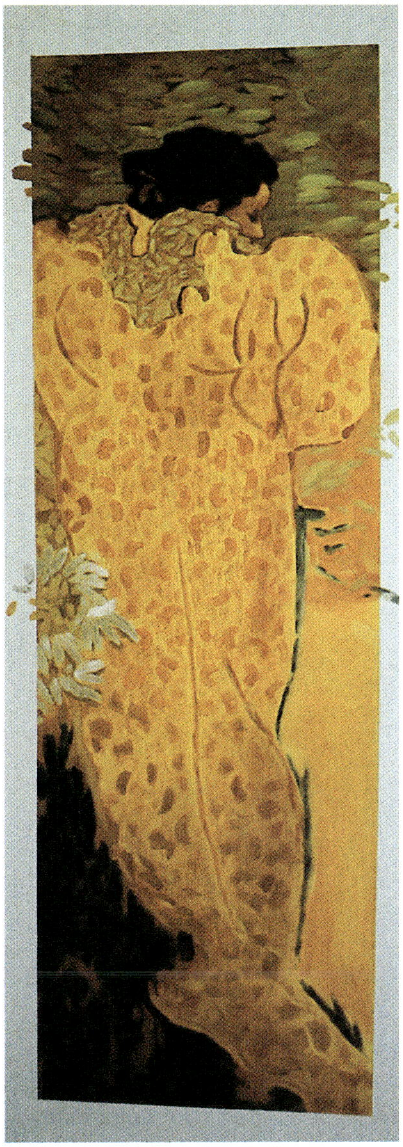

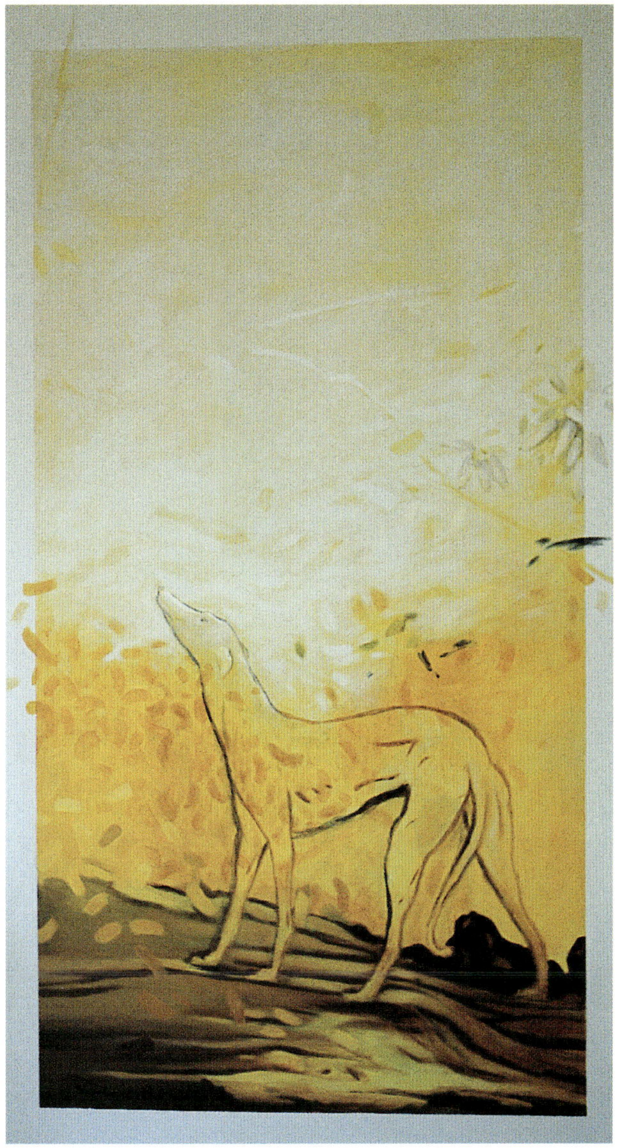

46, 47 Im Jugendstilsalon zeigt sich die Dame im Pelz, Pierre Bonnard nachempfunden. Sie steht kühl in einem weißen Rahmen. Die gelben Leopardenflecken bedecken das Fell des Hundes auf dem Wandbild gegenüber.

Öffentliche Räume wie *Läden*, *Restaurants* oder *Wartezimmer* sollten auf die jeweilige Zielgruppe ausgerichtet sein und den Zweck des Raumes berücksichtigen. Als Beispiel zeigen wir hier ein italienisches Restaurant in der Münchener Innenstadt, dem wir ein venezianisches Ambiente verliehen haben (Abb. 43–45). Es ist Abend, der Mond steht schmal am Himmel und scheint hinter den Fassaden der prachtvollen Palazzi Geheimnisse zu hüten. Üppige Vasen und Steinamoretten verstärken die mysteriöse Atmosphäre und erotische Spannung.

Ganz anders die Wände eines *Jugendstilsalons* (Abb. 46, 47): Die Dame im Pelz, Pierre Bonnard nachempfunden, steht kühl in einem weißen Rahmen, die Flecken ihres Mantels scheinen aus dem Bild hinauszufliegen. Sie steht neben einer Tür, deren andere Seite wir mit einem Hund geschmückt haben. Leopardenflecken huschen über das Bild und bedecken das Fell des Hundes.

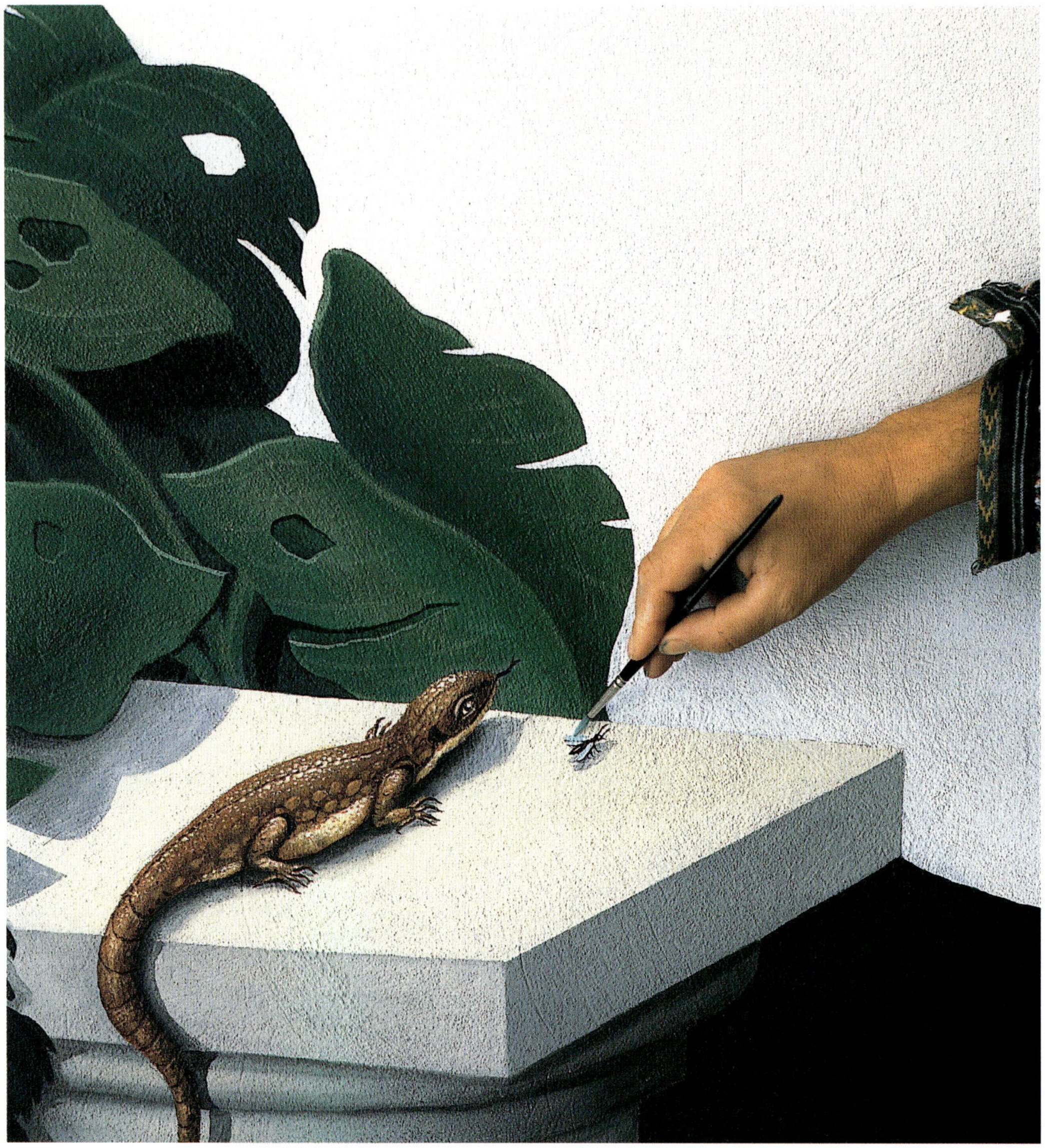

48 *Man weiß nicht so recht: Wird nun der Pinsel des Künstlers die Fliege verjagen oder nicht?*

Manchen Räumen tut ein Zuviel an Malerei nicht gut. Da muß man sich in weiser Selbstbeschränkung üben. Kleinigkeiten können oft mehr Wirkung zeigen, verblüffender und feiner sein als unverhältnismäßiger Aufwand an ungeeigneter Stelle (Abb. 48).

Sehr attraktiv sind auch Gipsschalen als *Leuchtkörper*, wenn sie skizzenhaft ummalt werden (vergleiche Seite 47).

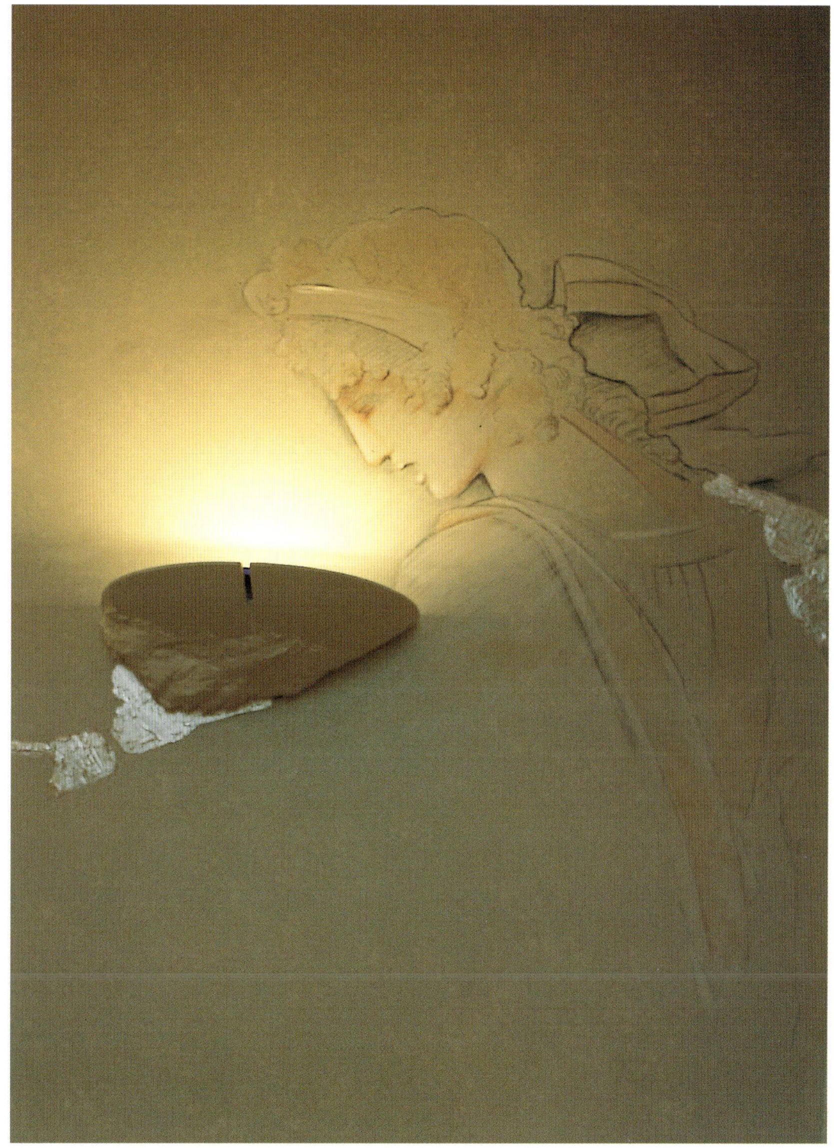

49, 50 Treppenhausgestaltung in einer Arztpraxis: Die vorhandenen Beleuchtungsschalen aus Gips wurden in die Gestaltung integriert. Das skizzenhaft gemalte Frauengesicht erstrahlt im Schein der Wandleuchte, versilberte Teilflächen reflektieren das Licht. Form, Farbe und Licht bilden eine Einheit.

Kleine Räume erweitern wir oft mit stimmungsvollen Landschaften. Ob im Schlafraum, im Bad oder in der Diele – der so geschaffene Raum läßt sich gut nutzen, beispielsweise für große, italienische *Steinvasen*, für antike *Steintorsi* oder dergleichen. Wenn wir die Wand dazu mit antik wirkender Farbigkeit versehen, erzielen wir eine dekorative und elegante Gesamtwirkung.

Kleine Räume mit zu vielen Vorgaben (zu hoch gefliest, Einbauschränke, Spiegel usw.) bereiten häufig Schwierigkeiten. Hier verzichten wir weitgehend auf Malerei. Ein kleiner Blickfang, beispielsweise über Tür oder Fenster, ist vollkommen ausreichend.

Glatte Türen eignen sich gut für Überraschungen. Wir lassen sie auf geheimnisvolle Weise verschwinden, indem wir die Wandmalerei darauf fortsetzen. Besonders verblüffend ist es, auf eine geschlossene Tür eine geöffnete zu malen. Um ihr besonderes Gewicht zu verleihen, greifen wir häufig zu klassischen Hilfsmitteln wie Stoffdraperien, Steineinfassungen, Architraven und Steinfiguren.

Besondere Beachtung fällt dem oft knappen Raum über den Türen zu, ein Platz für kleine Kostbarkeiten (Abb. 52).

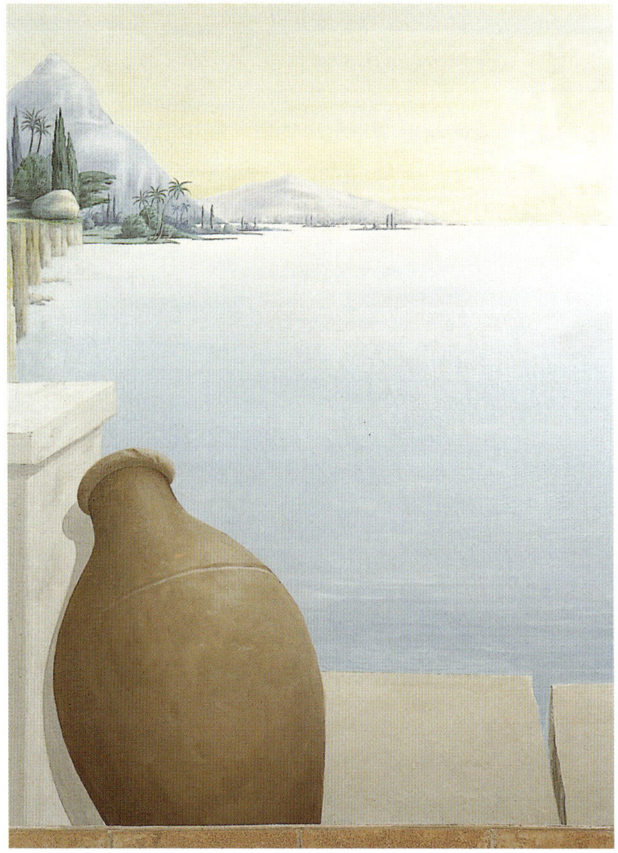

51 Kleine Räume können mit stimmungsvollen Landschaften erweitert werden. Der so gewonnene Raum läßt sich für Details nutzen: Große italienische Steinvasen und antike Steintorsi. Werden die übrigen Wände zu antik wirkenden Oberflächen gestaltet, erzielen wir eine dekorative, elegante Gesamtausstrahlung.

52 Bei kleinen Räumen mit wenig Wandfläche durch niedrige Decken, hohe Fliesen, Einbauschränke, verzichten wir auf umfangreiche Malerei: kleine Details wie hier über der Türe reichen vollkommen aus.

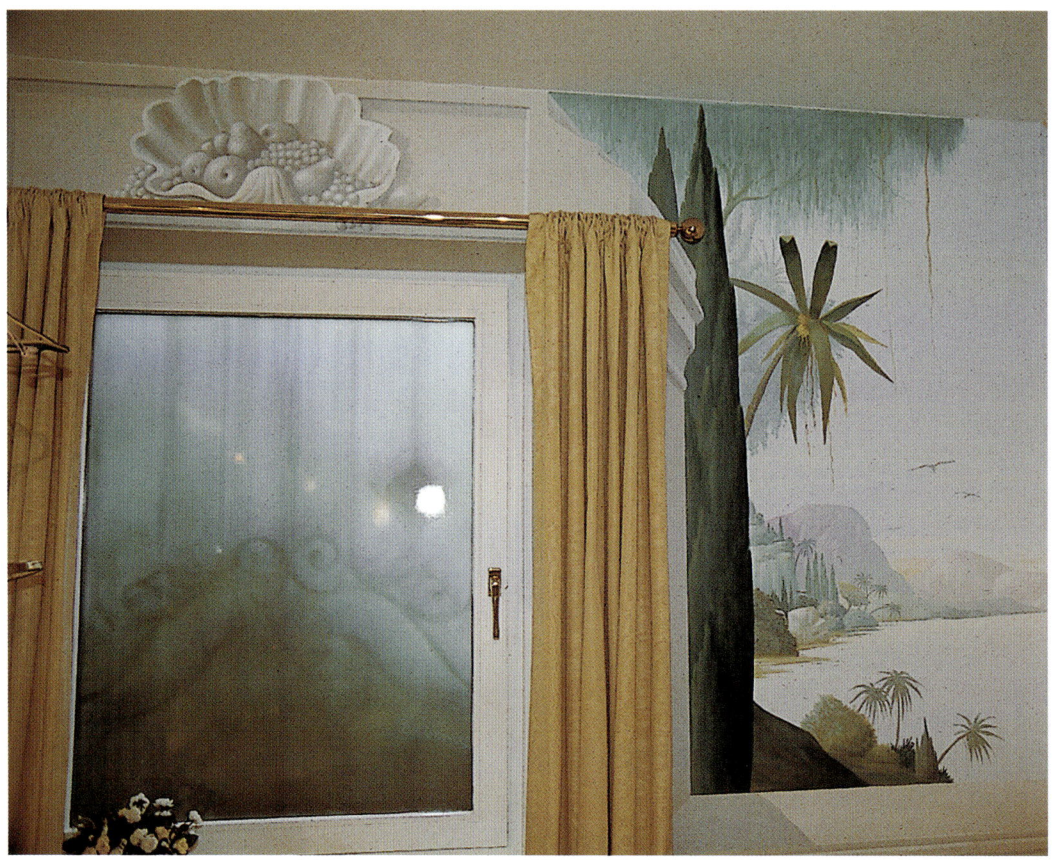

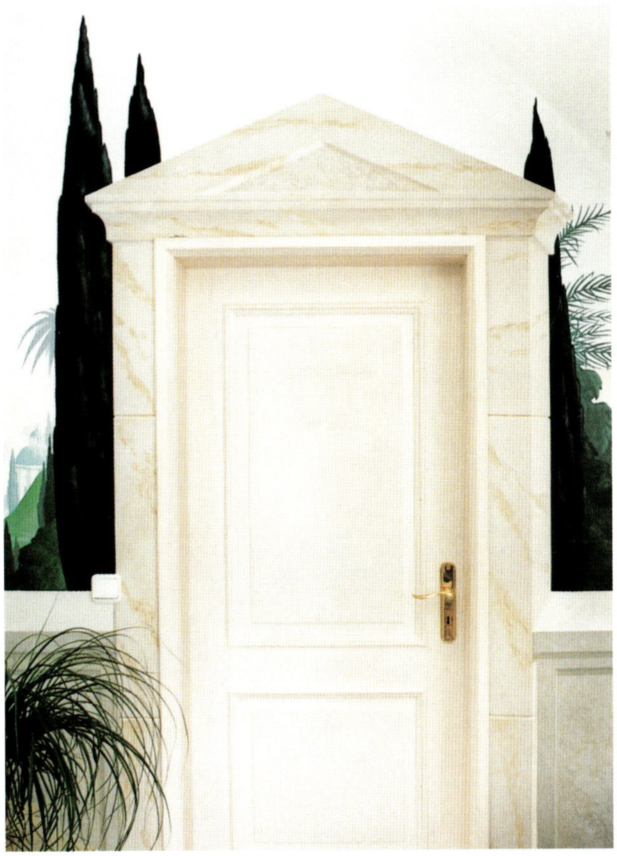

53, 54 Türen erhalten besonderes Gewicht durch eine Einfassung mit Steinquadern, aufgemalten Architraven und Gesimsen. Die Grenze von Realität und Illusion zu erkennen, wird hier oft schwierig.

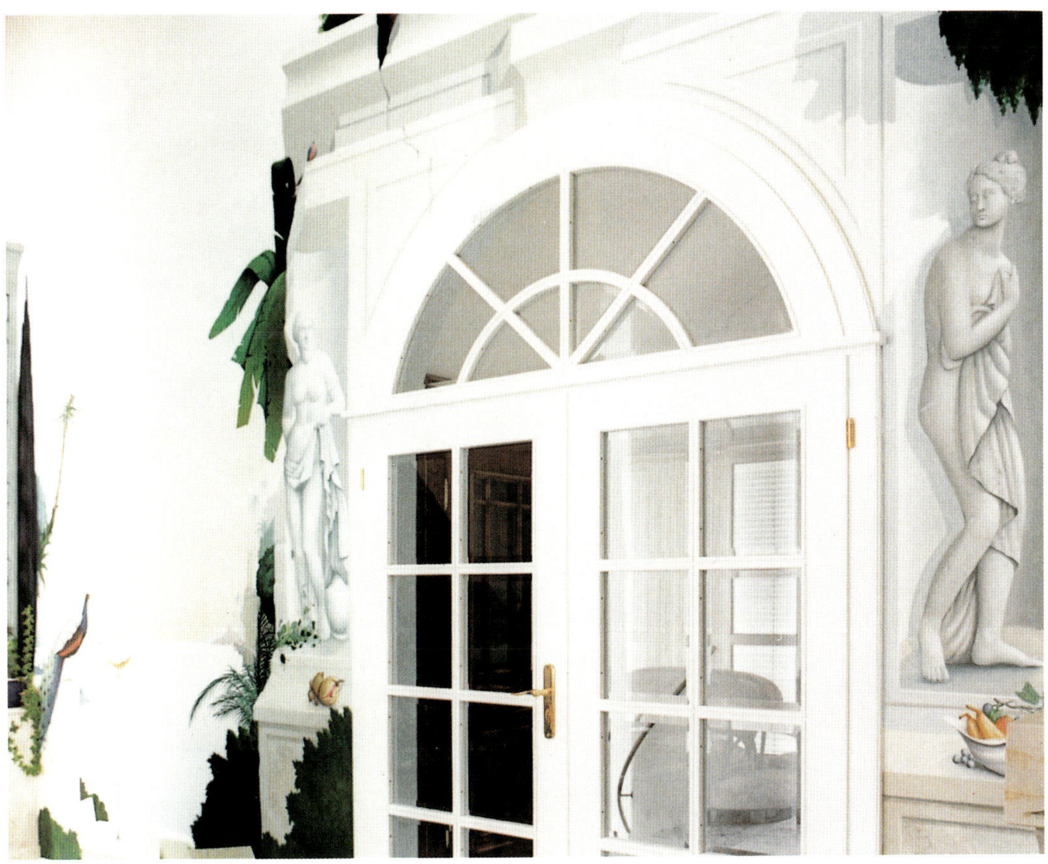

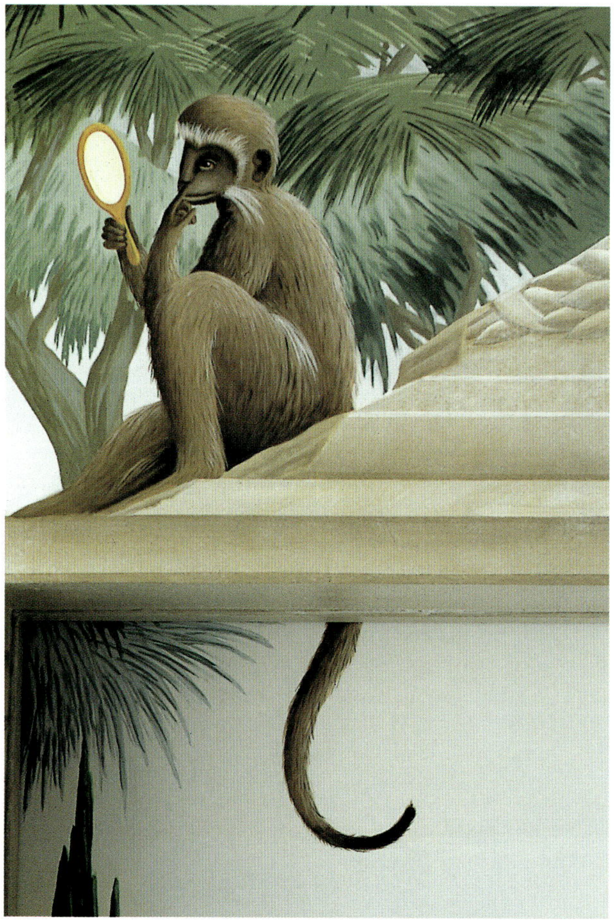

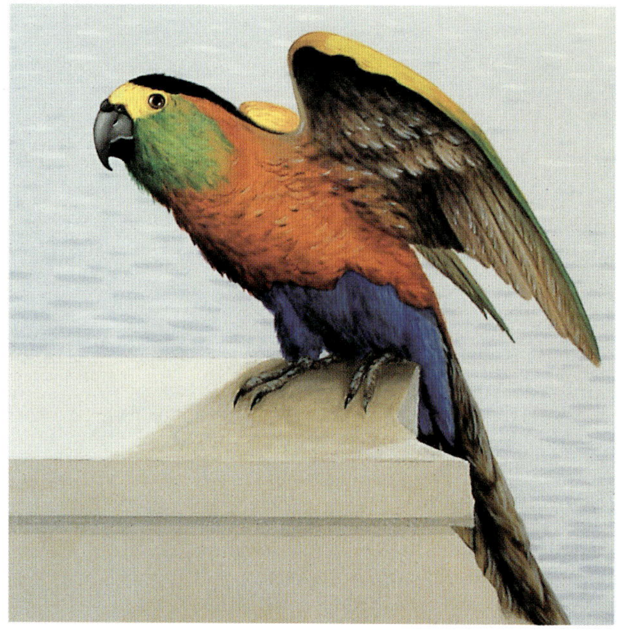

55–57 *Papagei und Affe bilden einen willkommenen Kontrast zu der klaren Architekturmalerei. Sie bringen Lebendigkeit und Farbe ins Spiel, ohne die Ruhe der Landschaft zu stören.*

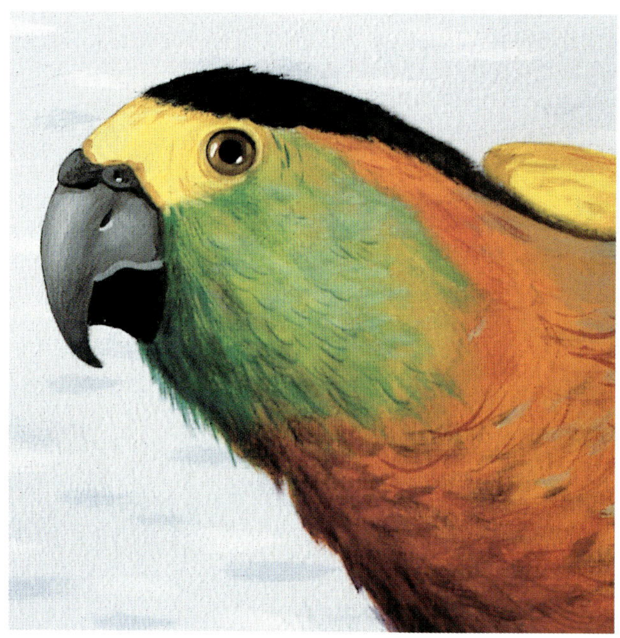

Bei gemalter Architektur nehmen sich *Tiere* und *Pflanzen* als Kontrastelemente gut aus. Auf einen steinernen Architrav setzen wir gern ein Äffchen, auf eine Mauer einen Pfau oder Papagei. Sie bringen Lebendigkeit und Farbe, ohne die Ruhe der Landschaft zu stören.

STEINMALEREI – ODER DIE KUNST, ZU MARMORIEREN

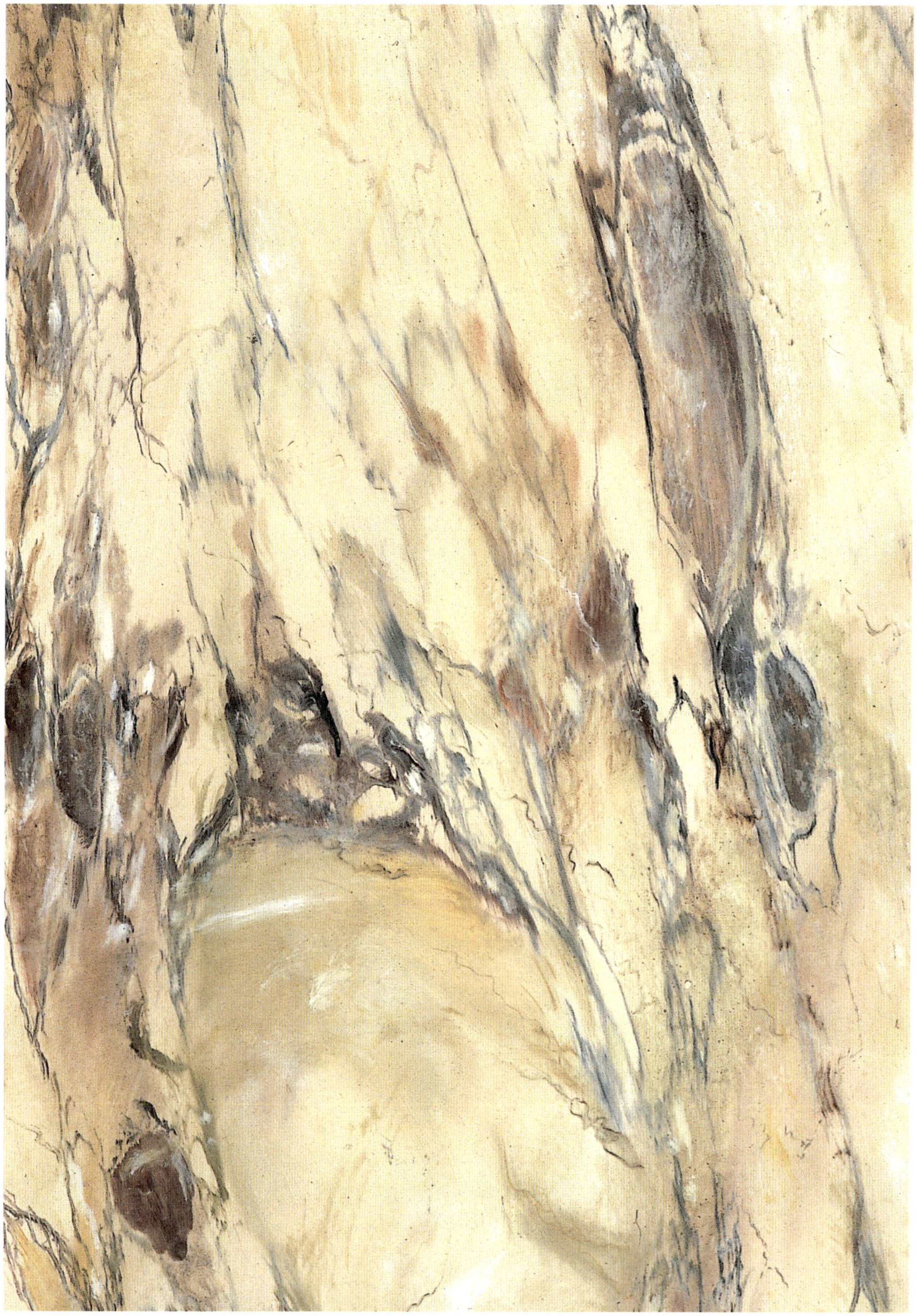

Es wurde bereits erwähnt, daß echter Stein häufig aus Gründen der Statik nicht verwendet werden konnte, so daß man in der Geschichte der Architektur zu allen Zeiten gern auf illusionistische Marmorierungen zurückgriff.

Wie so oft, wurde aus der Behelfslösung schnell ein Favorit. Seit der Antike begeisterten sich weltliche und kirchliche Auftraggeber an der Kunst, Marmor oder Porphyr zu imitieren; oft erfreute sich das Imitat höherer Wertschätzung als die echten Materialien. Je mehr sich dabei die künstlerische Phantasie vom Modell entfernte, das heißt, je manierierter die Arbeit wurde, um so mehr genügte sie dem höchsten Anspruch.

Im Laufe der Geschichte wurde fast jedes Material imitiert. Palmblätter wurden aus Stein, Marmor aus Stuck gefertigt, die Ägypter »malten« roten Granit auf minderwertige Untergründe und die minoische Kultur marmorierte Keramik. Je nach den unterschiedlichen Ansprüchen wurde das Naheliegende und Gewöhnliche durch Trompe-l'œil zur Kostbarkeit erhoben.

58 Manierierter, mit Ölfarben gemalter Marmor. Mit dem Dachshaarvertreiber werden die fein abgestimmten Töne im Untergrund verwischt. Scharf konturierte Linien und eingemalte Brüche geben dem Marmor Tiefe.

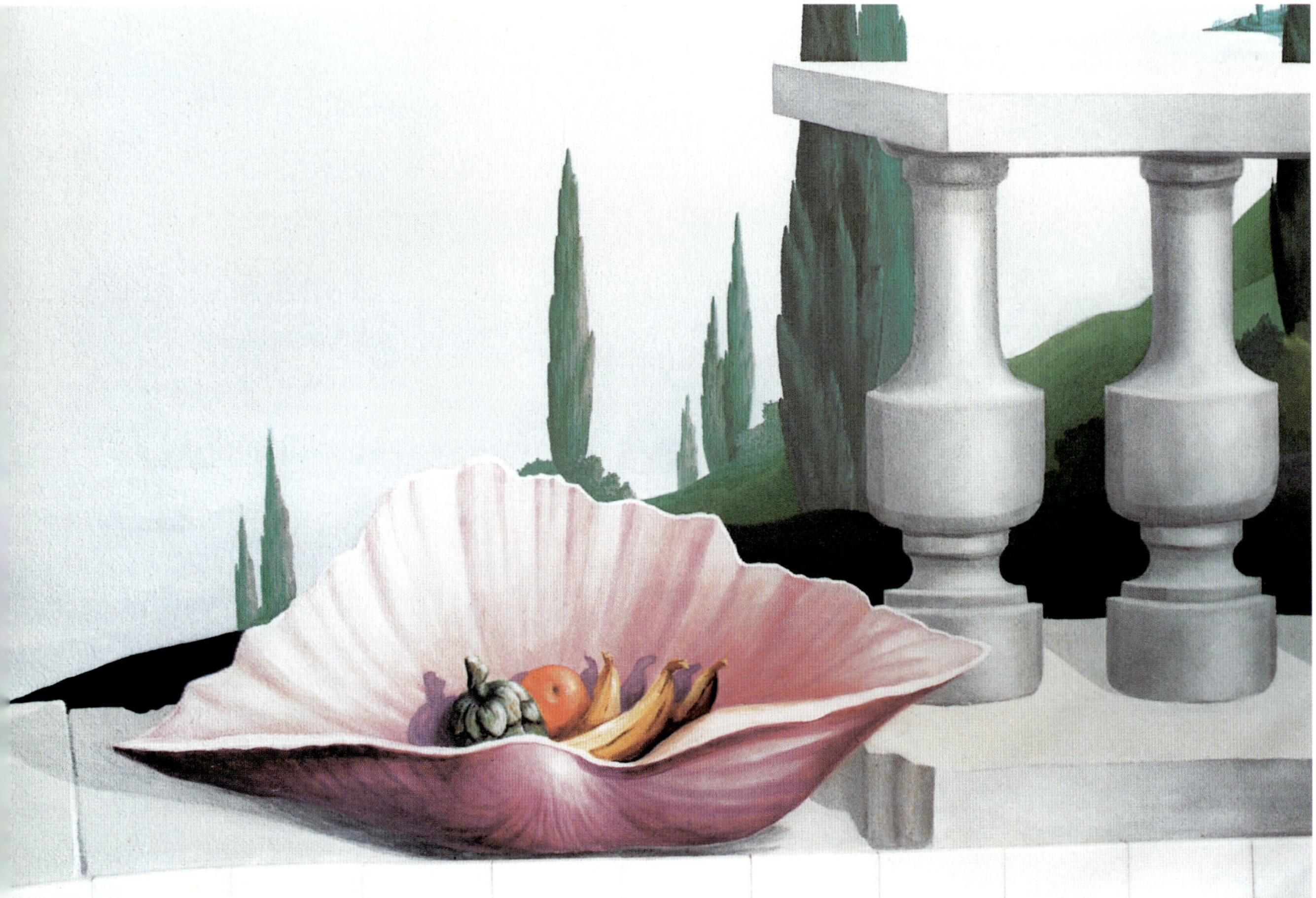

59 Mauerbrüstung und Balustrade, in Graumalerei ausgeführt. Die mittelgraue »Lokalfarbe« wird im Licht ein bis zwei Tonstufen heller, in Schattenbereichen ein bis zwei Tonstufen dunkler gemalt. Die Übergänge werden weich, meist Naß in Naß, ausgeführt.

60 Auch der Steinlöwe auf dem Sockel wurde in Graumalerei ausgeführt. Leichte Beschädigungen an der Steinoberfläche geben ihm ein antikes Aussehen. ▷

61 Abgebrochene, kannelierte Gipssäule in Weiß und daneben mit Ölfarben in hellen Grautönen marmoriert. ▷

62 Dorische glatte Gipssäule, mit Ölfarben marmoriert. Hier wurde der gelbe Siena-Marmor imitiert. Die Oberfläche wurde zusätzlich gewachst und poliert. ▷▷

Die Darstellung von Stein fügt sich in vielgestaltiger Weise in die Illusionsmalerei ein. Oft benutzen wir zur Abgrenzung des Nahbereichs vom Hintergrund architektonische Elemente, die selbst einen Teil der Illusion ergeben: *Kleine Mauern, Balustraden, Säulen,* denen man den bröckelnden, alten Stein ansieht; Statuen, deren Oberfläche jahrhundertealte Spuren von Wind und Wetter zu tragen scheint; *Vasen,* deren glänzende Rundungen wie von Meisterhand poliert aussehen.

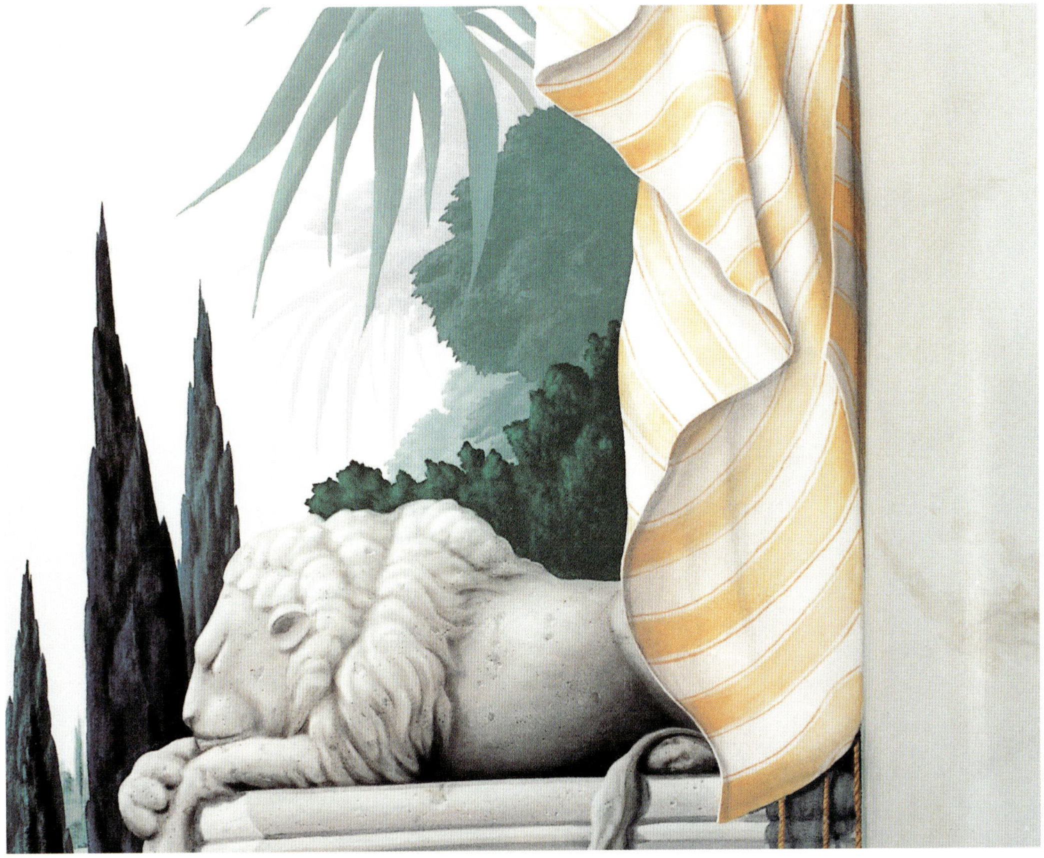

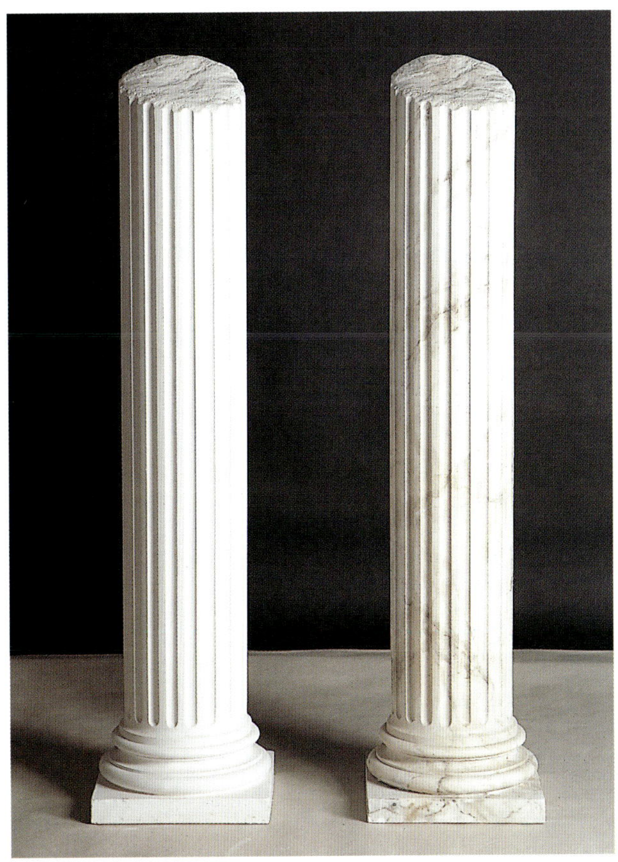

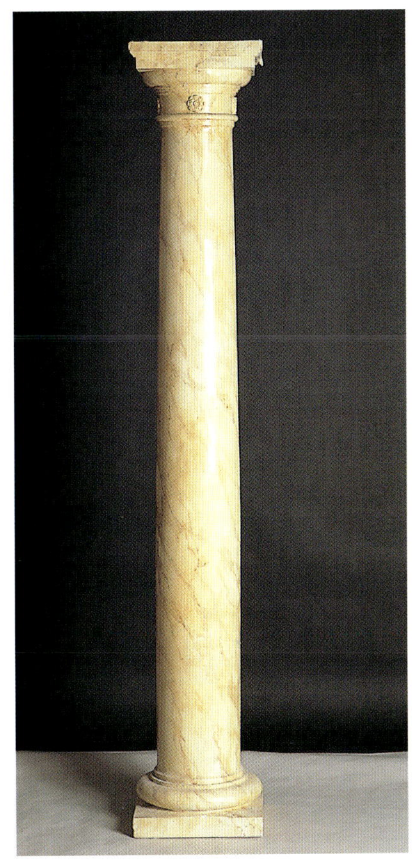

63 Die Spuren von Wind, Wetter und Zeit sind auf der gemalten Oberfläche dieser Türeinrahmung zu erkennen.

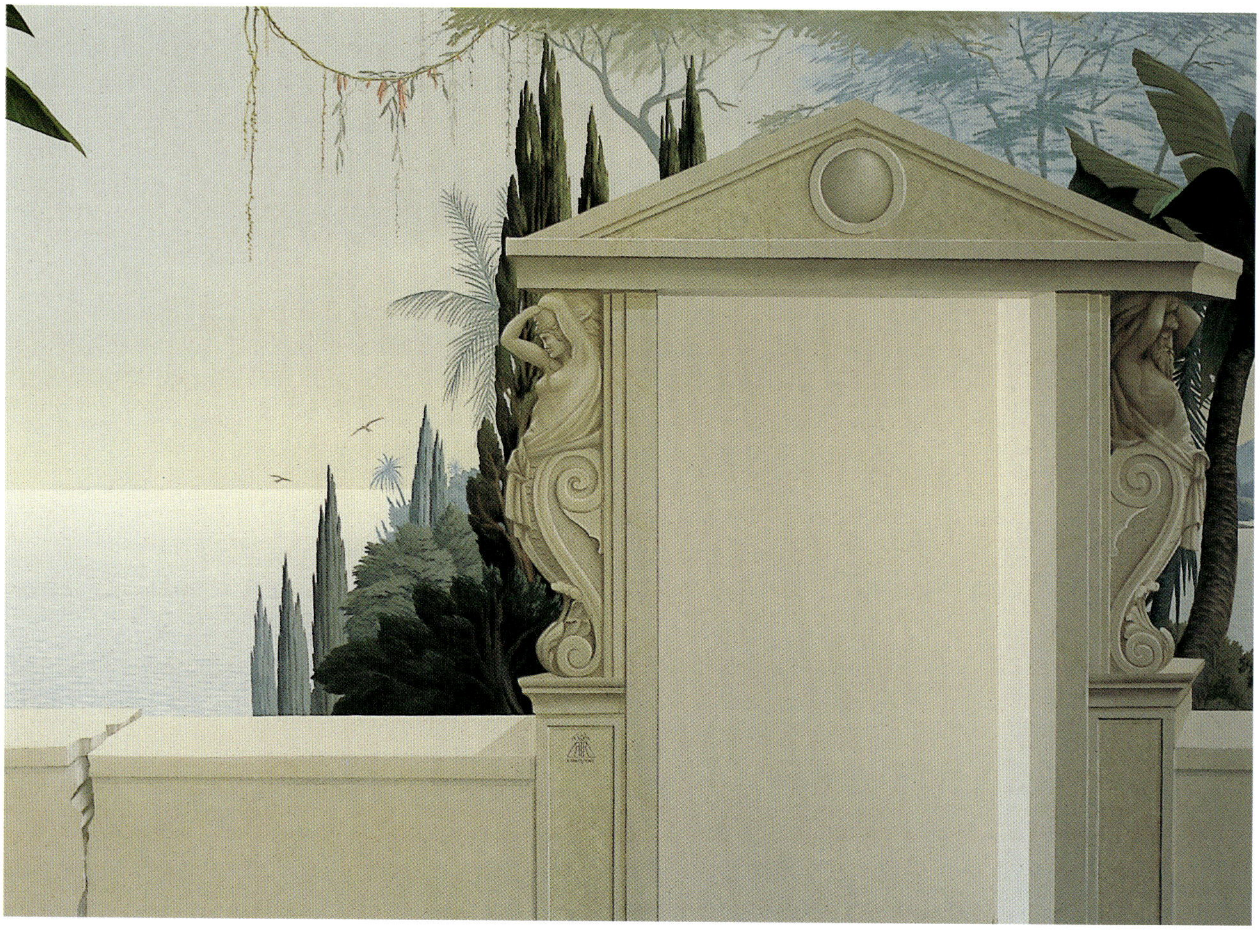

64 Die Kannelüren des gemalten Pilasters erhalten durch Licht und Schatten die gewünschte Plastizität.

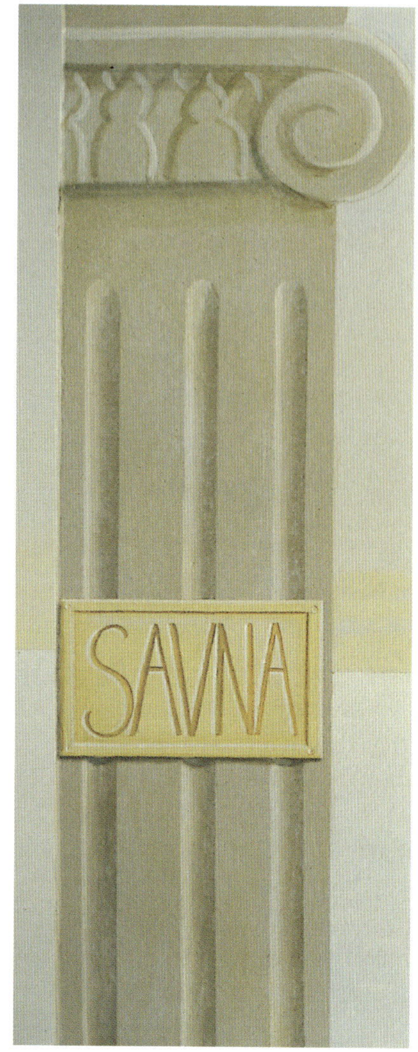

Die Ausarbeitung dieser Elemente setzt nicht nur eine genaue Kenntnis der Licht- und Schattenwirkung voraus, sondern auch fundiertes Wissen um das dargestellte Material. Der scheinbare Pilaster muß überzeugend räumlich aussehen, Schatten und Struktur müssen ebenso stimmen wie die Zeichnung des Marmors (Abb. 63).

In der heutigen Illusionsmalerei sind einfache Materialien oft von großem Reiz. Deshalb sollte man sie gut beobachten, Skizzen anfertigen und Proben sammeln: Studien von altem Mauerwerk, von wetterzerfressenen Steinblöcken, verwitterten Wasserspeiern, dazu Beispiele natürlicher Felsbrocken, Skizzen von Ruinen.

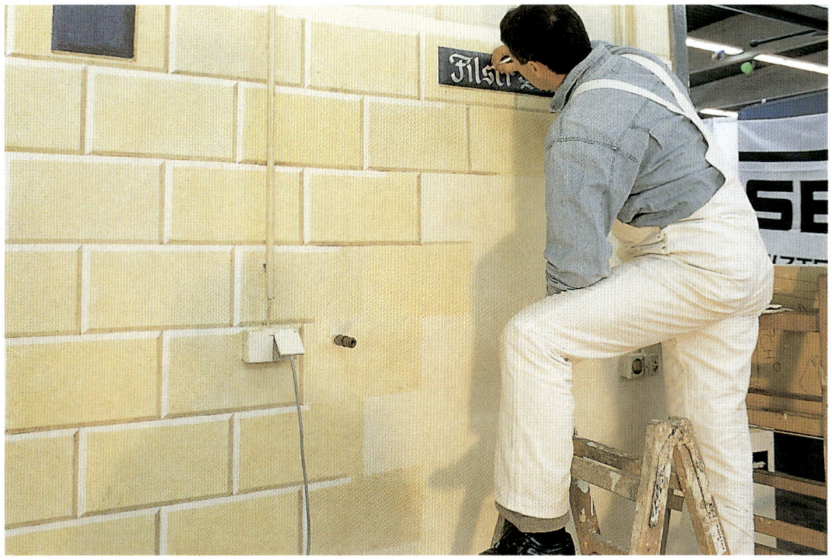

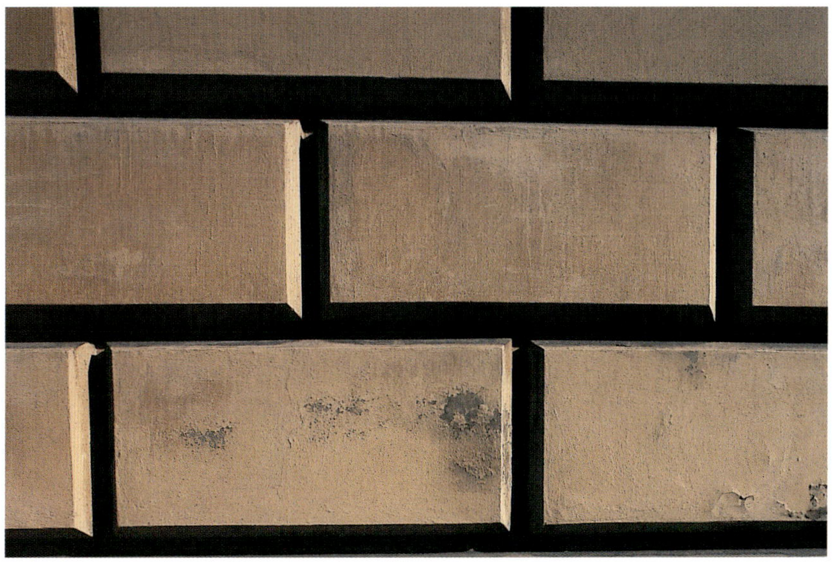

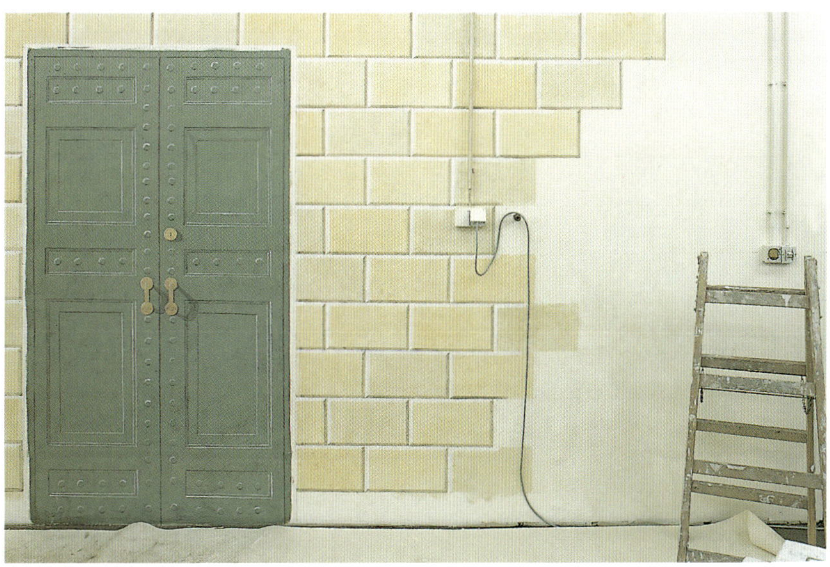

65–67 Das Studium alter Plattenmauerwerksfassaden und rissiger Steinoberflächen erleichtert die Quadermalerei. Drei Grundtöne aus dem Farbbereich des Sandsteins bilden die Grundlage, Licht- und Schattenlinien geben Tiefe und Raumgefühl.

In Räumen mit nüchterner Stimmung, weißen Wänden und wenig überzeugenden Proportionen können wir durch einfache Mittel große Wirkung erzielen. Zum Beispiel mit der Illusion dicker Steinquader, aus denen die Wand erbaut zu sein scheint. Sie verwandeln das Interieur plötzlich in einen ägyptischen Tempel oder ein römisches Bad.

Bereits durch die Illusion des Materials wird also eine bestimmte Stimmung geschaffen, die dem Raum neue Akzente für Nutzung und weitere Gestaltung liefert. Ob wir also glatt gefügte Marmorblöcke malen oder dickes, brüchiges Gestein mit rissigen Fugen, ob eine kostbare Holztäfelung oder eine gotische Steinmauer mit steinernen Bögen: stets ergibt sich eine andere Anmutung.

Wie bei allen Illusionstechniken geht es beim Marmorieren um die genaue Beobachtung des Vorbilds, aber auch um die Umsetzung auf dem jeweiligen Untergrund. Die Kenntnis der Materie, ihrer inneren Beschaffenheit und Entstehungsgeschichte ist die Voraussetzung dafür, quasi neuen Marmor zu schaffen.

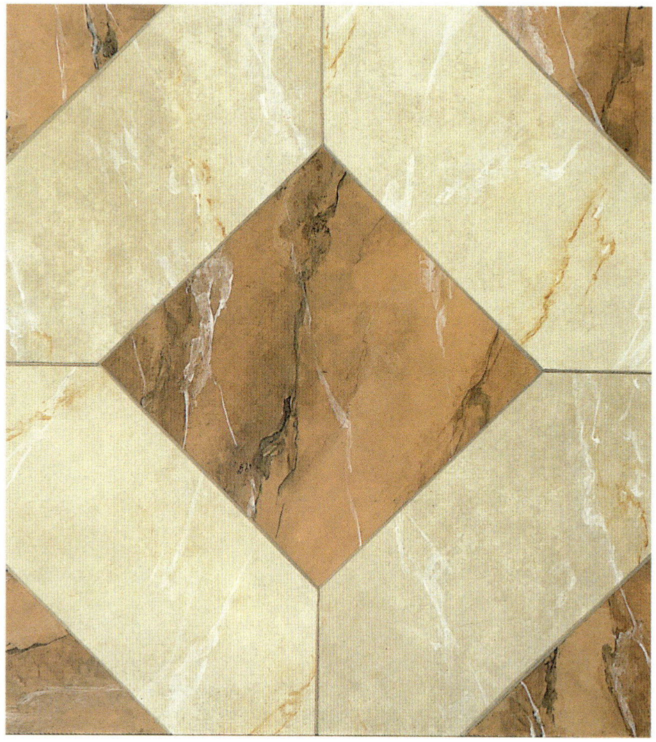

68 Zweifarbige Marmorierung auf Holzplatte mit Dispersionsfarben. Die auf »Gehrung eingefügten« hellen Stücke setzen sich durch die eingemalte graue Fuge klar vom rötlichen Marmor ab. Mit einem mehrlagigen farblosen Parkettlacküberzug eignen sich solche Holzplatten sogar als Fußboden.

69/70 Renaissancemarmor auf Holzplatte, mit Dispersionsfarben gemalt. Mit groben Pinseln werden die Grundfarben, die im Kalt-Warm-Kontrast gehalten sind, Naß in Naß vermalt. Adern und querlaufende weiße Brüche werden mit feinem Pinsel oder einer Gänsefeder gezogen. ▽▷

71 Phantasiemarmor, der hier mit Ölfarben gemalt ist. ▷

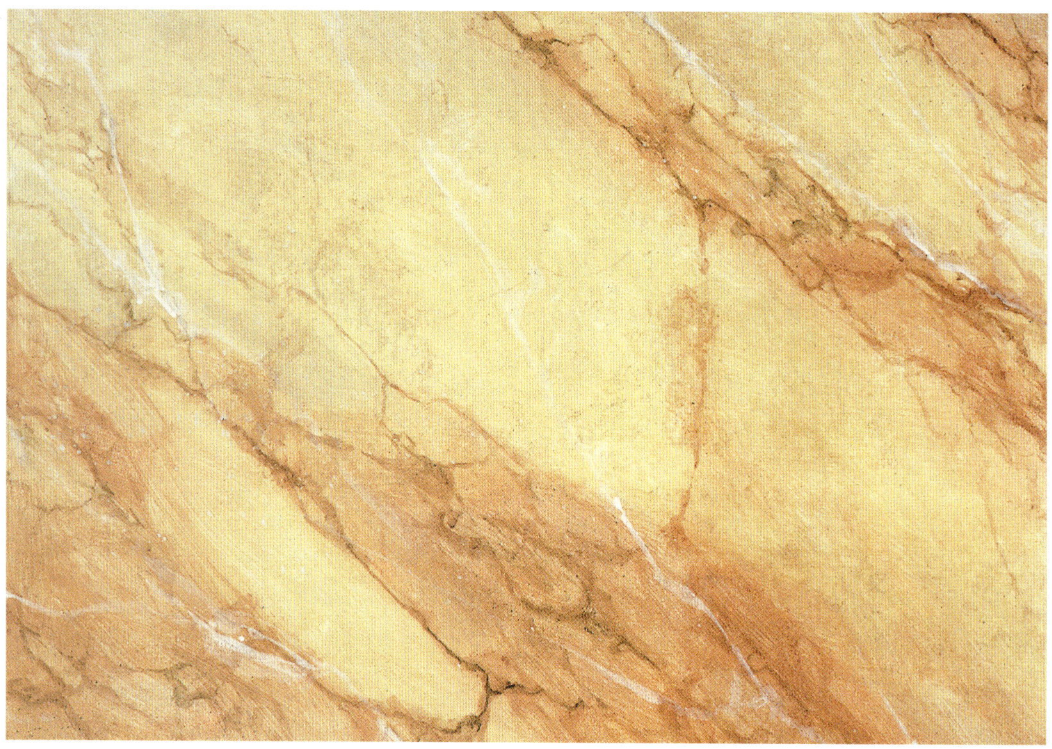

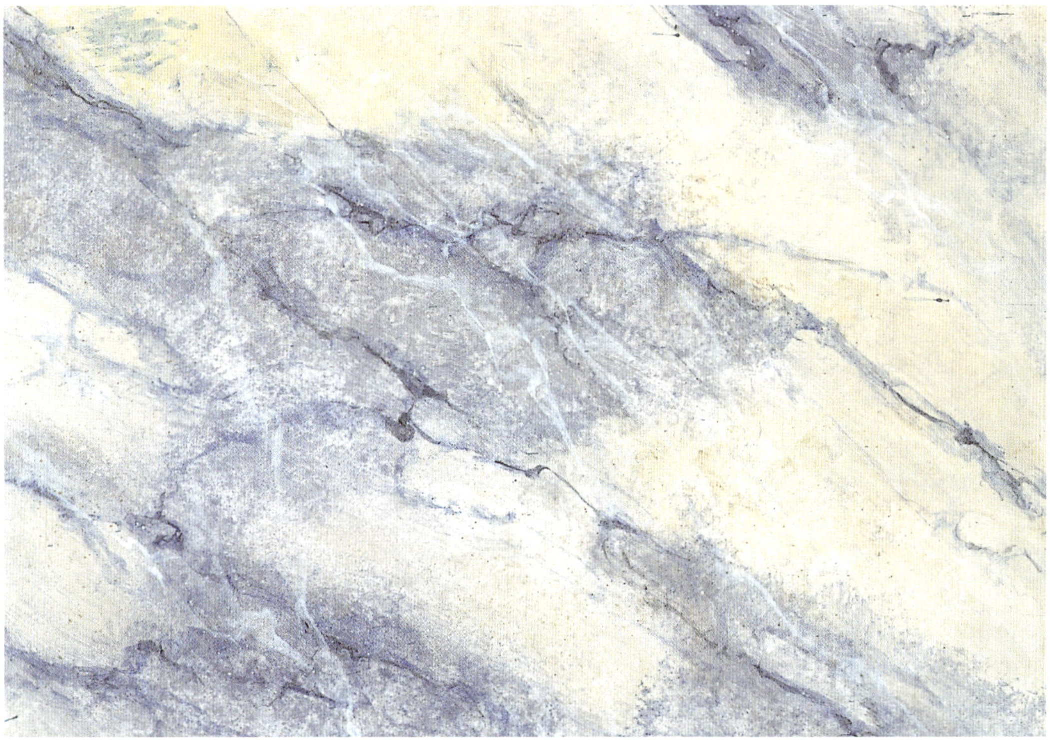

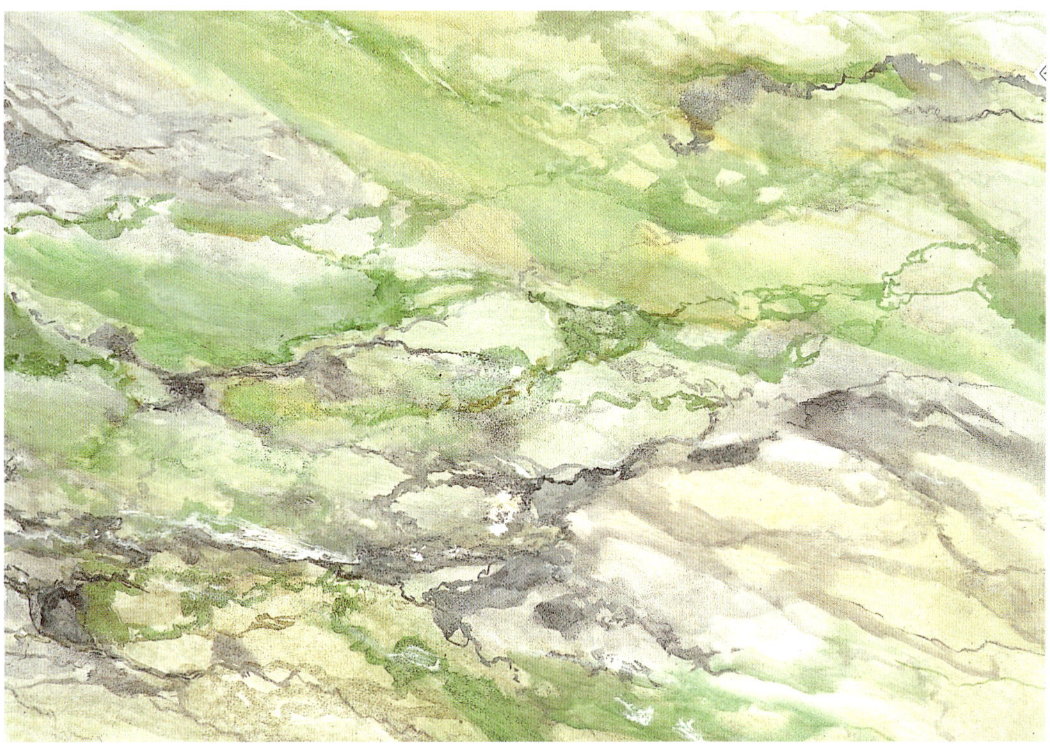

Wir kennen einfarbigen Marmor von feinem, mittlerem oder grobkörnigem mosaikartigen Aufbau; farbig gesprenkelten Marmor mit groben Körnern; gewolkten Marmor mit eingelagertem Graphit oder Pyrit; geflammten oder geäderten, gebrochenen oder muschelförmigen Marmor, deren Textur an Muscheln erinnert bzw. tatsächlich Muschelschalen mit einschließt.

Darüber hinaus wurden im Laufe der Jahrhunderte Phantasieformen von Marmor und anderen Steinen von Kunsthandwerkern entwickelt. Z. B. in Kirchen sind oft solch dekorative, meist auf Fernwirkung ausgelegte Marmorarten zu sehen.

Die Beschaffenheit des Marmors wird durch seine Entstehungsgeschichte bestimmt. Langwierige Prozesse von Schichtungen, Brüchen und Verwerfungen bedingen jeweils sein Muster und Farbenspiel. Außerdem spielen Konglomerate (also Einschlüsse diverser Steinarten), durch Erdbewegung entstandene Hohlräume, Risse und unterschiedliche Adern im Gestein eine Rolle. Mit dem Verständnis dieser Prozesse kann man sich das Aussehen eines jeden Steines erklären. So lassen sich beliebig neue Muster schaffen, wenn man die entstehungsgeschichtlichen Gesetzmäßigkeiten und die Art der Schnittebenen berücksichtigt.

Arten – Beispiele

Von den unendlich vielen Marmorarten seien hier einige Beispiele genannt: *»Statuario Bianco«* ist der klassische Weiße Marmor aus Carrara, Michelangelos Lieblingsmaterial. Er ist reinweiß und von milchiger Zartheit, fast ohne Maserung, nur hie und da tauchen hauchfeine graue Linien auf. Er wurde in erster Linie für Statuen verwendet. Auch mit einigen grauen Adern mehr ist er immer noch eine sehr edle Sorte Stein und dient oft als Material für Säulen oder Wandtäfelungen. Er wirkt transparent, elegant und klar.

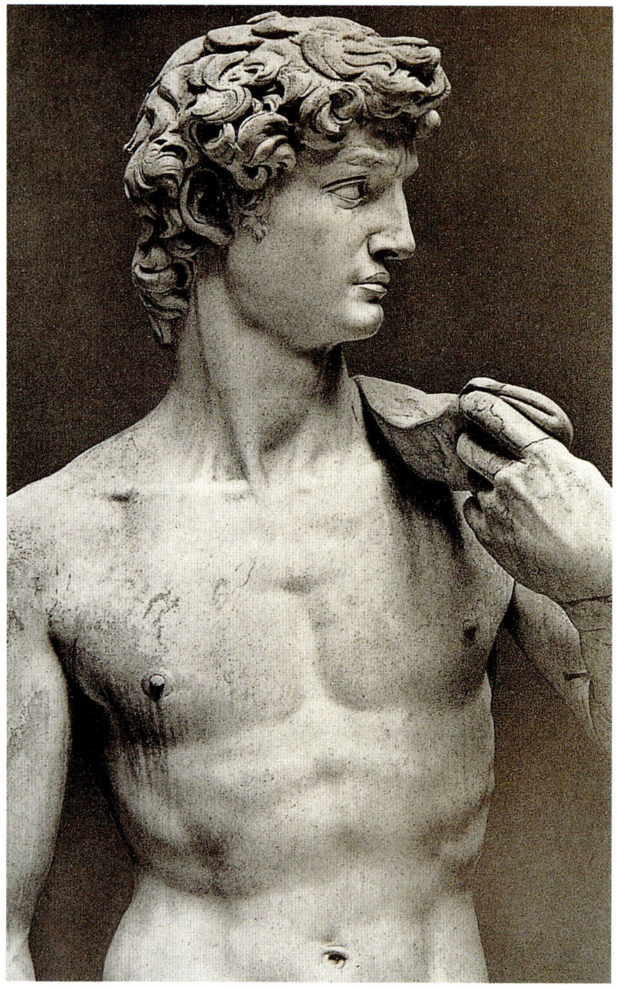

72 David von Michelangelo. Die Figur wurde aus dem weißen Carrara-Marmor »Statuario Bianco« geschaffen.

»Alicante Rouge« ist eine rötliche Marmorart mit ockerfarbenen und gelben Maserungen und einem Hauch von Grau dazwischen. Er wird gern als Fußbodenmaterial verwendet, eignet sich auch gut für Mosaiken und andere Einlegearbeiten. Besonders in Kombination mit hellem Stein wirkt er schön als Bordüre oder Muster (Abb. 73).

»Portor« ist eine schwarze Marmorart, deren Name vom französischen »Porte-d'or«, Goldträger, kommt. Das bläuliche Schwarz wird von eigenwilligen goldgelben Mustern unterbrochen. Portor ist sehr prunkvoll und hat Gewicht. Meist dient er als Material für Vasen, Statuen oder Statuensockeln, findet sich aber auch in Intarsien oder zur Hervorhebung kleinerer Oberflächen wie Treppengeländer und Kaminsimse (Abb.74).

»Siena Gelb« ist ein sehr helles, strahlendes Gelb, auf dem sich eine dichte Maserung von mattweißer, grauer und rötlicher Farbe vermischt. Passend als Hintergrund für Statuen oder andere Objekte, als Nische oder Säulenschaft. Kombiniert mit nichtgemaserten Steinen (etwa dem königsroten Marmor), entfaltet er seine volle Leuchtkraft (Abb. 75).

73 Ockerfarbene und gelbe Maserungen prägen die rötliche Marmorart »Alicante Rouge«. Quarzeinlagerungen und helle Querbrüche wurden mit weißen bis grauen Lasuren angelegt. Der mit Ölfarben ausgeführte Marmor eignet sich besonders für Mosaiken, Einlegearbeiten oder als Bordüre und Muster.

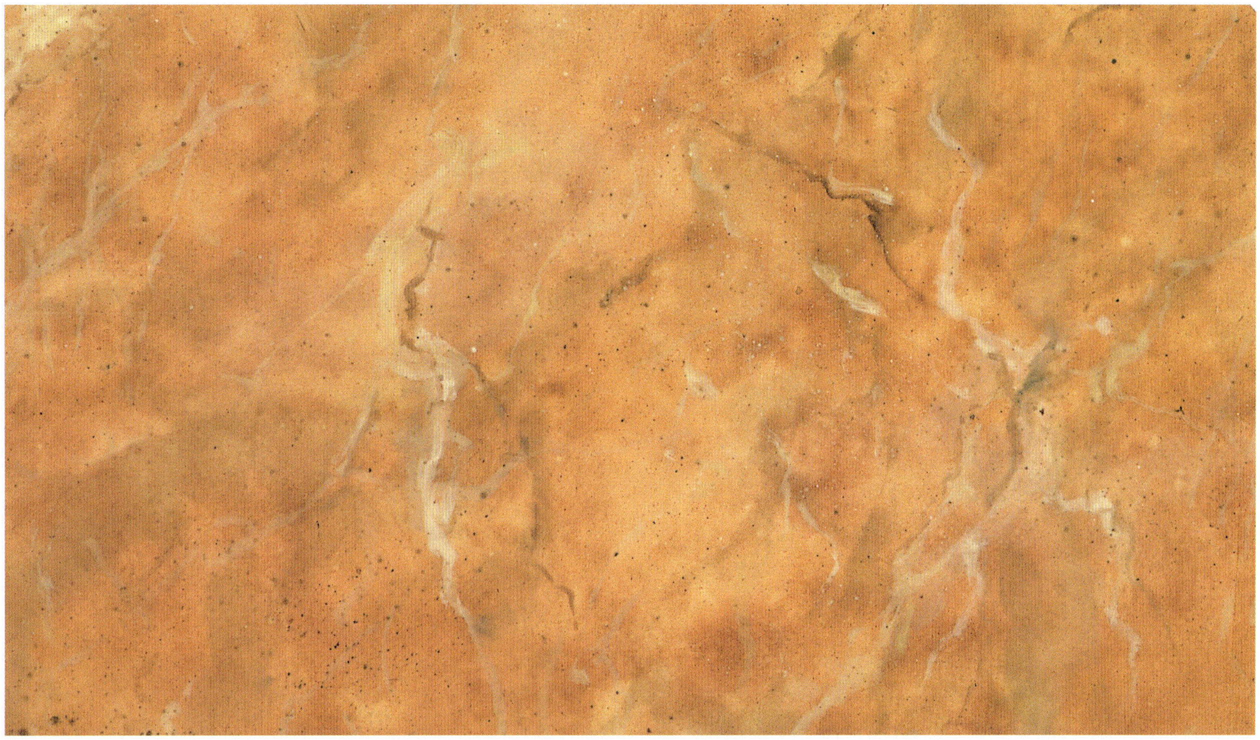

74 Der bläulich-schwarze Portor-Marmor ist von eigenwilligen goldfarbenen Mustern unterbrochen, er wird meist zur Hervorhebung kleinerer Flächen, wie etwa Kaminsimse oder Säulen, verwendet.

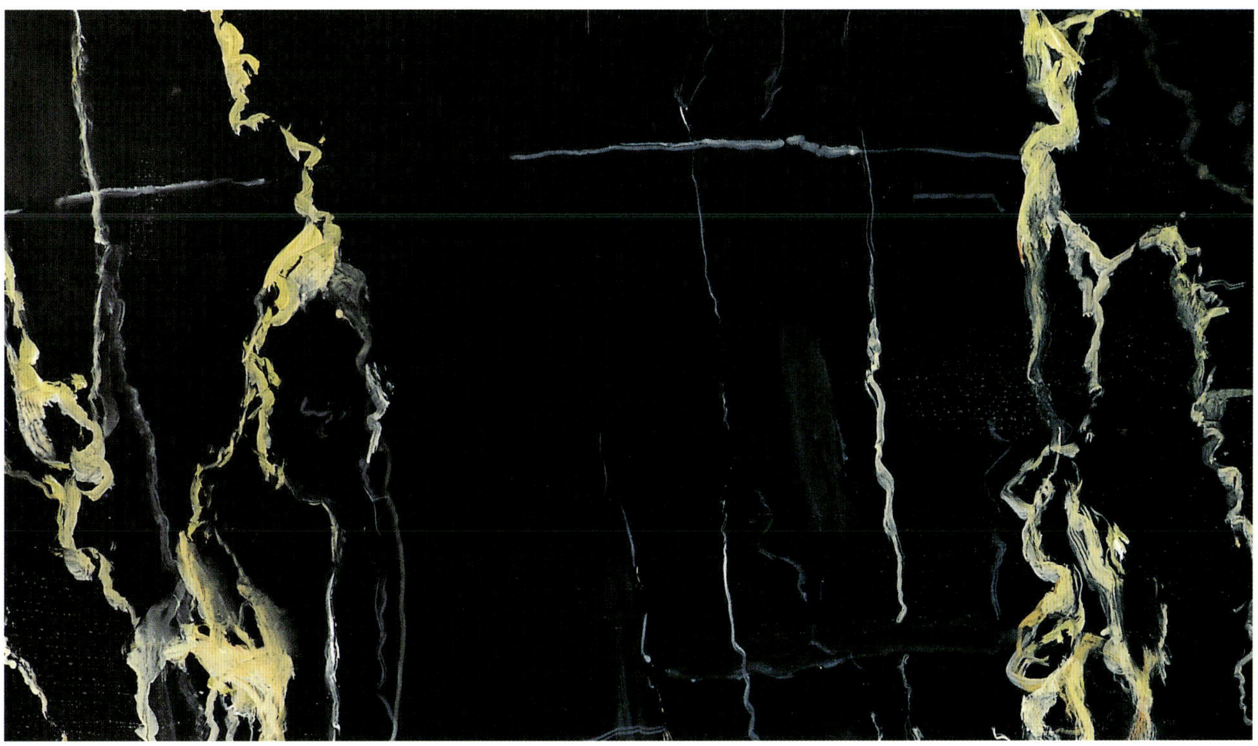

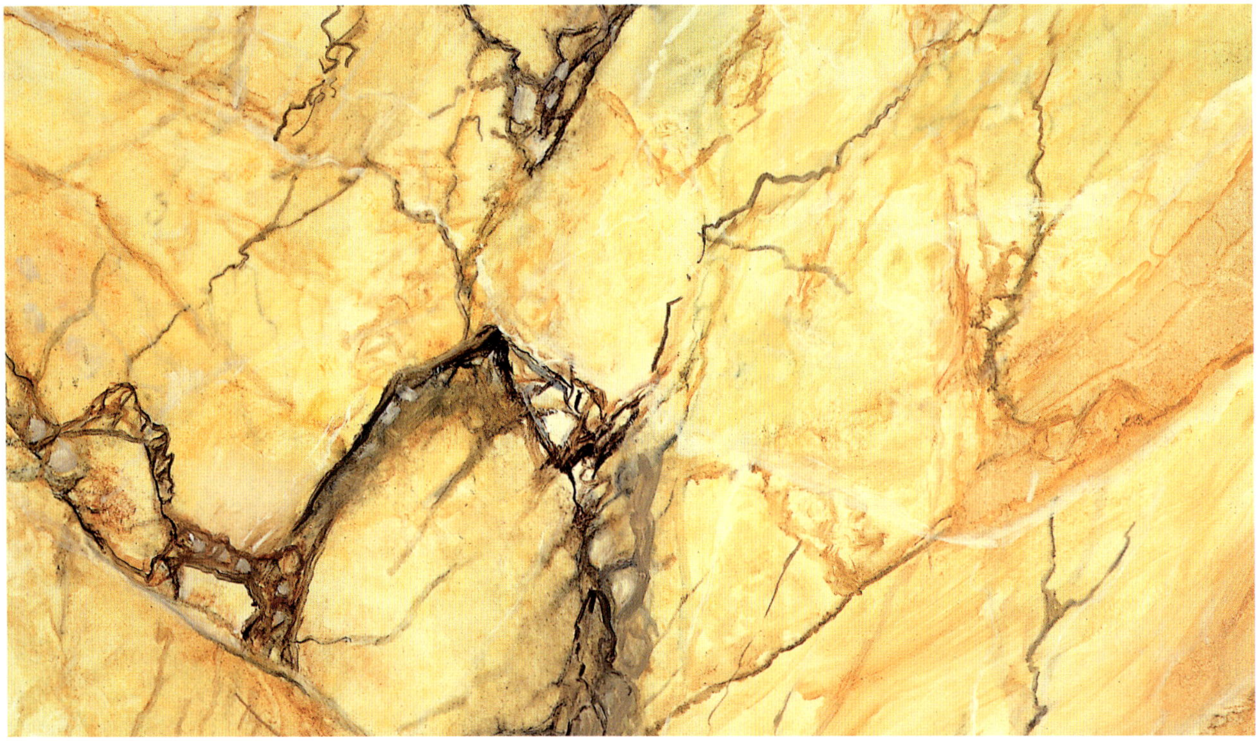

75 Seine volle Leuchtkraft erhält der Marmor »Siena Gelb« in Kombination mit dem königsroten Marmor. Ausführung mit Ölfarben, Überzug mit glänzendem Klarlack.

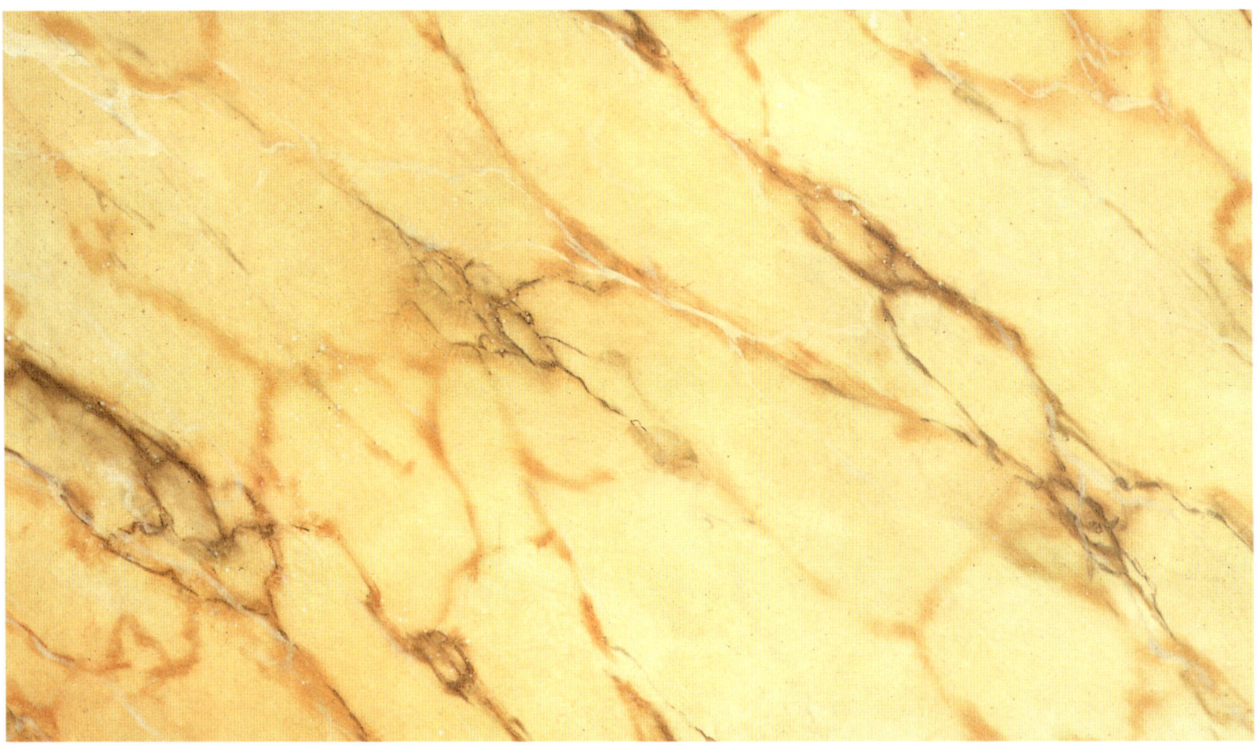

76 Der Untergrund und die Anlage der Adern und der Zeichnung sind bei diesem Marmor bereits ausgeführt. Die Weichheit der Linien wird dabei durch Wischen mit dem Dachshaarvertreiber erreicht. In dem noch fehlenden letzten Arbeitsgang werden dann bestimmte Bereiche durch härtere Linien gesteigert und schließlich die weißen Querbrüche eingemalt.

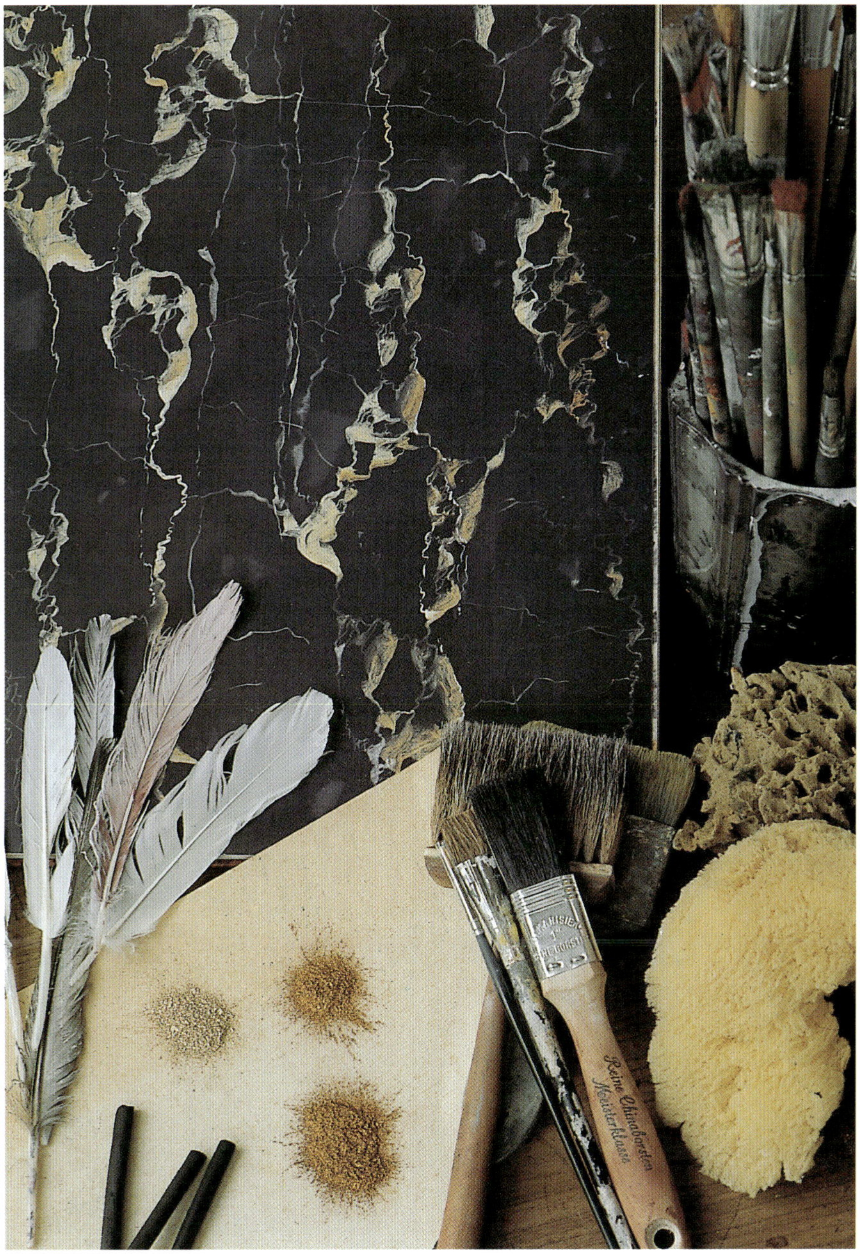

77 Materialien und Werkzeuge für die Marmorierung. Bei der Auswahl der Werkzeuge sind der Phantasie keine Grenzen gesetzt. Gerade mit alten, verdorbenen Pinseln oder abgearbeiteten Bürsten und Schwämmen werden die oft interessantesten Ergebnisse erzielt.

Technik

Um den Glanz von Marmor nachzuvollziehen, muß der Untergrund sehr sorgfältig gespachtelt und einwandfrei glatt sein. Er muß außerdem auf die Materialien, mit denen später marmoriert werden soll, abgestimmt sein. Ein solcher Untergrund kann beispielsweise erzielt werden, indem man mehrmals bis zur völligen Glätte mit Wandspachtelmasse spachtelt und die Fläche mit Schleifklotz, Körnung 220-280 ausschleift. Ein anschließender Anstrich mit wasserverdünnbarem Putzgrundiermittel sorgt für einen gleichmäßig saugenden Untergrund und ermöglicht ein längeres Arbeiten mit den Lasurfarben auf Öl- oder Dispersionsbasis.

Zum Marmorieren wählt man meist zwei Farben als Grundtöne. Diese werden Naß in Naß vermalt (ineinandergemalt), wobei man mit den hellen Grundtönen beginnt und zunehmend dunkler lasiert. Marmor lebt von den Kontrasten, wir setzen also helle und dunkle, kühle und warme, ruhige und bewegte Partien gegeneinander ab.

Als Werkzeuge dienen Pinsel (Ringpinsel, Flachpinsel, Fingerpinsel, Spitzpinsel), Modler, Schläger, Schlepper, Vertreiber, Naturschwämme, Textilien, Federn, Gummikamm und Spachteln (vgl. Abb. 77, 78). Durch das Vermalen der Grundtöne entstehen interessante Partien, die wir mit Schwamm, Feder und / oder Pinsel weiter verfeinern können. Gelegentlich verwendet man außerdem noch den Marmorpinsel (Chiqueteur), Marmorkreuzer und -dreizack. Die meisten Experten bauen sich auch ganz individuelle Werkzeuge.

Wir können in den folgenden Techniken arbeiten:
– *Marmorieren in den frischen Deckanstrich hinein:* Dieses Verfahren eignet sich für Stein-Imitationen markanter Äderung auf einfarbigem Grund;
– *Marmorieren auf dem eingeölten Deckanstrich:* wird eher für farbig gesprenkelte, geflammte und gewolkte Steine verwendet;
– *Marmorieren mit Lasurfarben auf den noch frischen Anstrich:* begünstigt die Arbeit bei stark farbigen Steinen;
– *andere Arbeitstechniken* wie beispielsweise *Stuccolustro*, Silikat- und Scagliolatechnik, Stuckmarmor.

Die Bindemittel müssen auf den jeweiligen Untergrund und passend zu den Pigmenten abgestimmt sein (siehe Seite 85). So werden etwa für Kleisterlasuren Dispersionsabtönfarben verwendet, die mit normalem Tapetenkleister beliebig transparent, aber doch pastös gehalten werden und dadurch auch viel länger »offen« bleiben. Für Öllasuren wird als Bindemittel meist ein Halböl (Leinölfirnis und Terpentin 1:1) verwendet. Die vorher in Spiritus angeteigten Pigmente werden dann in gewünschter Konzentration eingemischt. Auch hier lassen sich beliebig transparente, lange bearbeitbare Lasuren erzeugen, die besonders weiche und feine Übergänge ermöglichen.
Falls nötig – etwa in feuchten Räumen –, wird die fertige Bildoberfläche mit Wachs, Schellack oder Klarlack überzogen, bei Kreidegrundaufbau wird mit dem Achat poliert.

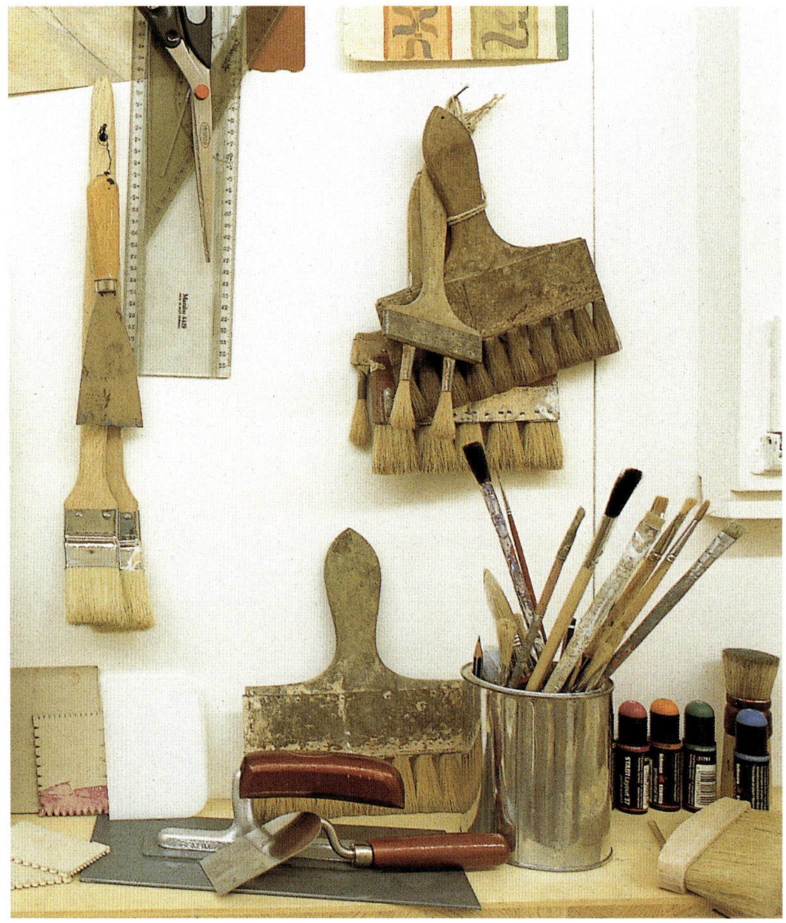

78 Schwamm, Dachshaarvertreiber, diverse Pinsel, Gänsefedern, Fingerpinsel, Modler und weitere Utensilien

79 *Eichenholzmaserierung mit Kern- und Splintholz und typischer Maserung mit Spiegel und Markstrahlen*

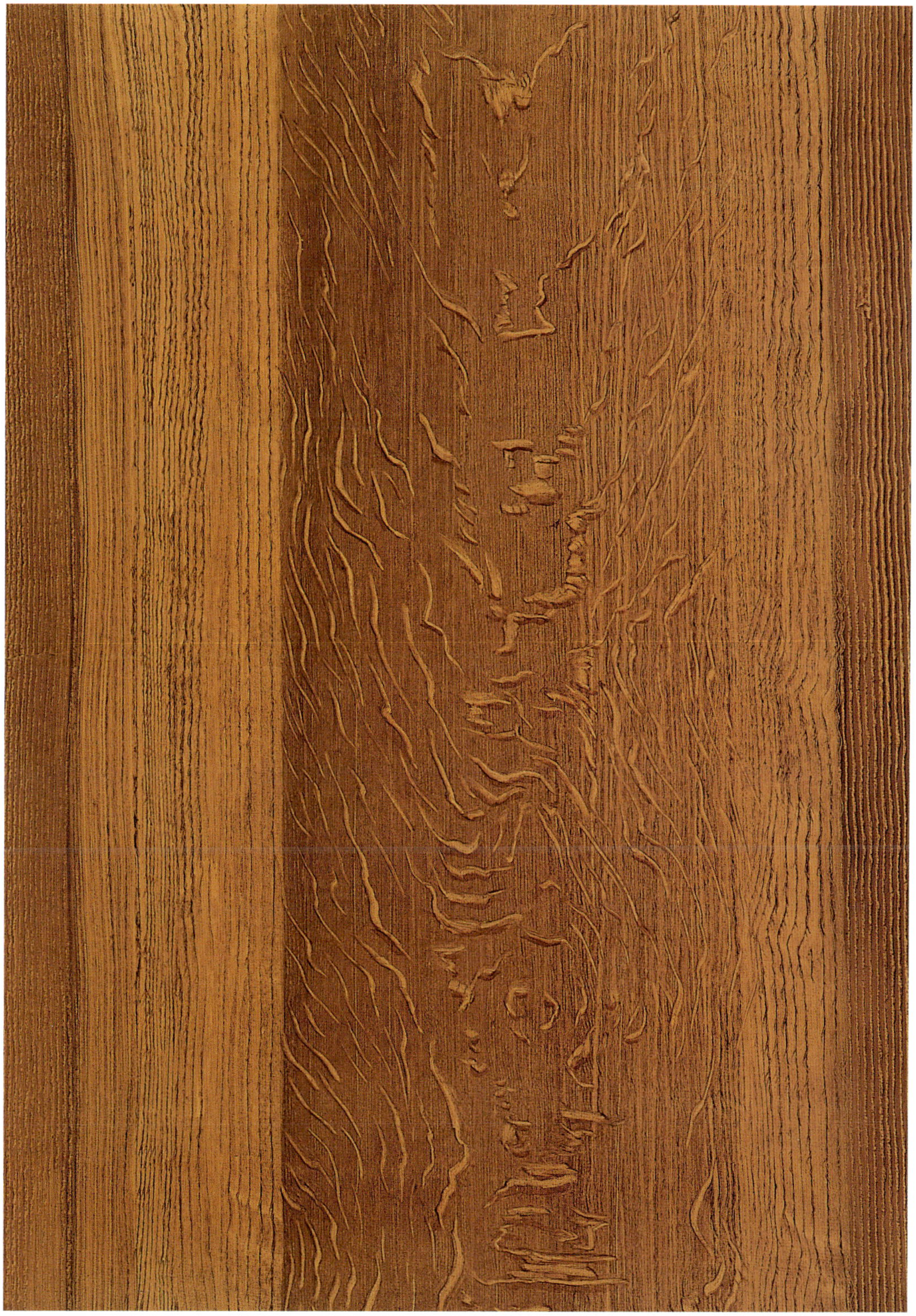

Holzmalerei – oder die Kunst, zu maserieren

Der Holzmalerei kommt nicht dieselbe Bedeutung zu wie der Steinmalerei. Dennoch lassen sich mit gemalten Holzflächen vielfältige Wirkungen erzielen, die die Illusionsmalerei ergänzen und abrunden. Einfache *Türen* erscheinen wie aus edlem Mahagoni oder Palisander, illusionistische *Treppengeländer* und *Täfelungen* geben Räumen eine besondere Note.

Im 19. Jahrhundert nutzte man die Trompe-l'œil-Techniken der Holzmalerei, wenn man keine echten oder exotischen Hölzer bekommen konnte. Auf einen Untergrund aus minderen Hölzern oder Gips wurde Mahagoni aufgemalt, in einfacheren Häusern oder im bäuerlichen Milieu oft auch Nußbaum (Abb. 81, 82) oder Birke.

Gute Holz-Imitationen erfordern sehr viel Übung. Neben dem Studium einschlägiger Literatur empfehlen wir unbedingt, das Material Holz in seiner Vielfalt anhand von Musterstücken und Originalmöbeln zu erforschen. Dieses Grundverständnis von Maserung, Farbigkeit und Proportion ist entscheidend für die Umsetzung auf die Fläche.

Arten – Beispiele

Aus den unzähligen Holzmusterungen und -färbungen wollen wir hier nur vier herausgreifen:

Eiche hat eine schlichte Maserung ohne stärkere Schattierungen und einen annähernd geradlinigen Faserverlauf. Je älter das Holz wird, desto stärker dunkelt es nach, alte Eiche verliert sich fast in Schwarz. Mit fortschreitendem Alter wird die Mase-

80 *Pyramidenmahagoni mit gebrannter Terra di Siena-Lasur. Mit feuchtem Schwamm und angefeuchtetem Modler wurden die hellen Partien herausgenommen.*

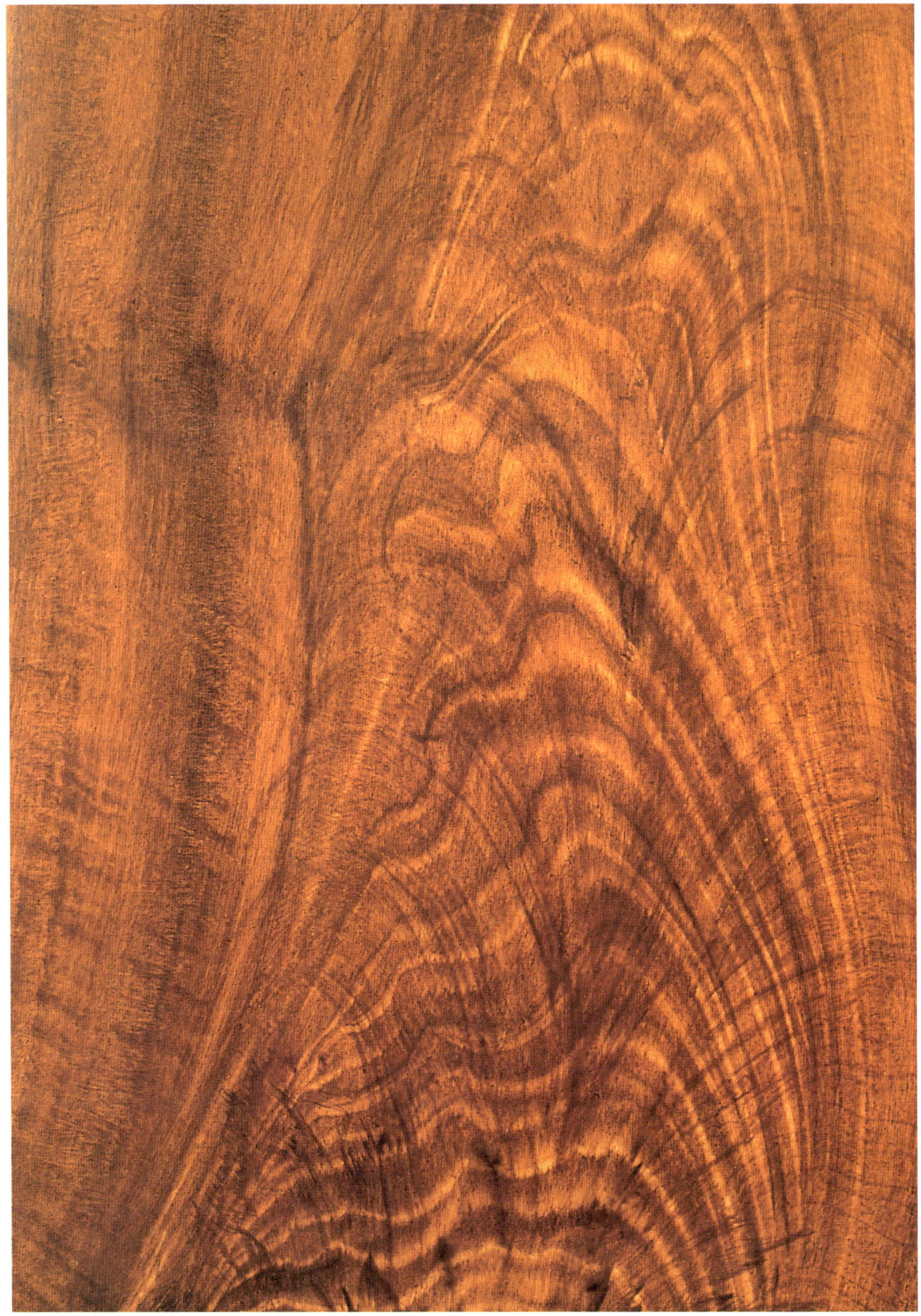

rung deutlicher und weist Kreuzungen auf, die sich später jedoch wieder verlieren. Die Farbe geht von einem mit Beige und Weiß gemischten Hellgelb in helles bis dunkelrötliches Braun über. Mittelalte Eiche wirkt luxuriös und gediegen, alte Eiche eignet sich für großflächige Täfelungen.
Ausführung: »Mit Terra di Siena, natur und Kasseler Braun zubereitete Lasurfarbe auftragen und durchschlagen (Markierung der Poren). Die Maserung mit etwas weniger verdünnter Lasurfarbe aufmalen und mit einem Spitzpinsel einige Poren aufsetzen; alles von außen nach innen vertreiben und gleichzeitig an einigen markanten Stellen die Maserung kräftiger nachmalen; zuletzt mit einem Stahlkamm von innen nach außen wellenförmig durchkämmen. Das Schlichtholz wird mit dem durch einen Kamm gezogenen Durchziehpinsel der Hauptmaser beigezogen, etwas verschlichtet und durchgekämmt. Nach leichtem Überlackieren kann mit einer schwachen Kasseler Braun-Lasur überlasiert werden (evtl. einige Lichter an den Ästen herauswischen.« (aus: Kurt Schönburg, Wandmalen innen und außen, Wiesbaden / Berlin, 1990, Seite 150 und 151).

Mahagoni ist ein äußerst kostbares, exotisches Holz. Seine Färbung variiert von Blaßrot, ins Gelbe gehend, bis zu Dunkelrot und Braun. Die Maserung ist vielfältig, sie kann von feinem Moireé-Muster sein: das heißt extrem feine, schwarze Garben, die unter dem gesprenkelten Grundmuster hervorscheinen.

81 Nußbaum: Mit Kasseler Braun ausgeführte Maserierung

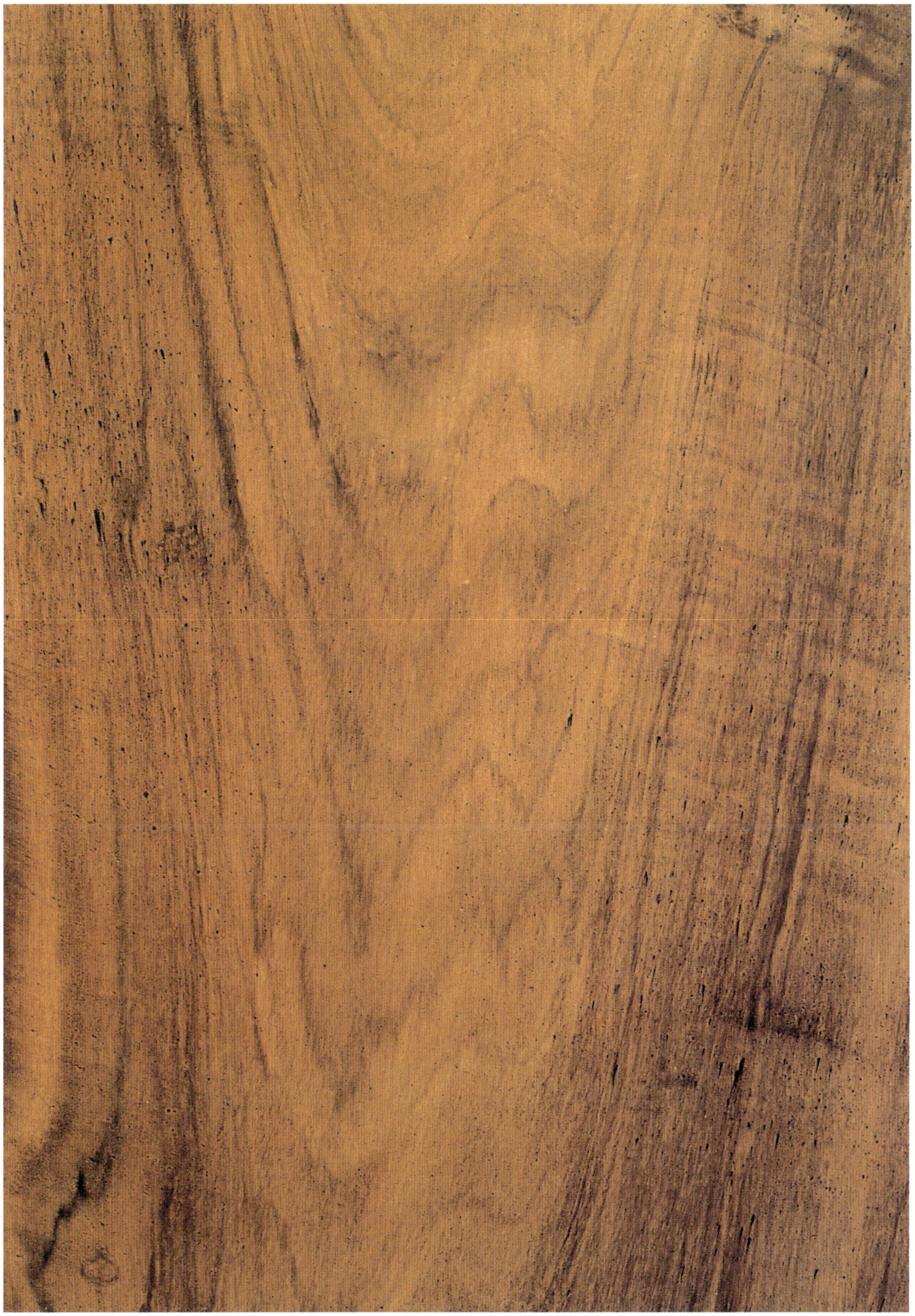

Mahagoni kann aber auch eine regelmäßige, muschelförmige Maserung (Pommeleé) aufweisen sowie die sogenannte Pyramidenmaserung, ein breitstreifiges, fontänenartiges Muster. Es wird für Möbel, Intarsien oder kleinere Täfelungen hergenommen und verbreitet Wärme und höchste Eleganz.

Ausführung: »Die mit gebrannter Terra di Siena angemischte, stark färbende Lasurfarbe wird entsprechend der Maserung in Pyramidenform aufgetragen. Mit feuchtem Schwamm und angefeuchtetem Modler werden helle Partien und Lichter herausgenommen. Für die pyramidenförmige Maserung verwendet man Schwarzlasur, die Maserung wird nach oben und nach außen leicht vertrieben. Nachdem die Maserung mit dem Fingerpinsel mit schwarzer Lasurfarbe nachgezeichnet und leicht vertrieben wurde, werden die feinen Poren des Mahagoniholzes durch Aufspritzen der Lasur mit einem kurzen Modler aufgebracht. Die Spritzer werden leicht im Maserverlauf vertrieben. Eine mit Krapplack und Kasseler Braun gemischte Überlasur, aus der noch Wellen und Flecke herausgewischt werden, bildet den Abschluß« (aus: Kurt Schönburg, Seite 153).

Nußbaum ist ein hartes, dichtes Holz. Seine Farben gehen von Weiß in dunkles Ocker und sogar Schwarz über, die Gesamtwirkung zeigt einen grünlichen Schimmer. Die geflammte Maserung des Nußbaums ist bemerkenswert, man kann damit eindrucksvolle symmetrische Effekte erzeugen. Außerdem gibt es die Vogelaugenmaserung, kleinere und größere Ringe, die sich wie Augen ausnehmen. Das Holz eignet sich gut für den Möbelbau, so daß man seine Textur als Illusion am ehesten für Füllungen an Türen oder Täfelungen einsetzt.

Ausführung: »In die in Maserrichtung mit Schwamm oder Pinsel aufgetragene Kasseler Braun-Lasur mit einem etwa 3 cm breiten Modler Maserbild in Kasseler Braun (markante Partien in Schwarz) malen, mit dem Dachshaarvertreiber etwas übertupfen und nach außen schwach vertreiben. Nachdem diese Anlage etwas angetrocknet ist, mit dem angefeuchteten Maser- und Fingerpinsel, der Maserung folgend, die Lasur auflösen; nach außen in Richtung des Maserverlaufs vertreiben – dabei bildet sich erneut die Maserung heraus. Mit Schwarzlasur die Hauptmasern, Äste und andere markante Stellen mit Malpinseln nachziehen und mit kurzem Modler feine Poren aufspritzen; alles in Längsrichtung vertreiben. Nach dem Vorlackieren mit einer nicht zu stark färbenden Kasseler Braun-Lasur überlasieren, mit feuchtem Modler einige Lichtstellen und ›Flammen‹ und im Schlichtholz einige Wellen herausheben. Beim abschließenden Vertreiben die Lasur an Aststellen etwas zusammentreiben« (aus: Kurt Schönburg, Seite 154).

82 Nußbaummaser: Mit Kasseler Braun ausgeführte Maserierung

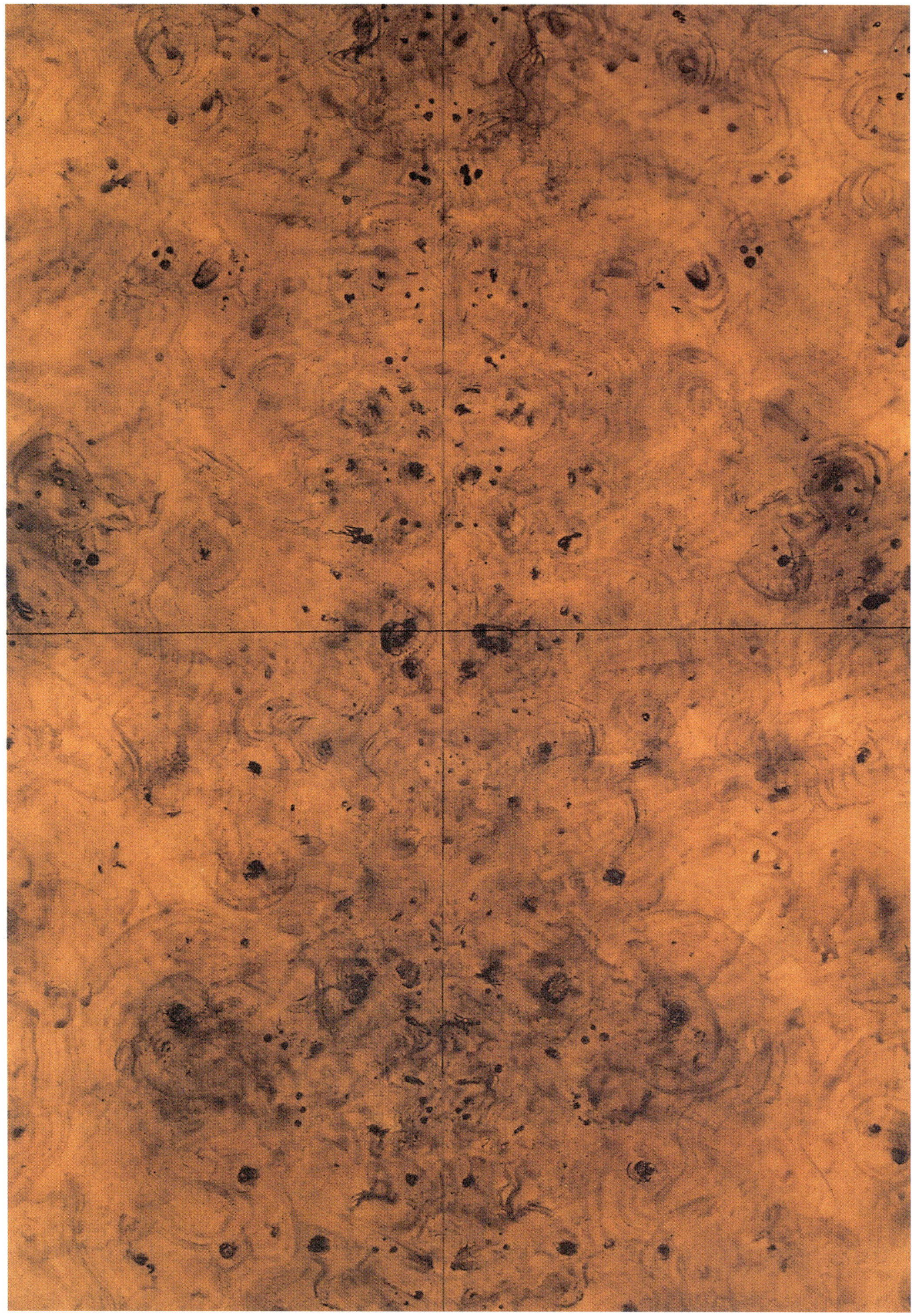

83 Palisandermaserierung: Exotisches Holz mit großer Ausdruckskraft. Die Maserung ist schwarz geflammt und weist weiche Wellenlinien auf.

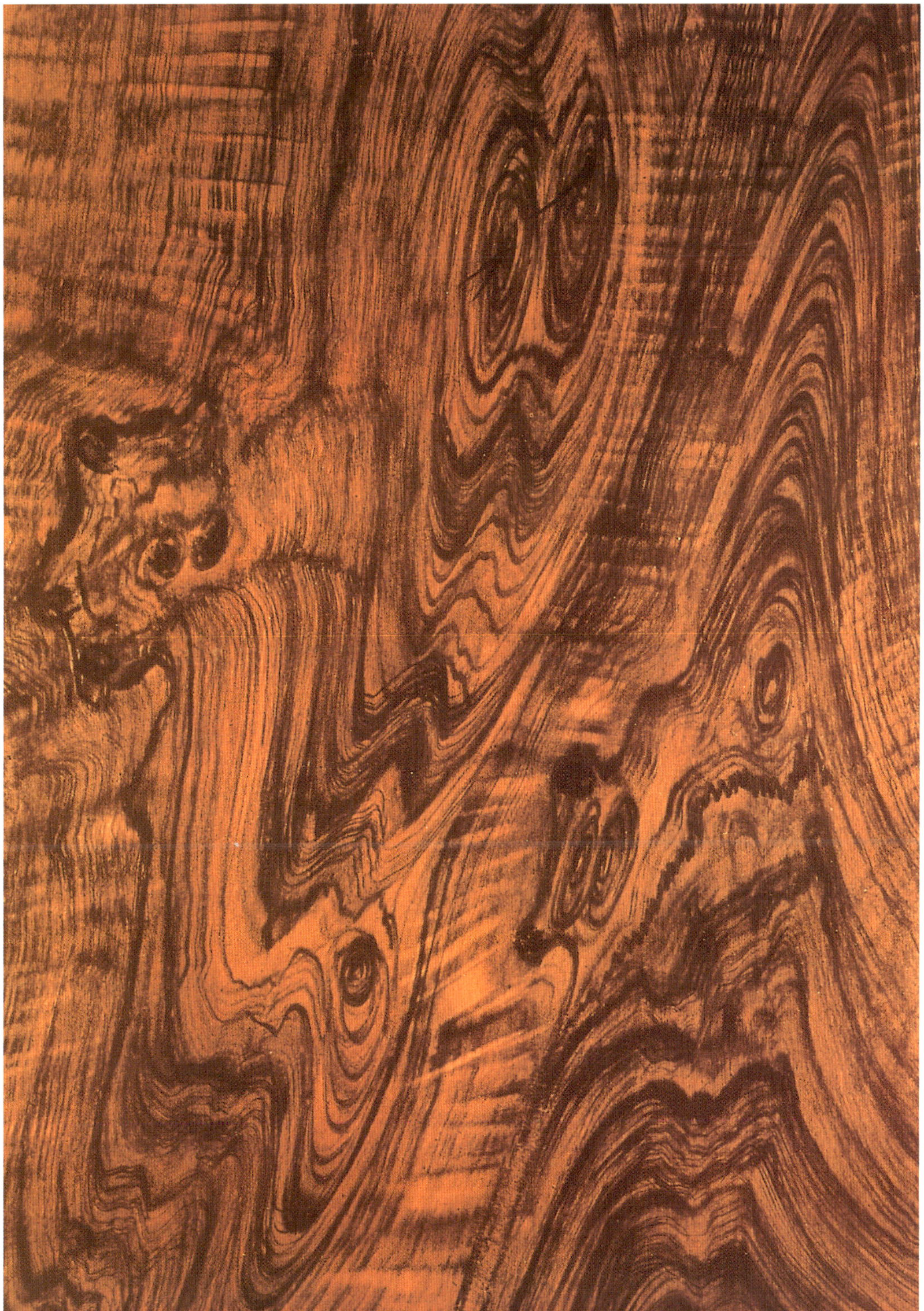

Palisander ist ein exotisches Holz von großer Ausdruckskraft. Seine Farbe ist ein sattes, rötliches Braun, geht aber in seiner schönsten Erscheinungsform bis ins Dunkelviolett. Seine Maserung ist schwarz geflammt und weist weiche Wellenlinien auf. Palisander ist äußerst kostbar und wurde früher für exquisite Möbel wie Schreibtische und Sekretäre verwendet. Es läßt sich gut mit Ebenholz kombinieren, denn die beiden edlen und dunklen Hölzer unterstreichen ihre Wirkung gegenseitig. Die Ausführung erfolgt ähnlich wie bei Nußbaumholz.

Technik

Der – sehr glatt bearbeitete – Untergrund sollte im hellsten Farbton der gewählten Holzart grundiert sein, also etwa Rötlichbeige für Mahagoni, Gelblichweiß für junge Eiche und entsprechend. Sollen Texturen mit eingeritzten Poren (z. B. bei Eiche) dargestellt werden, wie etwa bei Eiche, wird eine hochviskose Ritzfarbe im hellsten Eichenholzfarbton satt aufgestrichen und nach Durchtrocknung mit Ritzmesser, Ritznadel oder Porenwalze eingeritzt. Nach dem Abschleifen der Fläche wird mit Terra di Siena natur und Kasseler Braun eine Lasur aufgelegt, quer zur Maserrichtung vertrieben, leicht geschlagen und nach innen vertrieben, so daß am unteren Rand der Maser eine dunklere Kontur entsteht.

84 *Werkzeuge für Maserierung: Stahlkämme, Dachshaarvertreiber, Modler, Schwämme, Pinsel, Pigmente und Ölfarben*

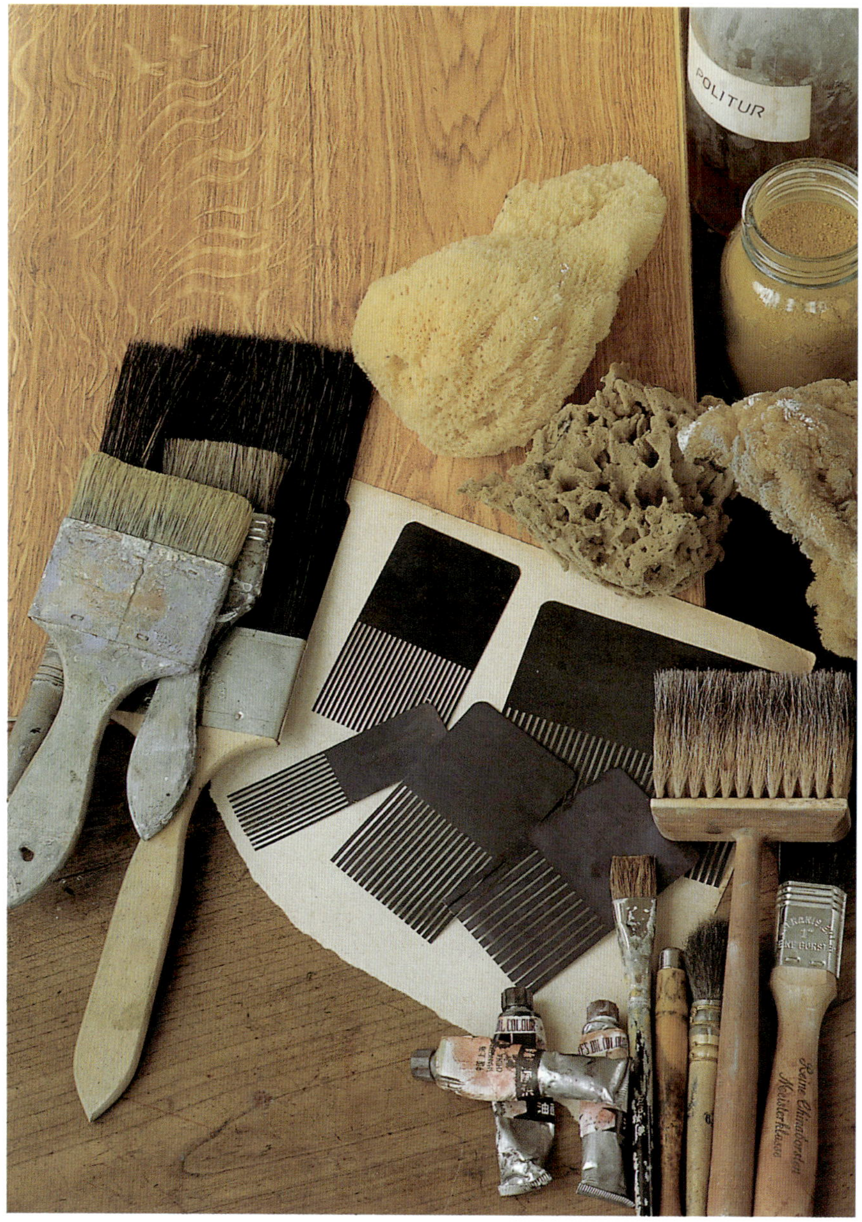

Für die Maserung sollte man unbedingt Entwürfe und Proben anfertigen. Die Malerei wird entweder Naß in Naß ausgeführt oder in zwei Arbeitsschritten, was sich bei den meisten Holzarten empfiehlt, deren Maserung vielfältig ist. Die Grundlasur, meist bestehend aus Wasser-, Bier- oder Öllasur, kann je nach Muster glatt oder wellig durchgezogen oder »geschlagen« werden. Danach wird die andersfarbige Lasur aufgetragen und je nach Bedarf teilweise wieder herausgetupft oder ausgewischt. Bei der Arbeit in zwei Etappen läßt man die Grundlasur trocknen und malt die Maserung später auf. Zum Schluß wird alles mit klarem, lichtbeständigem Kunstharzlack überzogen.

Als Werkzeuge dienen dazu ein feuchter Modler, Schwamm oder Gummikamm, eventuell ein Schläger für das Durchziehen oder Durchschlagen der Grundlasur, Mal-, Maser- und Fingerpinsel für die Maserung und ein Dachshaarvertreiber (vgl. Abb. 84).

85–87 *Wandlasurtechniken, ausgeführt mit Dispersionsfarben mit Kleister: Mit Schwamm und Bürste werden die einzelnen Lasurgänge von Hell nach Dunkel aufgebracht.*

Lasieren und Patinieren

Lasurtechniken

Wir können jeden *Untergrund* lasieren, das heißt, mit einer transparenten, möglichst in mehreren Schichten aufgetragenen, in der Farbigkeit leicht changierenden Bemalung versehen. Flächen aus Beton, Putz, Rigips oder Stein werden vorher häufig grundiert und gefestigt, das heißt, mit wäßrigem oder öligem Putzgrundiermittel behandelt.
Dabei kann es interessant sein, vorhandene Wandstrukturen zu nützen und aufzugreifen. Körnige, rauhe Untergründe lassen sich als Grundlage für entsprechende Material-Illusionen verwenden, unerwünschte Strukturen werden verändert. Abgelöste Tapeten hinterlassen oft wunderbare Muster, die als wertvolle Grundlage für Malerei oder Lasurarbeiten dienen können.

Der *Untergrund* muß in jedem Fall tragfähig, fest und gleichmäßig saugfähig sein. Die Lasurfarben müssen – bei sattem *Aufstreichen* – eine gleichmäßige Färbung zeigen, die wir durch diverse Techniken – Wickeln, Stupfen, Spritzen – beleben können. Mehrere Schichten übereinander geben schöne Lichteffekte und erhöhen den Reiz der Lasur. Wir verwenden dafür Dispersions- oder Silikatfarben, Kleister oder Universal-Abtönfarben. Als Werkzeuge dienen Kratz- und Schabwerkzeuge, Pinsel und Bürsten, Schwämme, Textilien und Spritz- sowie Sprühwerkzeuge.

86 *Kühles Blau erhält durch die wolkigen Effekte feine Transparenz.*

Damit eine Probe- oder Musterfläche auf großen Wänden wiederholt werden kann, muß die Lasurfarbe lange »offen« bleiben, der Untergrund also nur schwach saugend sein. Zu schnell antrocknende Lasuren können die gesamte Arbeit verderben. Zugaben von Kleister (bei wäßrigen Lasuren) beziehungsweise von Leinöl und Terpentin (bei öligen Lasuren) ermöglichen lange offene Zeiten.

87 Eingearbeitete Sprünge oder Bordüren gestalten die Lasurtechnik noch interessanter.

Helle, leuchtende Lasuren werden zuerst aufgetragen, mit den weiteren Arbeitsgängen werden die Farben dunkler, bis die gewünschte Tiefenwirkung erreicht ist. Nachträgliches Bearbeiten der Oberfläche kann den Effekt noch steigern. So können durch Abschaben, Abschleifen oder Durchreiben von Farbflächen interessante »Abnützungen« entstehen oder, durch Einritzen, die Illusion von Rissen und Sprüngen.

88 Lasurtechnik, ausgeführt mit Schwamm und Bürste in Gelb - bis Rotockertönen. Die kleine, kühl gemalte italienische Landschaft lockert die »schwere« Farbigkeit auf.

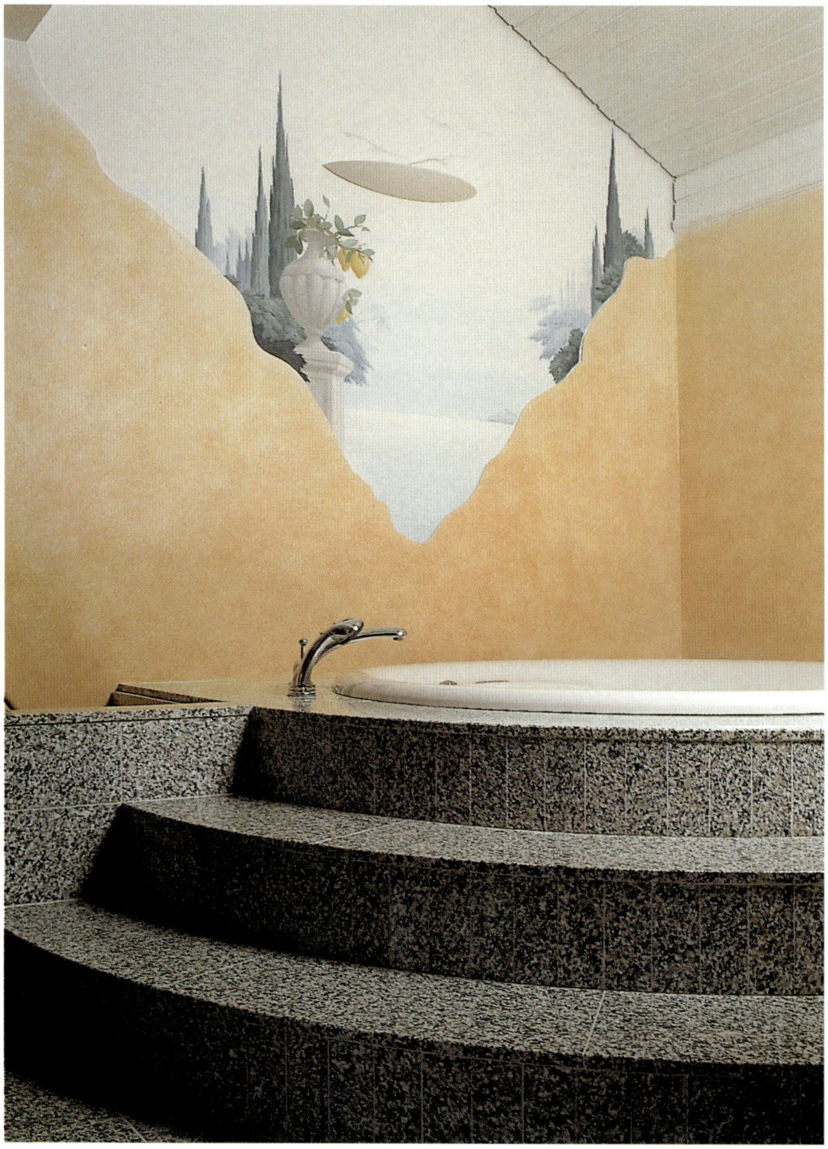

89 Kleine lasierte Bordüre im römischen Stil – im Kontrast zu einer polierten Glättetechnik.

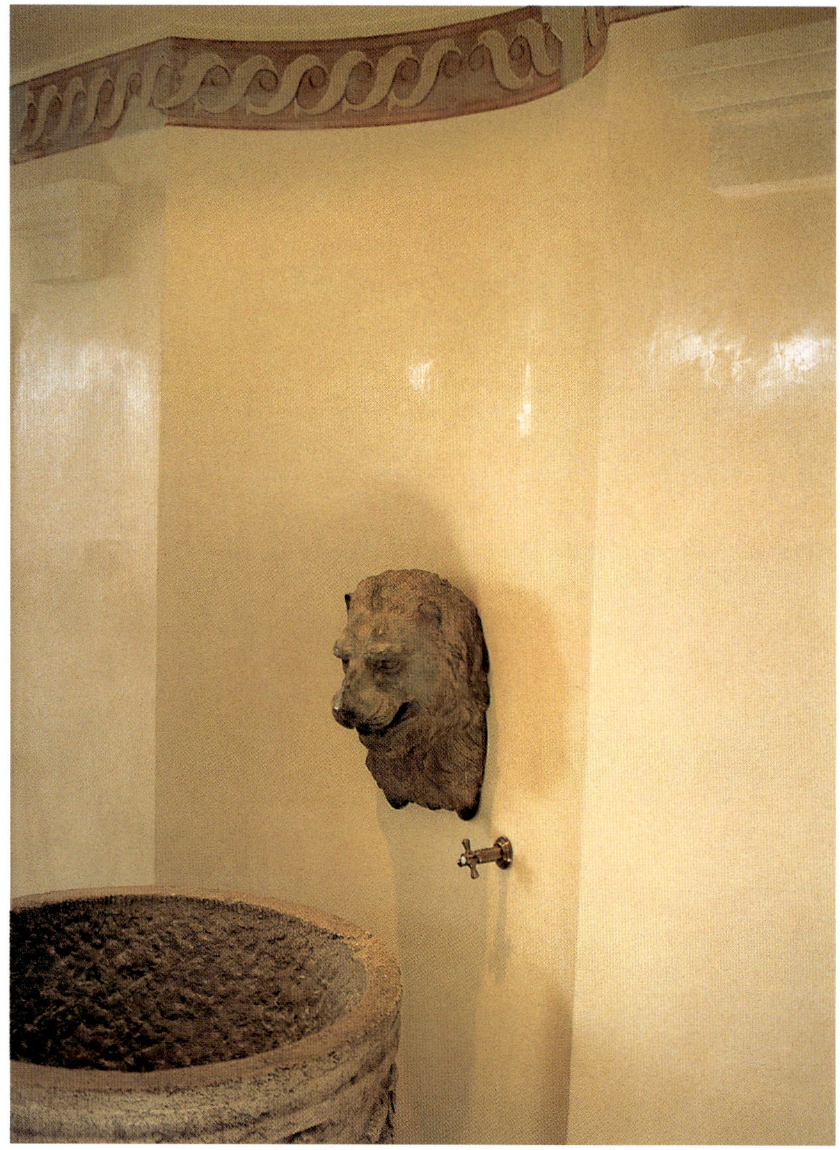

90 *Lasierend, von Hand eingemalte Bordüre im Stil der Renaissance auf fein vorbereitetem Putzuntergrund.*

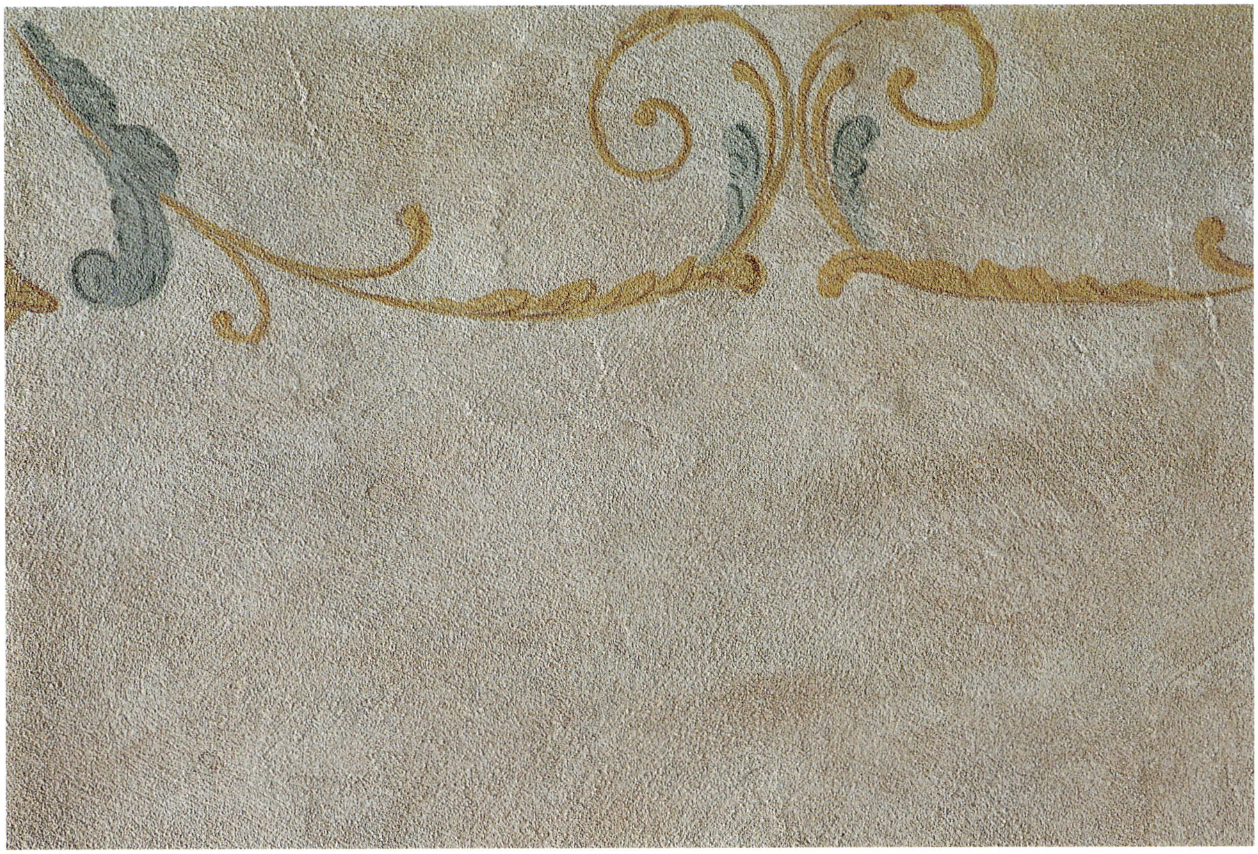

91 *Werkzeuge, Materialien, Pigmente für Lasurarbeiten.*

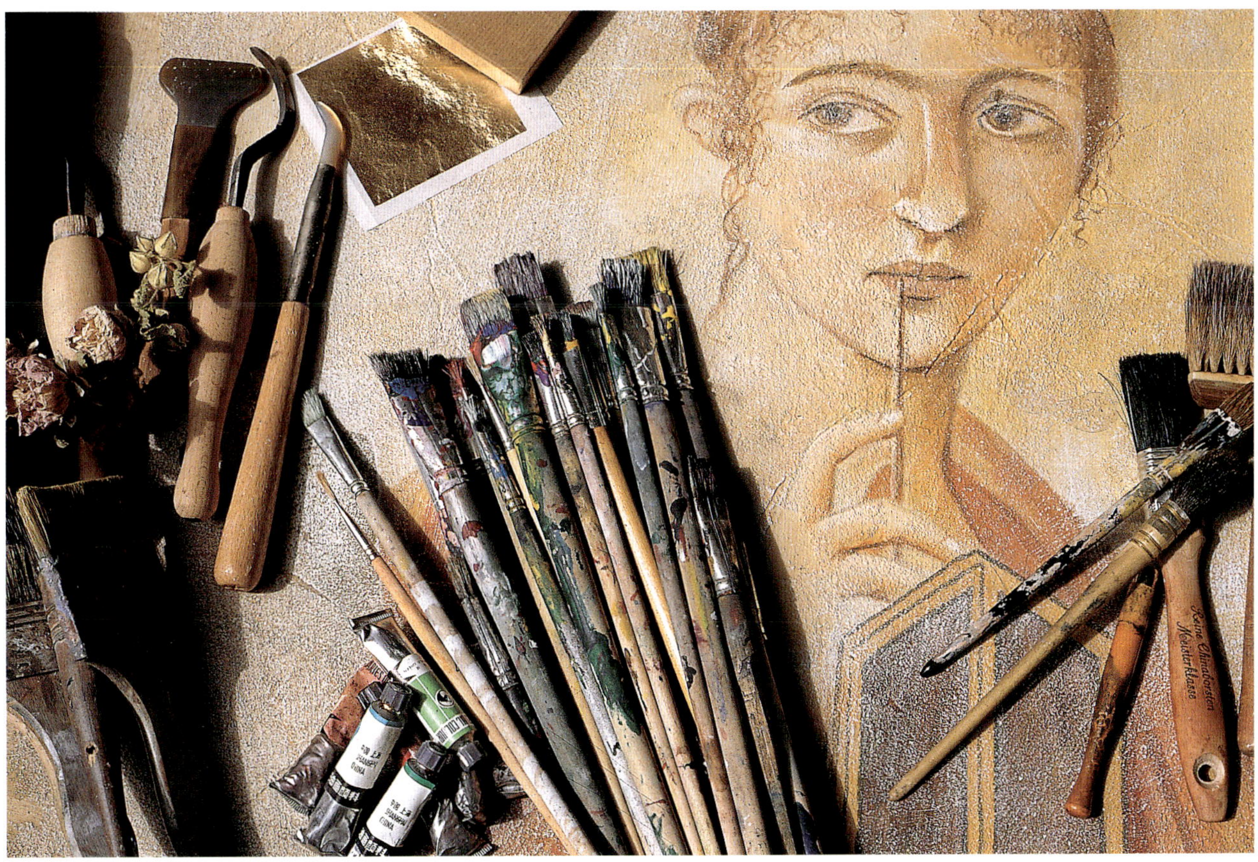

Patinieren

Der Begriff bedeutet eigentlich, etwas mit Patina (einem grünlichen Kupferhydroxisulfat) zu überziehen. Ursprünglich war damit die Tatsache bestimmt, daß Gegenstände mit der Zeit eine solche Schicht ansetzten. Der Begriff verwandelte sich jedoch, aus dem terminus technicus wurde eine Prädikatsbezeichnung: Patina, jene unvermeidbaren Spuren der Zeit, hatte nur, was ehrwürdig, weil bewahrt und gehegt, war. Der übertragene Wortsinn wurde zu einem Gradmesser für Kostbarkeit, er adelte Gegenstände, so wie das Alter Weine und noble Familien adelt. Ein Attribut, das man nicht erringen und nicht erkaufen, sondern nur abwarten kann, ein Prozeß ohne Abkürzungen.
Patinieren bedeutet für den Illusionskünstler, Gegenstände im Lichte ihrer langjährigen Benützung erscheinen zu lassen, ihnen den Stempel des Bewahrtwordenseins zu verleihen. Künstliche Gebrauchsspuren, altehrwürdige Schmutzschlieren, die sich trotz sorgfältiger Reinigung behaupten, abgenutzte Farbpartien, kleine Einbrüche, Risse, Mängel, die auch das gepflegteste Objekt irgendwann betreffen, geben diesem Anschein Authentizität.

Technisch gesehen ist Patinieren eine Lasurtechnik, das heißt, sie verleiht einer Oberfläche einen belebten, antiken oder plastischen Charakter. Eine gleichmäßig aufgetragene Farbschicht an der Wand wirkt unter Umständen tot. Die Lasur erzeugt Tiefe und Transparenz, belebt die Fläche und verleiht ihr ausdrucksvolle Dynamik.

Wandmalereien werden oft mit lasierten Flächen kombiniert. Die Malerei nimmt in den seltensten Fällen den ganzen Raum ein, meist braucht sie ruhige Kontraste, um ihre eigene Wirkung nicht zu verlieren. Die übrige, bilderlose Wand bleibt keine tote Fläche im ursprünglich neutralen Zustand, sondern ergänzt die Gesamtwirkung als gestaltetes und kontrapunktierendes Element.

Arten – Beispiele

Man unterscheidet verschiedene Patina-Arten.
Die klassischen dienen in erster Linie zur Vortäuschung von Alter. Das geschieht durch abgestufte Farbnuancen, Tönungen und Musterungen von glatt bis gestreift oder gesprenkelt.
Bei manchen verwendet man Bienenwachs, das geschmolzen und mit Farbpigment vermischt wurde. Zu kleinen Stäbchen geformt läßt es sich auf etwas aufgerauhtem Untergrund verreiben, so daß eine unregelmäßige Schicht haften bleibt und feine Farb- und Glanzunterschiede bewirkt. Andere Patina-Techniken erzeugen knitterige, fleckige Wirkungen wie von altem Holz oder Leder. Pergamentartige Patina ist sehr beliebt als ruhiger Ausgleich für kräftig dekorierte Räume. Die sogenannte *»Gebrannte Erde«* ist eine Patina-Technik, die vor allem zur Vereinheitlichung nichthomogener Flächen und zur Veredelung einfacher Materialien wie Gips dient. Ihre rötliche, gesprenkelte Oberfläche läßt Objekte und Statuen wie gebrannten Ton erscheinen. Dazu wird das Pigment Gebrannte Erde zunächst in Kasseler

92 Diese patinierte Oberfläche ist auf Putzuntergrund mit Kalkmaterialien entstanden

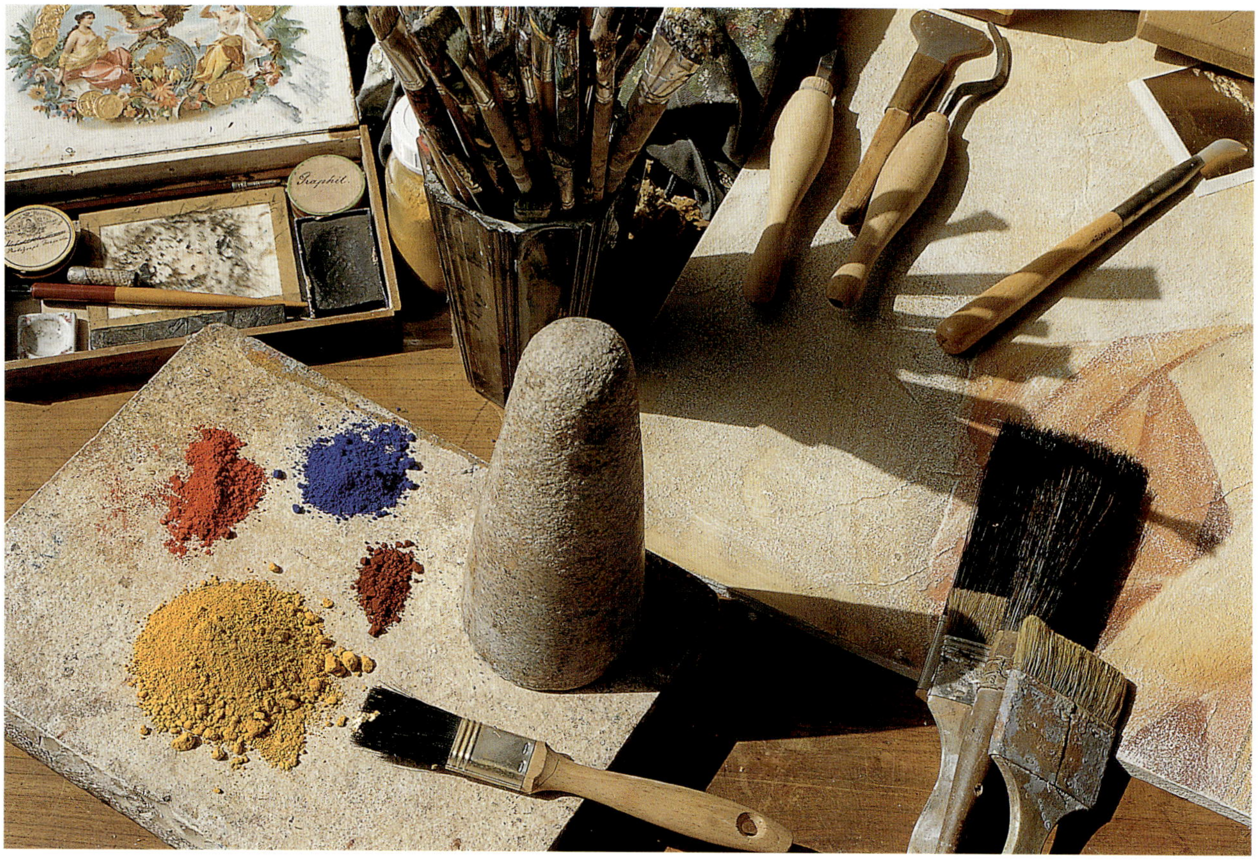

93 Werkzeuge und Pigmente zum Patinieren

Braun angeteigt und dann in die wäßrige oder ölige Lasurfarbe eingemischt. Der Farbton der Lasur kommt der natürlich entstandenen Patina sehr nahe.

Techniken

Dunkle *Gebrauchsspuren* lassen sich durch schwärzlich-braune oder schwärzlich-grüne Lasurfarben erzeugen. *Künstliche Kratzer* oder *Schädlingslöcher* bringt man vor dem Patinieren mit dem Sägeblatt oder dem Locheisen an. Werkzeugspuren täuscht man durch streifiges Auftragen mit dem Pinsel oder dem Schläger vor.

Der Untergrund sollte nicht zu saugfähig sein, damit man die Farben noch über längere Zeit wieder abwischen kann. Am besten eignen sich langsam trocknende Öllasurfarben. Zum Auftragen und Beleben der Patina nehmen wir Fingerpinsel, Schläger, Gummitupfer und Vertreiber, außerdem greift man auch zu Hilfsmitteln wie Schwamm und Ledertuch, um die aufgetragene Farbe mit Wasser oder Spiritus zu verdünnen und unregelmäßige Farbpartien entstehen zu lassen.

Der Aufwand

Im Laufe der Zeit haben wir Erfahrungen gesammelt. Oft standen wir vor scheinbar unlösbaren Problemen, so daß wir neue Techniken entwickeln mußten. Wir versuchten und variierten und lernten daraus. Im folgenden wollen wir auf unsere Erfahrungen eingehen sowie Tips und Anregungen in loser Folge anbieten.

Je umfangreicher die künstlerischen und handwerklichen Fähigkeiten, desto größer ist oft die Verführung, das gesamte Spektrum der Möglichkeiten in eine Inszenierung hineinzupacken. Das Ergebnis wirkt dann oft überfrachtet, denn dem Betrachter wird kein Freiraum für die eigene Phantasie gelassen. Unsere Erfahrung hat uns gelehrt, jegliche Schwelgerei zu meiden. Man sollte immer die Ganzheit des Raumes und des Gebäudes beachten und die Grenzen respektieren, die der gute Geschmack diktiert.

Licht und Farbe

Oft arbeiten wir in Räumen, in denen im Laufe eines Tages mehrfach die *Lichtverhältnisse* wechseln. Zum Beispiel: Morgens zu dunkel – Scheinwerfer an – Mischlicht. Mittags ausreichend Tageslicht – Scheinwerfer aus. Nachmittags zu dunkel – Scheinwerfer an – Mischlicht. Abends nur Scheinwerfer. Wir haben also auf drei unterschiedliche Lichtsituationen Rücksicht zu nehmen, auf Mischlicht, Tageslicht und Kunstlicht.

In solchen Räumen arbeiten wir grundsätzlich bei allen Lichtverhältnissen. Im Laufe der ersten Tage entwickeln wir so die besten Farbkombinationen, die allen Lichterfordernissen gerecht werden. Würde das Bild nur bei Tageslicht gemalt – Tageslicht hat einen hohen Blauanteil –, so fiele es immer etwas wärmer aus. Bei Kunst- oder Mischlicht gäbe es dann die große Überraschung: Die Malerei ist zu schwer, die feinen, graublauen Hintergründe, die am Tage in gelungenem Kontrast zum Vordergrund standen, sind plötzlich schmutzig grünlich; der ursprünglich angestrebte Wechsel von warmer und kalter Farbigkeit hat sich neutralisiert. Wir sind enttäuscht, und auch der Auftraggeber ist von unserer Palette nicht überzeugt.

Ein weiterer sehr wichtiger Punkt ist die *Belichtung* der Szenerie selbst, der man nicht genug Aufmerksamkeit schenken kann. Bei unserer Illusionsmalerei arbeiten wir oft kontrapunktisch. Um die Kontraste wirkungsvoll zu betonen, variieren wir das Licht: für Innenansichten verwenden wir warmes Licht, für Außenansichten kaltes Licht. Das Ergebnis ist verblüffend.

In der pompejanischen Malerei etwa bekommen die Fresken ein warmes Licht, der Ausblick zwischen den Arkaden wird kühl beleuchtet. Das schafft eine hohe Brillanz und die Illusion eines wirklichen Ausblicks. Der Effekt kann durch die Benützung künstlicher Lichtquellen noch unterstrichen werden.

Vor Beginn unserer Arbeit sollten wir den Leuchten Beachtung schenken. Sind noch keine da, beziehen wir sie in die Planung mit ein, sind schon welche da, müssen wir dem Rechnung tragen. Es ist wichtig zu wissen, ob ein Gemälde Tageslicht, Kunstlicht oder beides bekommt, weil wir entsprechend für beide Lichtverhältnisse arbeiten. Wer das nicht tut, kann unangenehme Überraschungen erleben, zum Beispiel in Form unerwünschter Streiflichter, die die Illusion der räumlichen Tiefe empfindlich stören können.

Diffuses Licht und gleichbleibende Lichtverhältnisse (etwa von einer Lichtkuppel) sind für Trompe-l'œil günstig. Reizvoll sind auch die Möglichkeiten, die ein Dimmer bietet. Bewußt eingesetzte einzelne Spots fügen einer Malerei und dem gesamten Raum einen kräftigen Akzent hinzu. Oft wird ein schlecht beleuchteter Raum durch das Illusionsbild und dessen punktuelle Beleuchtung eine geheimnisvolle Atmosphäre bekommen.

Bei viel Tageslicht halten wir die Malerei in wärmeren Tönen. Wenn kaum Tageslicht vorhanden ist, empfiehlt sich eine Kombination aus wärmeren und kühleren Tönen. Die Grundstimmung eines Raumes hat mit der Farbe zu tun, deshalb sollten wir uns im klaren darüber sein, wie diese beschaffen sein soll.

94 Skizze für toskanisches Landhaus mit perspektivischer Darstellung der Seitenwände

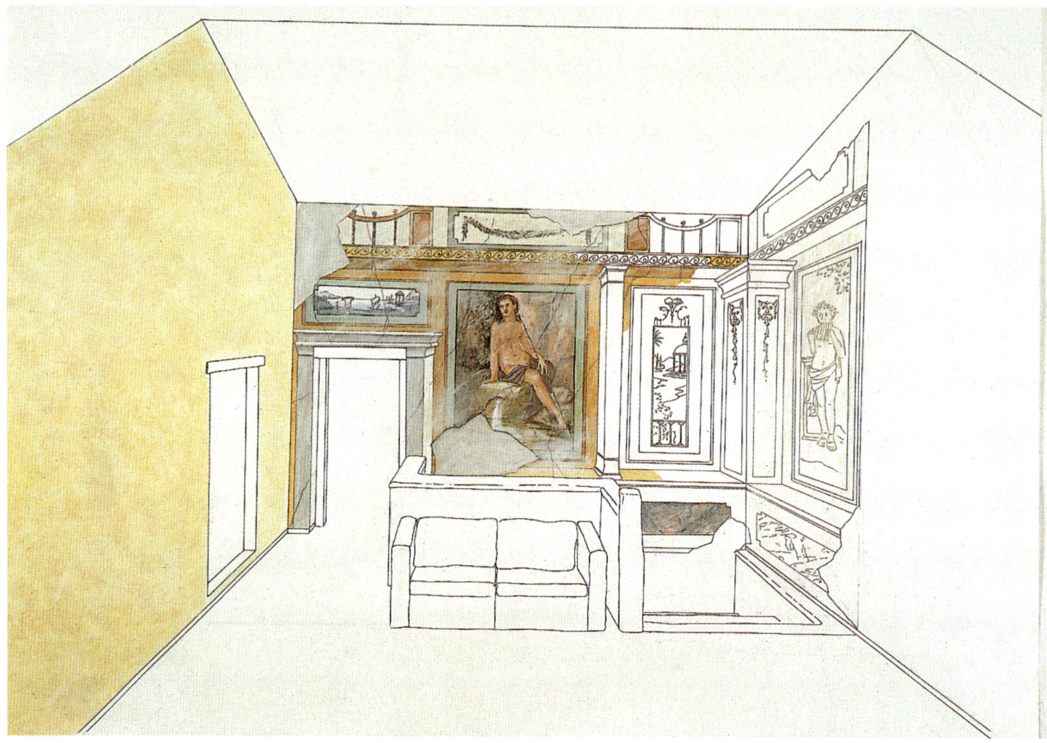

Sind Türen im Raum, können wir sie verschwinden lassen, indem wir die Malerei auf ihnen fortsetzen. Wir können sie aber auch hervorheben, ihnen Tiefe und Schwere von klassischen Materialien geben (Architrav aus Stein oder Holz), eventuell sogar aus Gründen der ästhetischen Symmetrie zusätzliche Scheintüren dazusetzen.

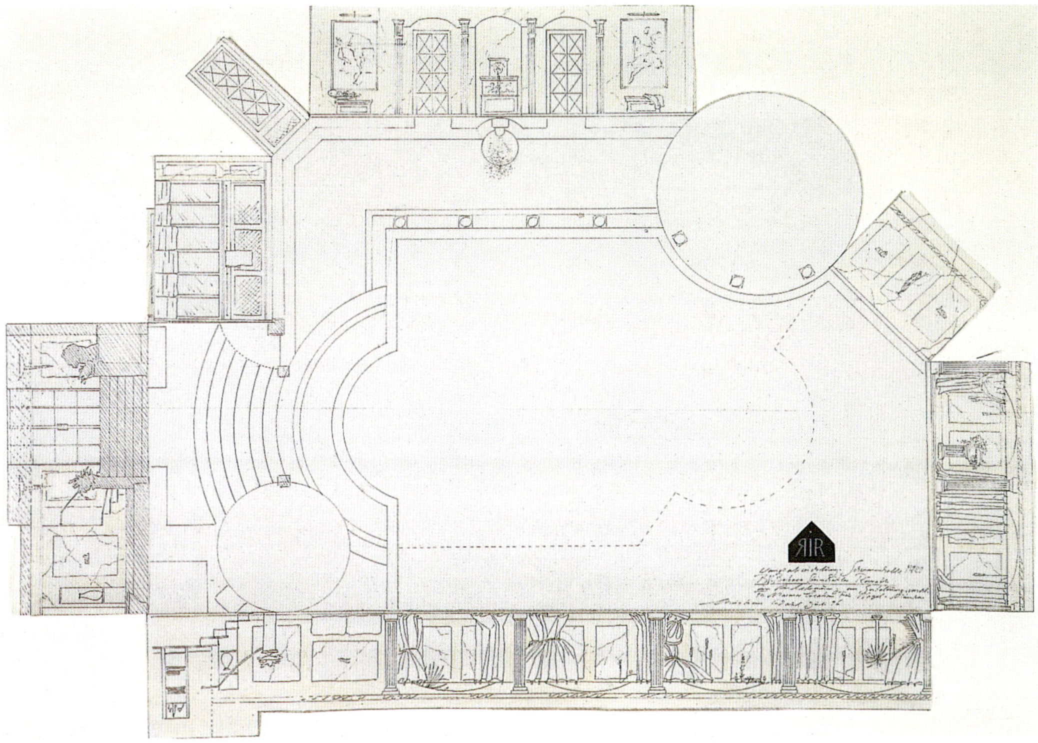

95 Grundriß mit aufgeklappten Wänden

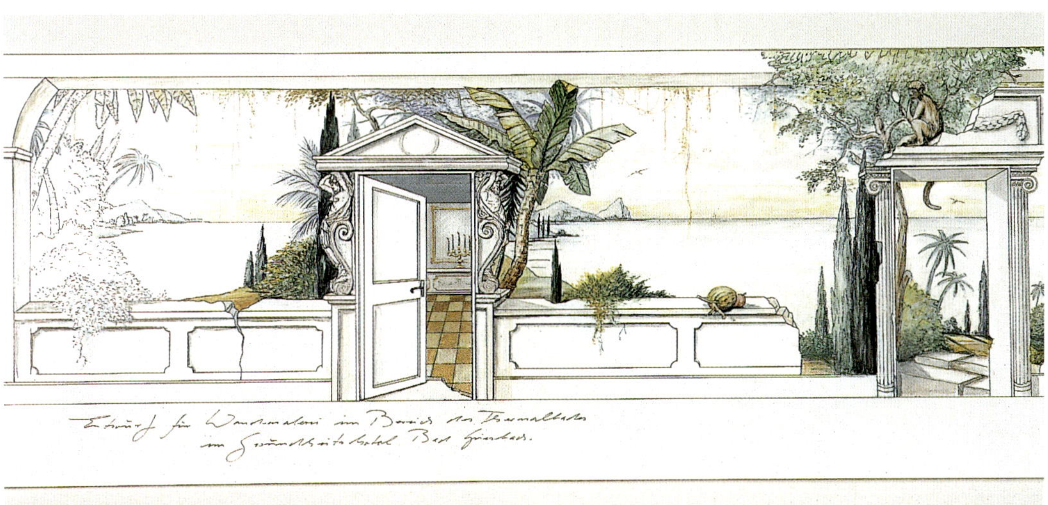

96 Wandabwicklung eines Schwimmbades. Maßstäblicher Entwurf für Illusionsmalerei

Vorstudien und Skizzen

Während der Gespräche mit dem Auftraggeber entstehen meist mehrere Grobskizzen, die diverse thematische Möglichkeiten veranschaulichen. Kristallisieren sich dann ein oder zwei in die engere Auswahl genommene Motive heraus, gehen wir an die exakte Skizzenarbeit. Dazu benötigen wir die genauen Maße des Raumes samt Türen, Fenstern, Ecken und Winkeln. In die maßstabsgerechte *Grundrißzeichnung* tragen wir die jeweiligen Vorschläge, detailliert gearbeitet, ein. Für den Auftraggeber ergibt das einen genauen Eindruck der Räumlichkeit, dem Maler dient eine solche Skizze als Ausführungsgrundlage.

Es ist wichtig, ganz genau zu arbeiten und auf die Maße zu achten, denn diese Zeichnung wird uns auch an der Wand als Vorlage dienen. Außerdem erstellen wir oft entsprechende *Farbmuster*. Haben wir Fotos von thematisch ähnlichen Projekten, können wir sie zur besseren Veranschaulichung ebenfalls einsetzen.

Je größer das Projekt, desto mehr Vorarbeit ist vonnöten. Bei Malereien, die eine Wand, eine Toilette oder eine Nische einnehmen, genügen sorgfältige Skizzen. Bei größeren Vorhaben wie Schwimmbad, Restaurant oder Konferenzraum ist es besser, einen Grundriß nebst Wandabwicklung anzufertigen, das heißt, die aufgeklappten Seitenwände hinzuzufügen. Stellen wir diese hoch, können wir auf einfache Weise die Vorstellung von Räumlichkeit ermöglichen.

Eine maßgebende Skizze im Maßstab 1:10 (kann mit der Raumgröße variieren, reicht aber meistens aus) ist exakt auf den Raum zugeschnitten und wird auf eine durchsichtige Folie kopiert.

Zusätzlich erweist es sich als hilfreich, markante Teile der Arbeit in Form einer Musterplatte im Maßstab 1 : 1 vorzubereiten. Das ist beispielsweise bei illusionistischen Marmorierungen, Faltenwürfen oder bei Fresken hilfreich.

Vergessen wir nicht, uns dabei die Stimmung des Raumes vor Augen zu halten. Am Schreibtisch neigt man oft dazu, ein schönes kleines Bild zu malen und dabei den tatsächlichen Raum zu vergessen. Dort nehmen sich die Dinge unter Umständen ganz anders aus. Stimmung hat in erster Linie mit Farbigkeit zu tun, wir sollten also auf jeden Fall die *Grundfarbigkeit* des Raumes und die Strukturen der Wandflächen festlegen.

Grundsätzlich ist bei der *Motivwahl* zu berücksichtigen: Je kleiner ein Raum ist, desto kleiner der Abstand zum Betrachter; somit ist detailliertere, dichtere Arbeit angebracht. Je größer der Raum, um so großzügiger und offener kann ich ihn gestalten, er verlangt eine eher angedeutete, freizügigere Bemalung.

Ausgehend vom Beispiel eines etwa 35 qm großen Raumes wählen wir eine Wand für den illusionistischen Ausblick aus. Die übrigen Wände werden durch einen niederen, etwa einen Meter hohen Sockel als Innenraum definiert und zusammenge-

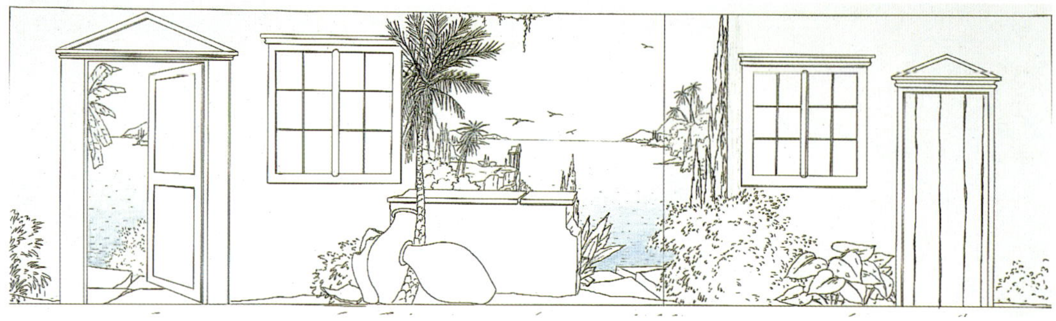

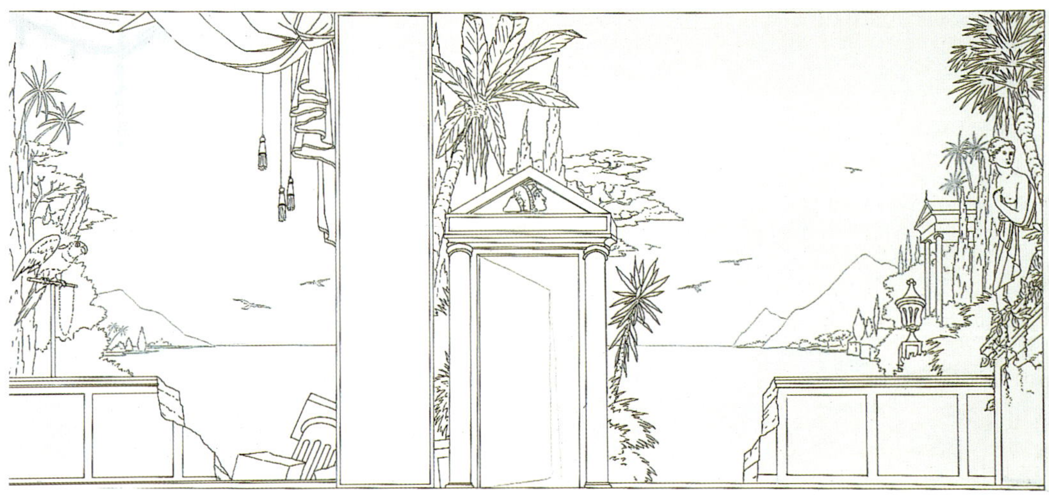

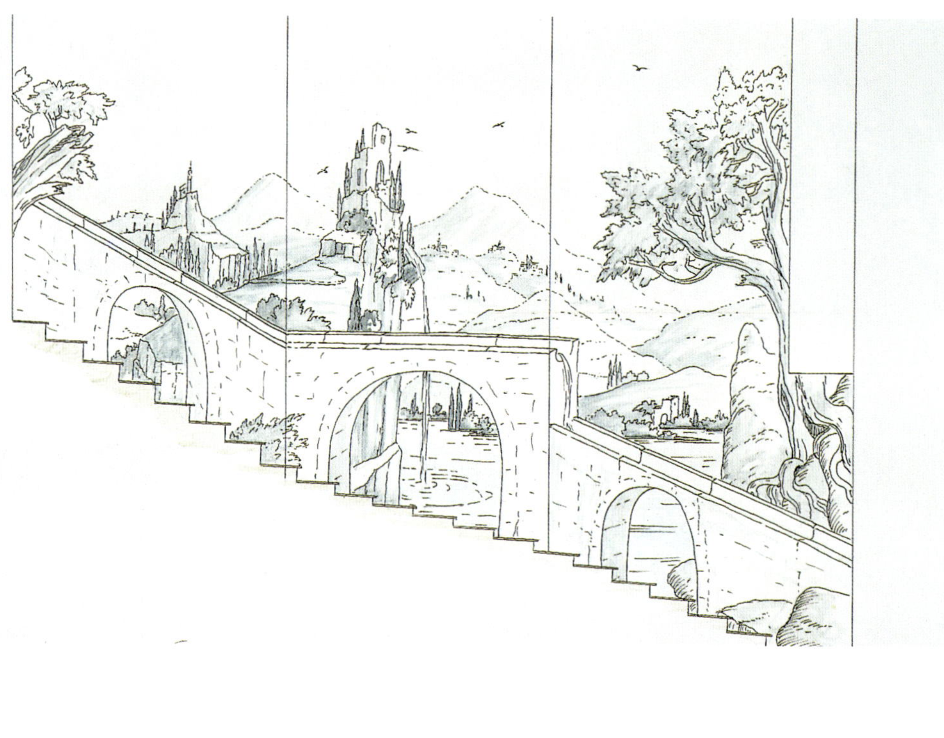

97–102 Kleine Werkskizzen bilden die Grundlage für die spätere Ausführung einer Wandmalerei.

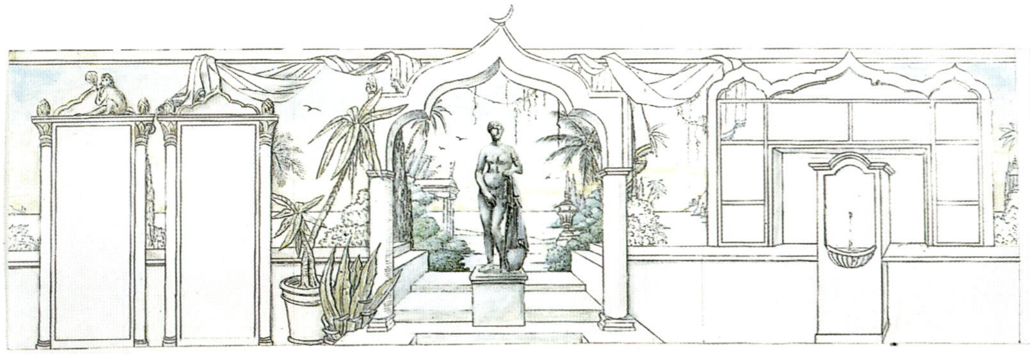

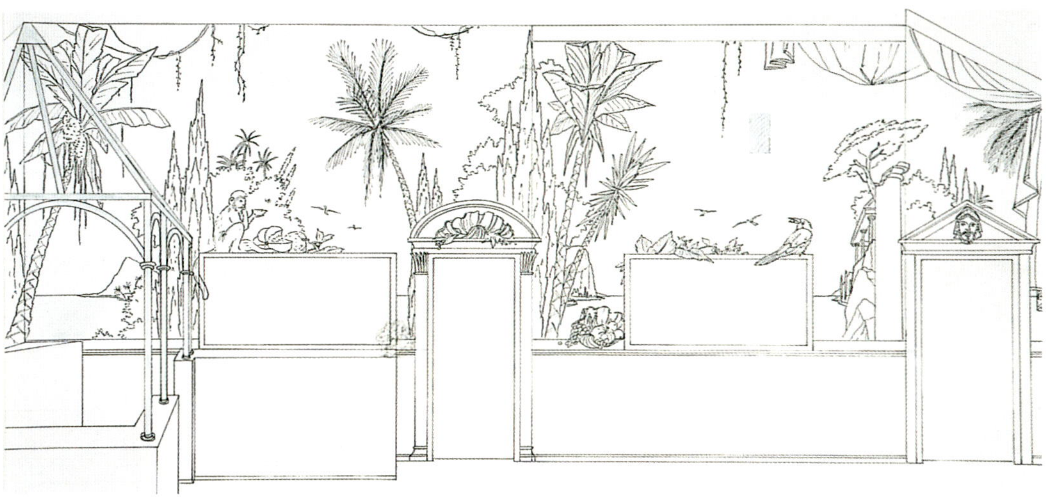

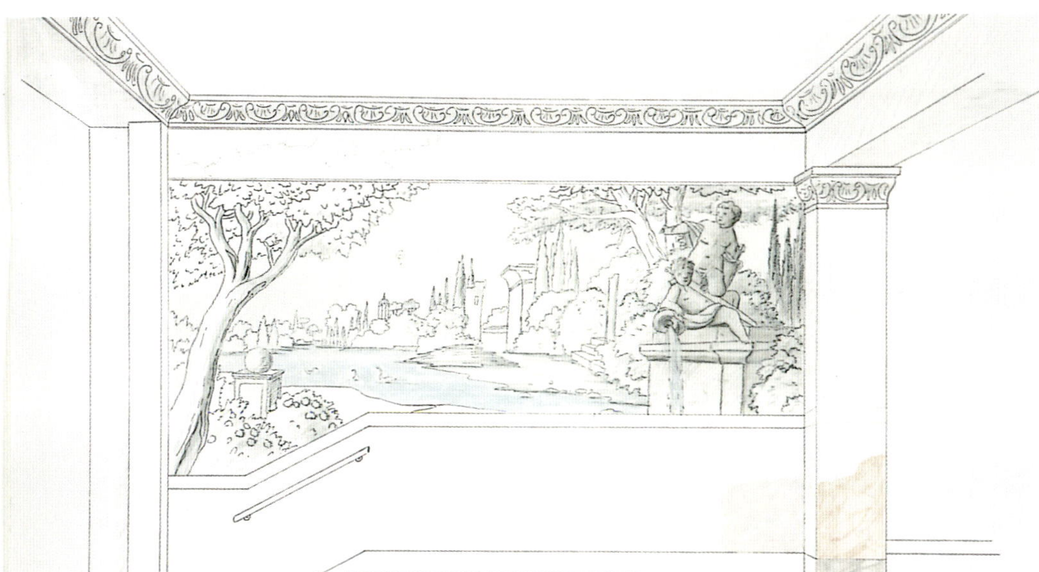

halten. Der Ausblick in die Illusion harmoniert mit den übrigen Flächen, denen wir durch diverse Lasur- und Glättetechniken einen entsprechend spezifischen Charakter verleihen. Anstelle eines Sockels können wir auch eine oben verlaufende Bordüre wählen, beispielsweise eine Stuckleiste. Die starke Farbigkeit der Illusion umrahmen wir mit zwei Säulen, der übrige Raum bleibt mehr oder weniger monochrom, um ein Spannungsverhältnis zwischen Dreidimensionalität und Fläche zu erzeugen.

Schaffen wir Ausblicke, so sollten wir wissen, in welche Tiefe wir gehen wollen: in die Unendlichkeit des Meeres, die sich verliert, oder in eine geheimnisvolle, aber optisch begrenzte Räumlichkeit, wie sie beispielsweise durch Scheinarchitektur oder Dschungel erzeugt wird. Wenn wir die große Tiefe wählen, bietet das mehr Imaginationsmöglichkeiten. Deshalb verzichten wir beispielsweise auf Segelboote auf dem Meer, denn sie definieren die Entfernung zum Horizont und nehmen dem Bild oft die Wirkung der Endlosigkeit. Ebenso verzichten wir in den meisten Fällen auf die Darstellung von Menschen, es sei denn in ganz öffentlichen, geselligen Räumen. Im privaten Bereich, meinen wir, sollte dem Betrachter das Gefühl vermittelt werden, mit seiner Landschaft allein zu sein.

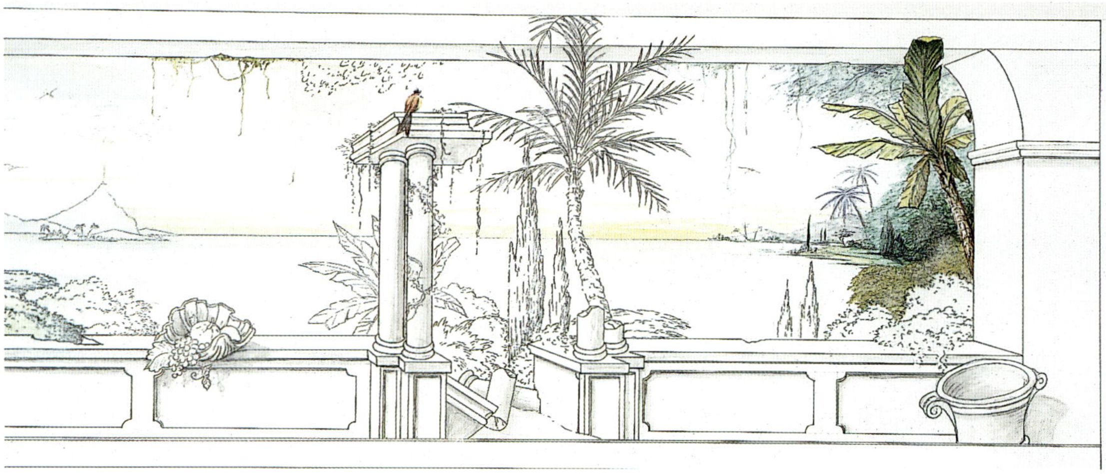

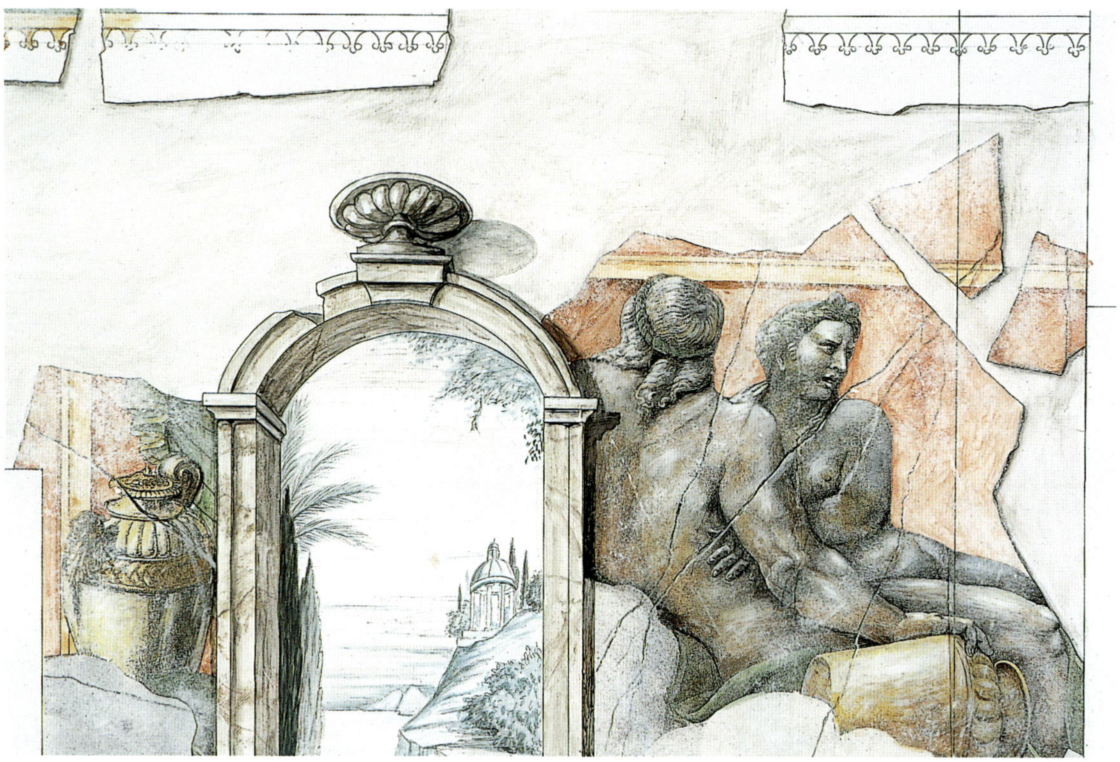

103, 104 Detailliert ausgeführte Entwürfe geben dem Betrachter bereits ein erstes Gefühl für die Wirkung der Illusionsmalerei.

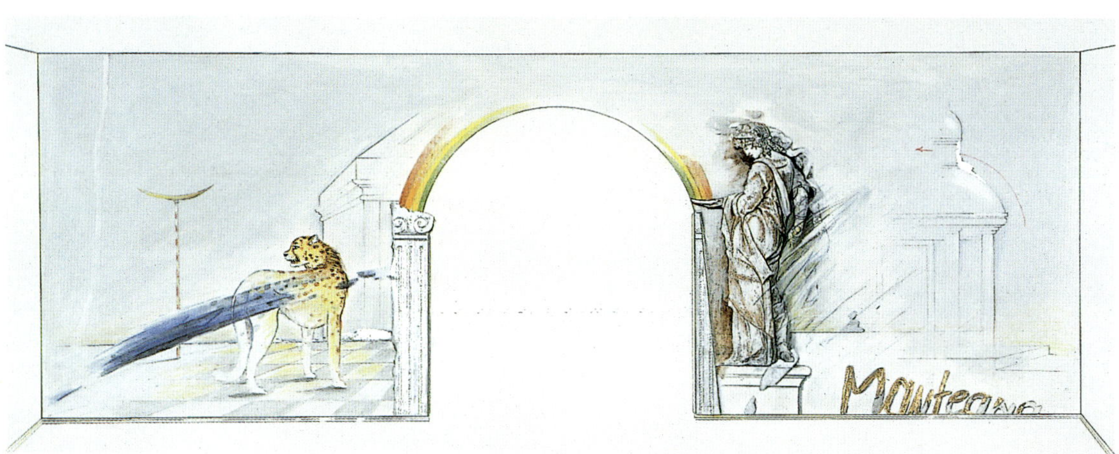

105 Wandabwicklung einer Illusionsmalerei für ein Wartezimmer. Farbigkeit und Proportionen stimmen weitgehend mit der ausgeführten Malerei überein.

106/107 Arbeitssituationen bei der Illusionsmalerei in einem Schwimmbad. Lasurfarben werden nach Muster angemischt.

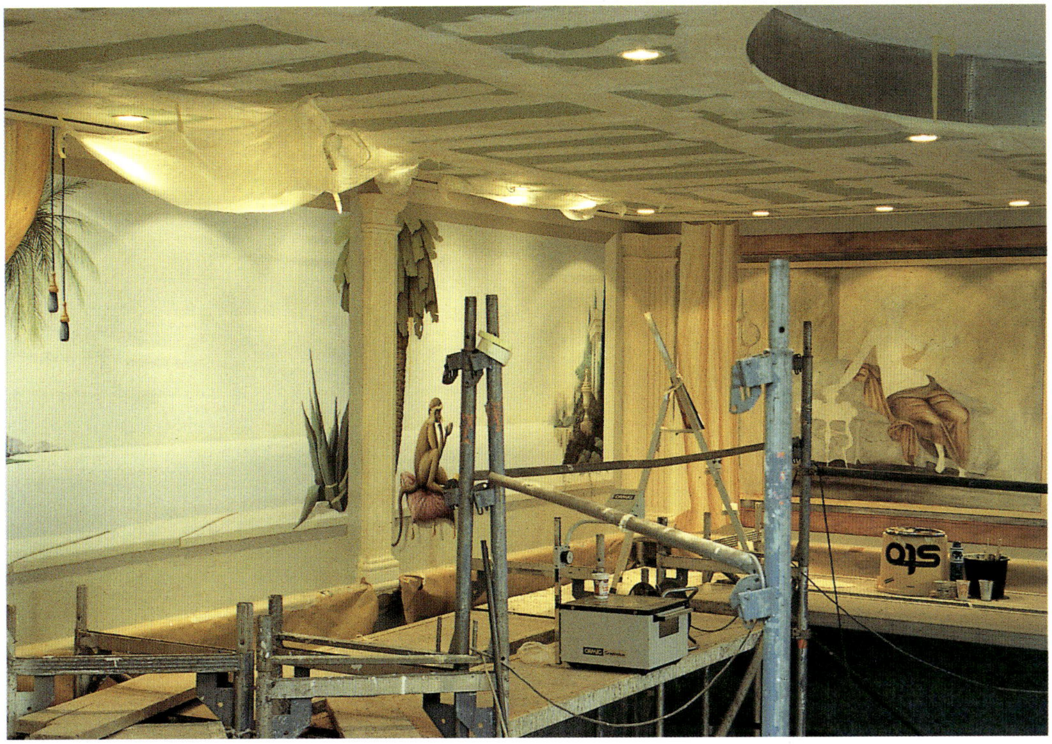

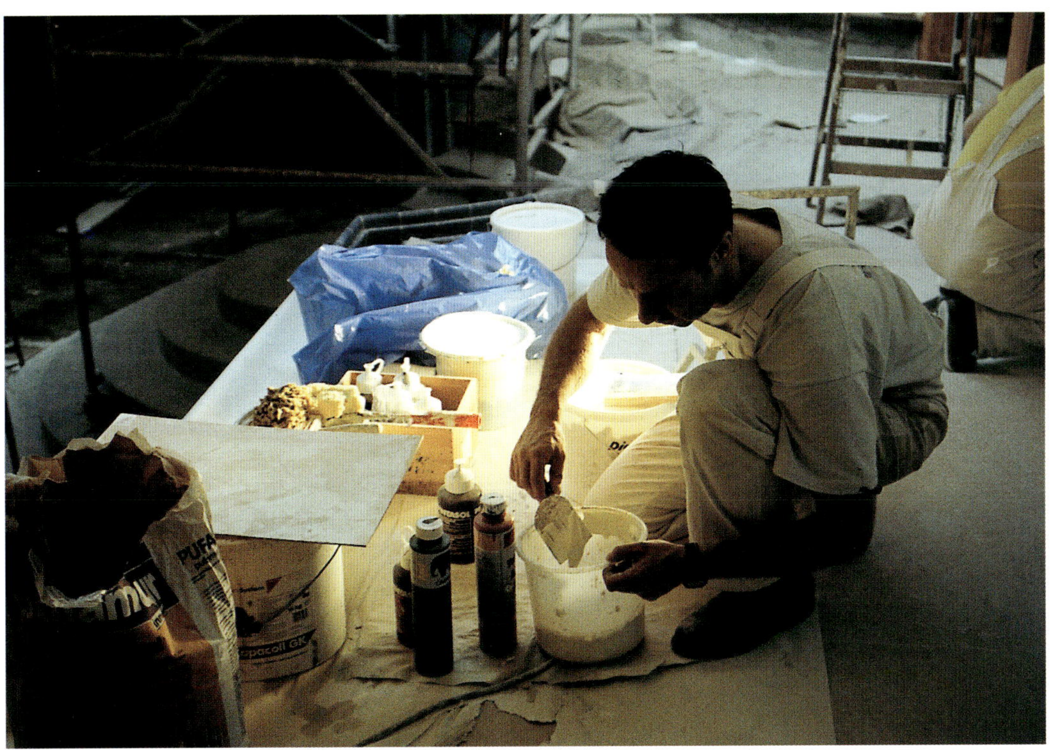

Malen an der Wand

Nun ist also die ganze Vorarbeit geleistet: Das Bild ist besprochen, skizziert, modelliert, die Einzelheiten sind im Kopf und zum Teil auf Papier festgehalten, die Musterplatten der Strukturen sind angefertigt. Wir können beginnen.

Der *Untergrund* muß für die Malerei vorbereitet, das heißt möglichst glatt, homogen, fest und tragfähig sein. Wir bestimmen den Untergrund: Handelt es sich um einen mineralischen, einen Dispersionsuntergrund oder um einen Kalkaufbau? Diese Erkenntnis ist entscheidend für unsere Farbwahl. Grunsätzlich gilt (siehe auch Tabellen S. 85):

– Auf mineralischem Untergrund mineralische, Kasein-, Acryl- oder Dispersionsfarben verwenden;
– Auf Dispersionsuntergrund nur Dispersions- oder Latexfarbe verwenden;
– Auf Kalkuntergründen nur Kasein- oder mineralische Farben verwenden.

Wenn der Untergrund sandet oder abfärbt, müssen wir ihn mit einem speziellen Festiger behandeln. Morbide Untergründe sollten sorgfältig untersucht werden.

Wir bemühen uns immer, zu erhalten, was zu erhalten ist, aber im Extremfall muß bröckelnder Untergrund weg und neuer Putz aufgebracht werden. Bei diesem reicht es, wenn die Oberfläche fein ist.

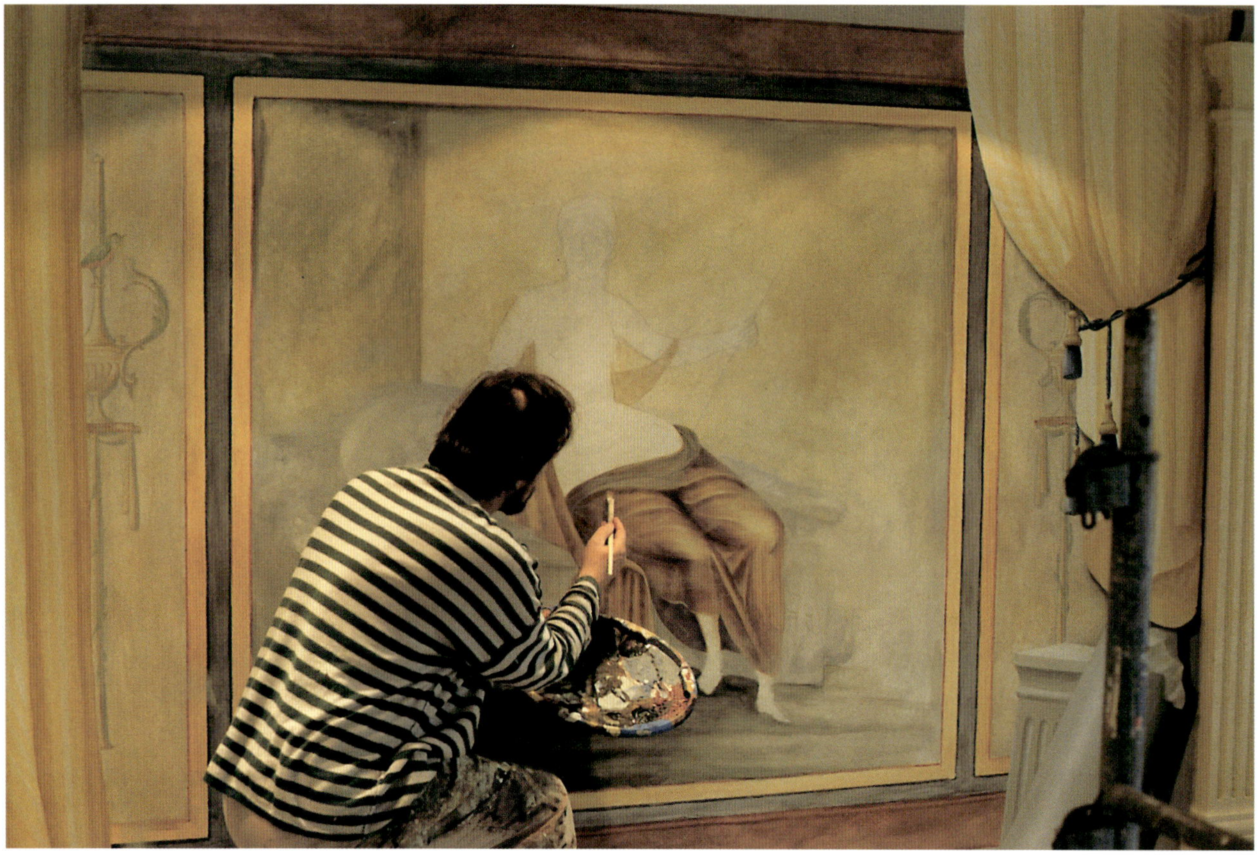

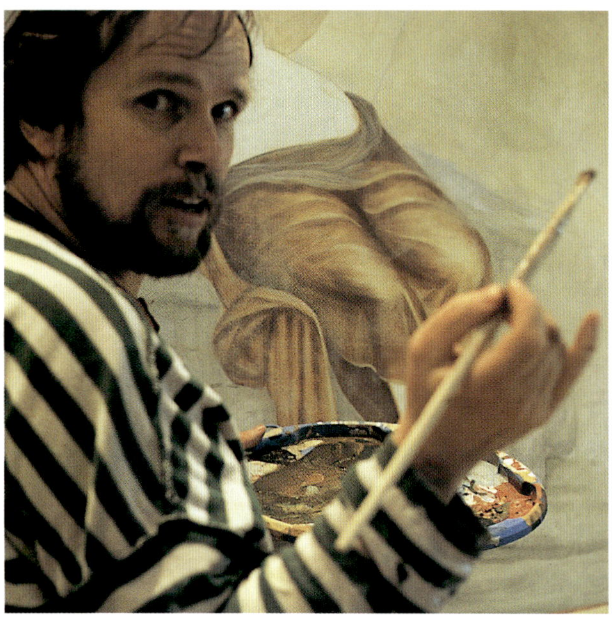

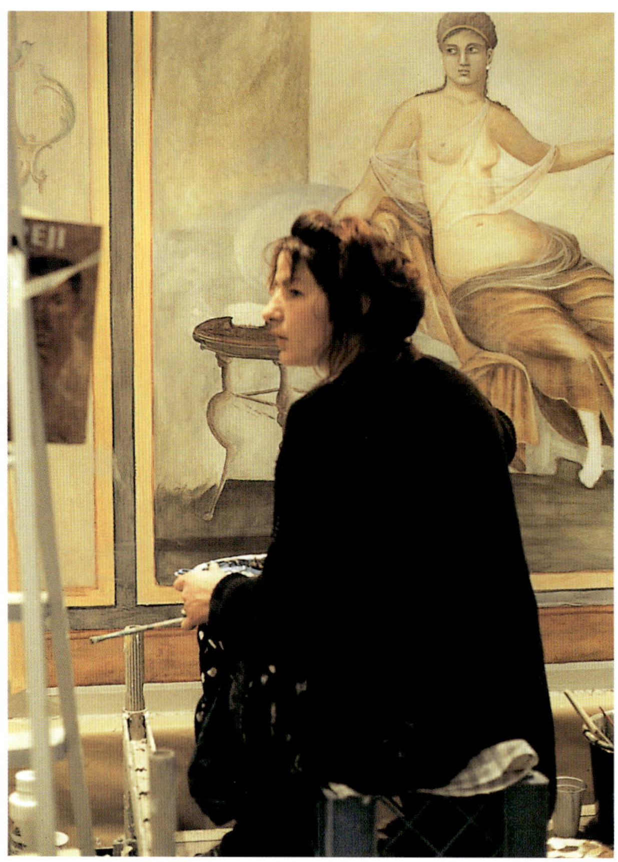

108–110 Kleine Impressionen bei der Ausführung der Malerei.

Die beiden Tabellen dieser Seite wurden mit freundlicher Genehmigung der Autorin übernommen aus: Ilse Maierbacher/Maurizio Toscan, »Dekorative Maltechniken«, Callwey, 1997

Empfohlener Lasurenaufbau

Untergrund	Vorbehandlung	Anstrich	Lasur
gekalkt	Mehrmaliger Kalkanstrich bis zur völligen Deckung, davon die ersten beiden mit geöltem Kalk		Kalkkaseinlasur
mit Silikatanstrich	Mit zur Silikatfarbe gehörendem Grundiermittel vorstreichen, das Verdünnungsverhältnis steht auf dem Gebinde.	Silikatfarbe	Silikatlasur oder Acryllasur
mit Dispersionsanstrich	Mit wäßrigem Tiefgrund vorstreichen, das Verdünnungsverhältnis steht auf dem Gebinde.	Dispersionsfarbe	Dispersions-, Acryl- oder Plakalasur
Leimfarben werden immer abgewaschen. Es zählt der darunterliegende Anstrich als gegebener Untergrund.			

Verträglichkeit von Untergrund und Anstrich

Anstriche	Untergründe				
	Kalkputz	Silikatputz	Zement	Gipsputz	Kunststoffputz
Kalkanstrich	xx	x	x	xx	–
Silikatanstrich	x	xx	x	x	–
Dispersionsanstrich	x	x	x	x	xx
Kaseinanstrich	xx	x	o	x	–
Leimfarbe	–	x	x	–	–

xx = empfehlenswert, x = möglich, o = nicht zu empfehlen, – = nicht möglich

Die auf durchsichtige Folie kopierte *Skizze* legen wir in den Overhead-Projektor und projizieren das Motiv an die Wand. Nun zeigt es sich, wie wichtig eine exakte, maßstabsgerechte Arbeit beim Skizzieren war. Stimmen die Verhältnisse nicht, war die ganze Vorarbeit nutzlos, und wir besitzen keine brauchbare Vorlage.

Durch die Projektion entstehen zum Rand hin Verzerrungen. Diese müssen beim Aufzeichnen vorsichtig korrigiert werden, was nicht immer einfach ist und viel Gefühl für Perspektive und Raum erfordert. Eine andere Methode ist die seit Leonardo da Vinci altbewährte Vorgehensweise: Man gibt ein Raster vor und trägt die einzelnen Segmente ein. Auch dabei müssen Skizze und Raumgliederung natürlich perfekt stimmen.

Ich zeichne an der Wand mit einem weichen Bleistift vor. Kleinere Korrekturen lassen sich problemlos mit dem Radiergummi vornehmen. Schon beim Skizzieren werden die ersten Schwächen des Entwurfes sichtbar, man bekommt einen Eindruck, wo die Perspektive oder die Dynamik nicht stimmen. Um richtig zu korrigieren, sollten wir einen Tag verstreichen lassen und die Skizze an der Wand mit wachen Augen erneut betrachten. Ist sie fertig, fixieren wir sie mit einem Pastell-Sprüh-Fixiermittel, damit keine Farbspuren vom Bleistift in die Farbe wandern.

Bevor wir mit dem *Malen* anfangen, sollten wir wissen, welche Farbschichten übereinanderliegen werden.

Wir beginnen mit dem Hintergrund, nicht etwa mit den verlockenden kleinen Motiven vorne. Man muß sich klarmachen, daß Tiefe nicht nur durch Größenverhältnisse, sondern in erster Linie durch farblichen Aufbau erzeugt wird. Zunächst wird die Grundlage geschaffen – durch *Bemalen* der größten Fläche, beispielsweise des Himmels mit den Wolken oder etwa einen weit entfernten Wald. Die Farben sind hinten kühl und bläulich und werden zum Vordergrund hin zunehmend wärmer. Wir malen stufenweise von hinten nach vorne und bestimmen schon bald die dunkelsten und hellsten Stellen der gesamten Malerei. Von Anfang an müssen wir uns über den Lichteinfall im klaren sein, der von einer Seite kommen muß. Außerdem gilt: Je größer die Fläche, desto wichtiger ist es, nicht allzu viele Farben zu benützen, damit es nicht zu bunt und unübersichtlich wird. Am besten behelfen wir uns mit einer Farbskala, auf die wir uns dann beschränken sollten.

Der Hintergrund einer Illusionsmalerei sollte eher sparsam und monochrom gestaltet werden, während wir den Vordergrund durch farbige Details in Form von Früchten, bunten Vögeln oder anderen Tieren beleben können. In jedem Fall ist eine genaue Kenntnis der Perspektive vonnöten, um stimmige Verhältnisse und eine glaubwürdige Achitektur zu schaffen. Der Fluchtpunkt muß festgelegt und am Horizont gekennzeichnet sein. Bei größeren Räumlichkeiten brauchen wir oft zwei bis drei gestaffelte Fluchtpunkte, damit in den Randbereichen keine übertriebene Räumlichkeit entsteht.

Wir möchten daran erinnern: Man sollte nur Dinge malen, die man darstellen kann. Komplizierte Faltenwürfe etwa sind nur dann beeindruckend, wenn sie im Aufbau logisch sind, verderben aber jede Malerei, wenn sie nicht perfekt gemalt wurden. Deshalb kann man allen, die sich mit Trompe-l'œil beschäftigen wollen, nur dringend raten, viel zu zeichnen, um die handwerklichen Fertigkeiten durch naturnahes Studium zu verbessern.

Hat man alles bis ins letzte Detail gemalt, schaffen wir durch Lasuren zusätzliche Tiefe und Plastizität. Zu warme Bereiche lassen sich abkühlen, kalte dagegen erhalten einen warmen Schimmer.

Ist das vollbracht, muß das Bild abtrocknen, mindestens einen Tag lang. Dann schauen wir es uns noch einmal an – ist es so, wie wir es haben wollten? Wo fehlt es noch an Glanz, an Tiefe, an Schatten oder Wärme? Wir können noch etwas Lasur auf eine Fläche, etwas Weiß auf eine Erhebung setzen und den letzten Schliff hinzufügen. Der letzte Arbeitsgang ist in Bädern oder Kinderzimmern dann ein wasserresistenter Schlußüberzug, seidenmatt und abwaschbar. Daß man sein Werk noch signieren sollte, versteht sich eigentlich von selbst.

Ausgeführte Illusionsmalereien

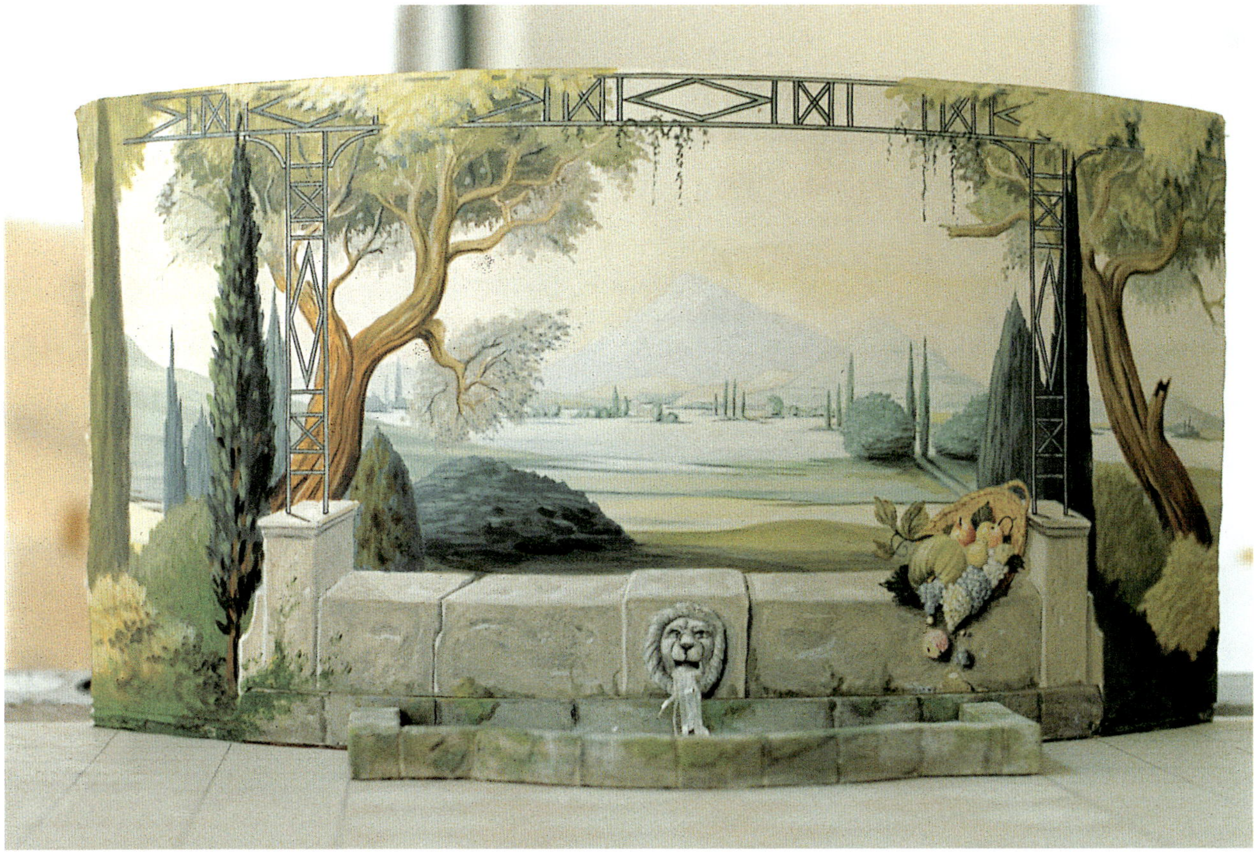

111–119 Arbeitsablauf der Malerei: auf runder Wand mit vorgesetztem Brunnen:

111 Das Modell ermöglicht es, einen räumlichen Eindruck des Wandbildes zu bekommen und erleichtert das Vorstellungsvermögen bei schwierigen Raumsituationen.

112 Erste Farblage des Wandbildes. Nach dem Festlegen der Horizontlinie (Augenhöhe) wird das Wolkenbild angelegt.

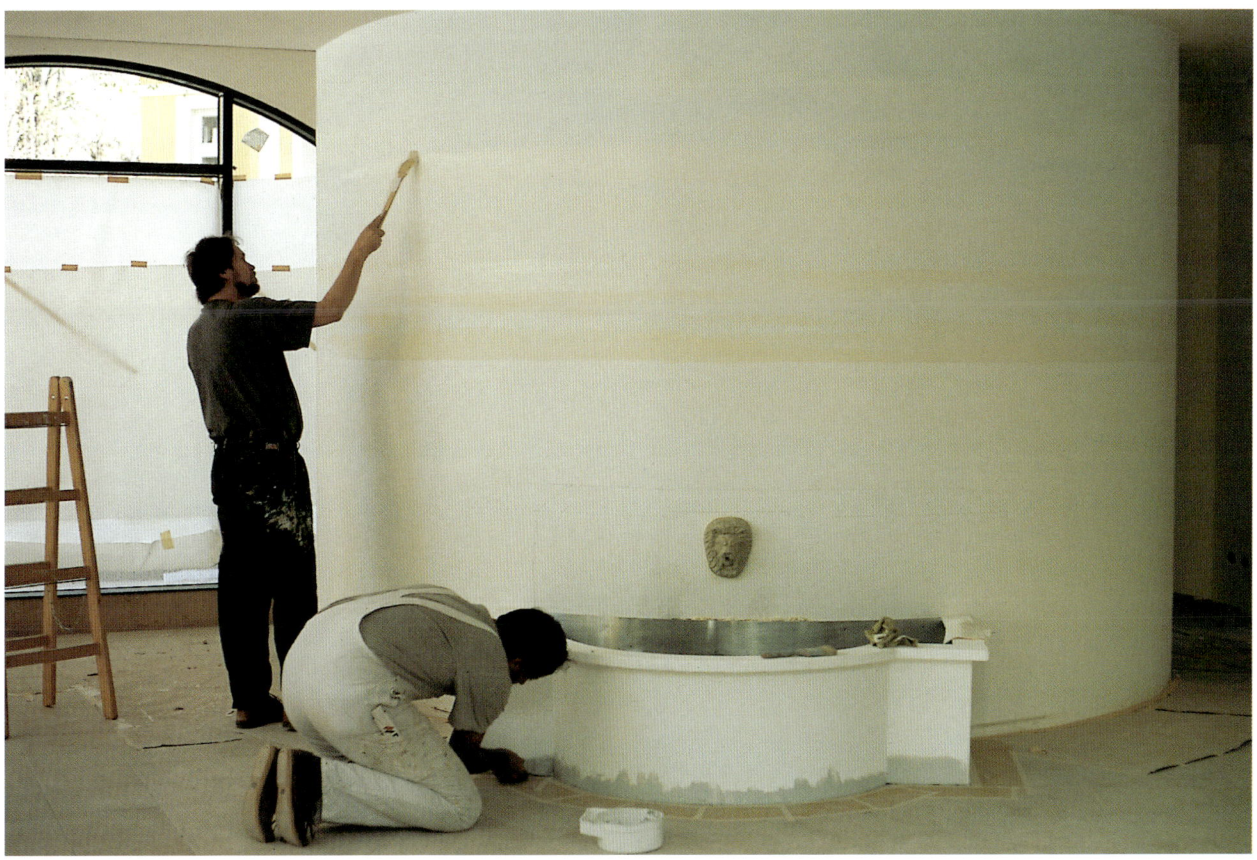

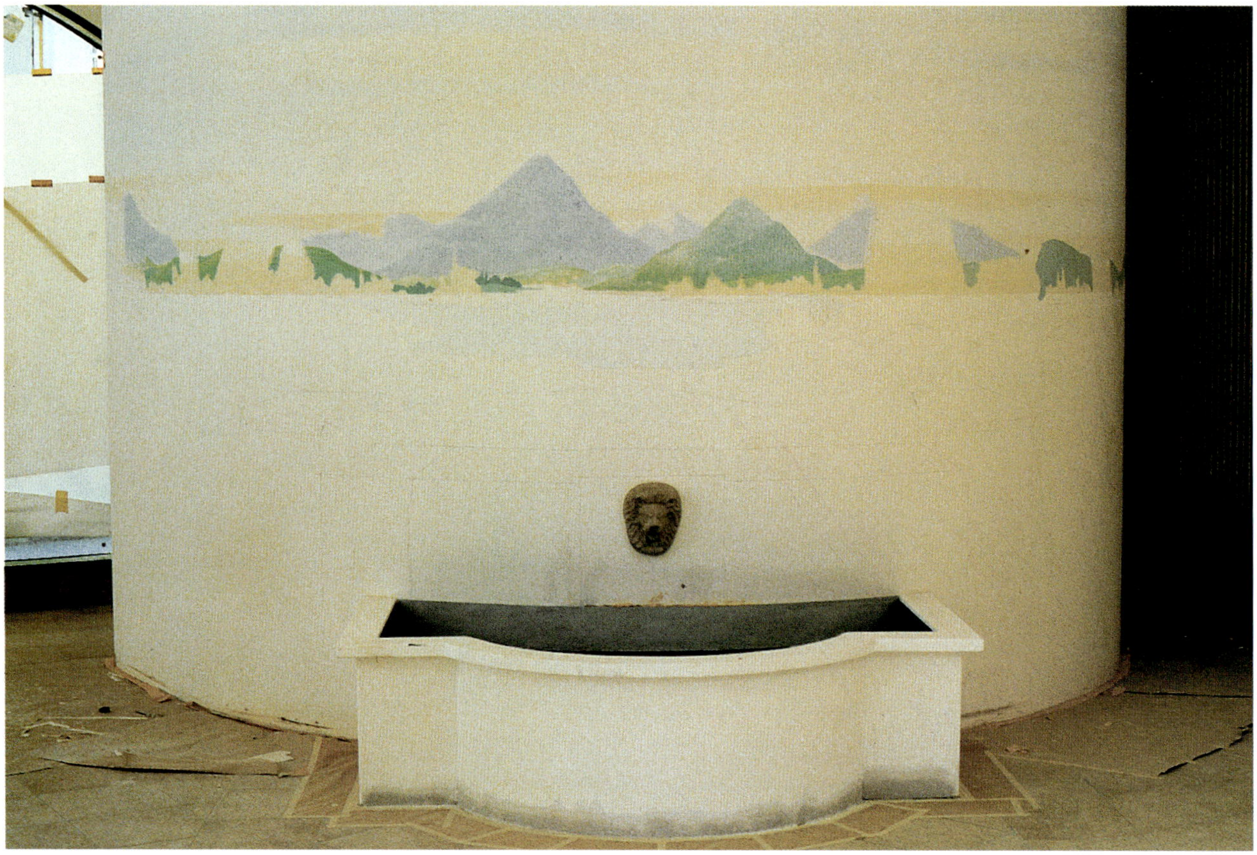

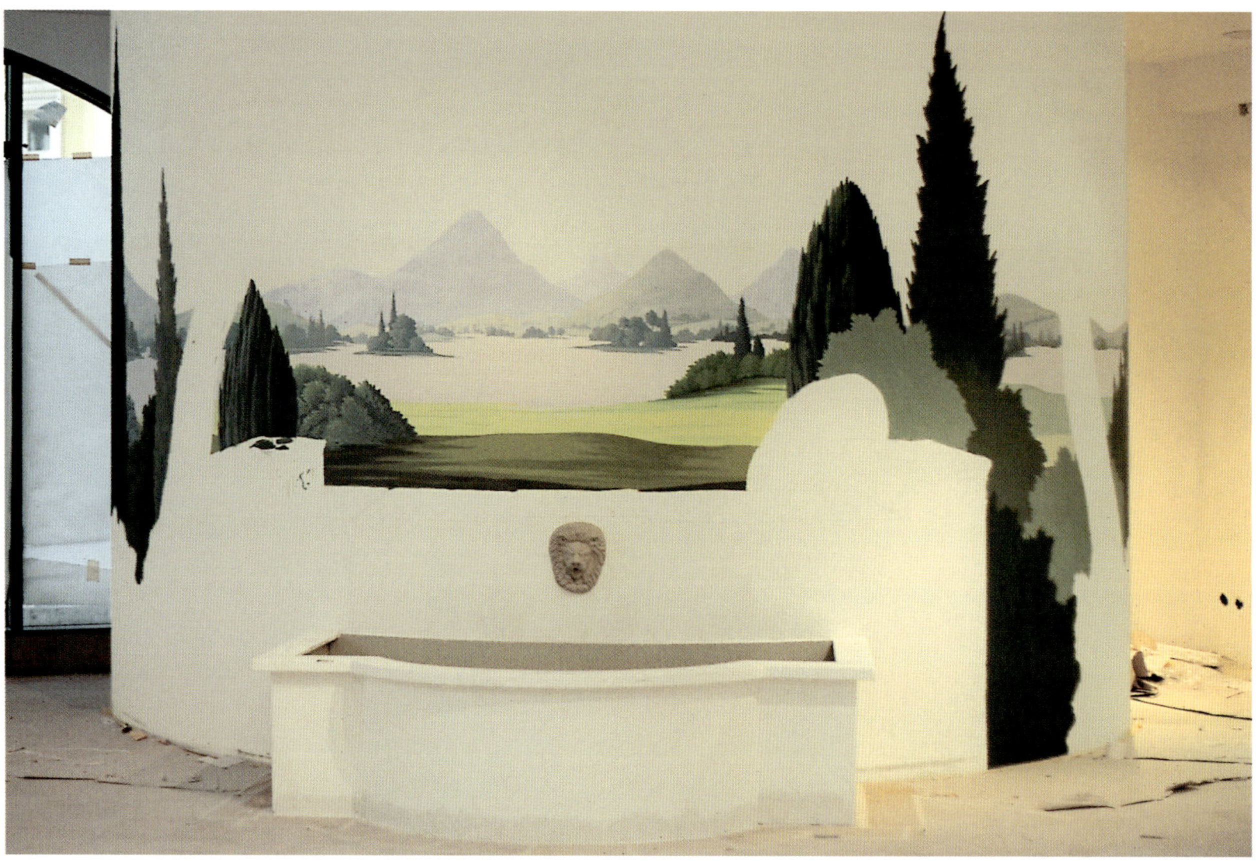

113–116 Der kühl gemalte, wenig kontrastreiche Hintergrund steigert sich allmählich über den Mittelgrund in den exakt ausgeführten Vordergrund. Der Fluchtpunkt liegt auf der Horizontlinie etwa in der Mitte, auf ihn laufen alle geometrischen Linien zusammen (Fluchtpunktperspektive).

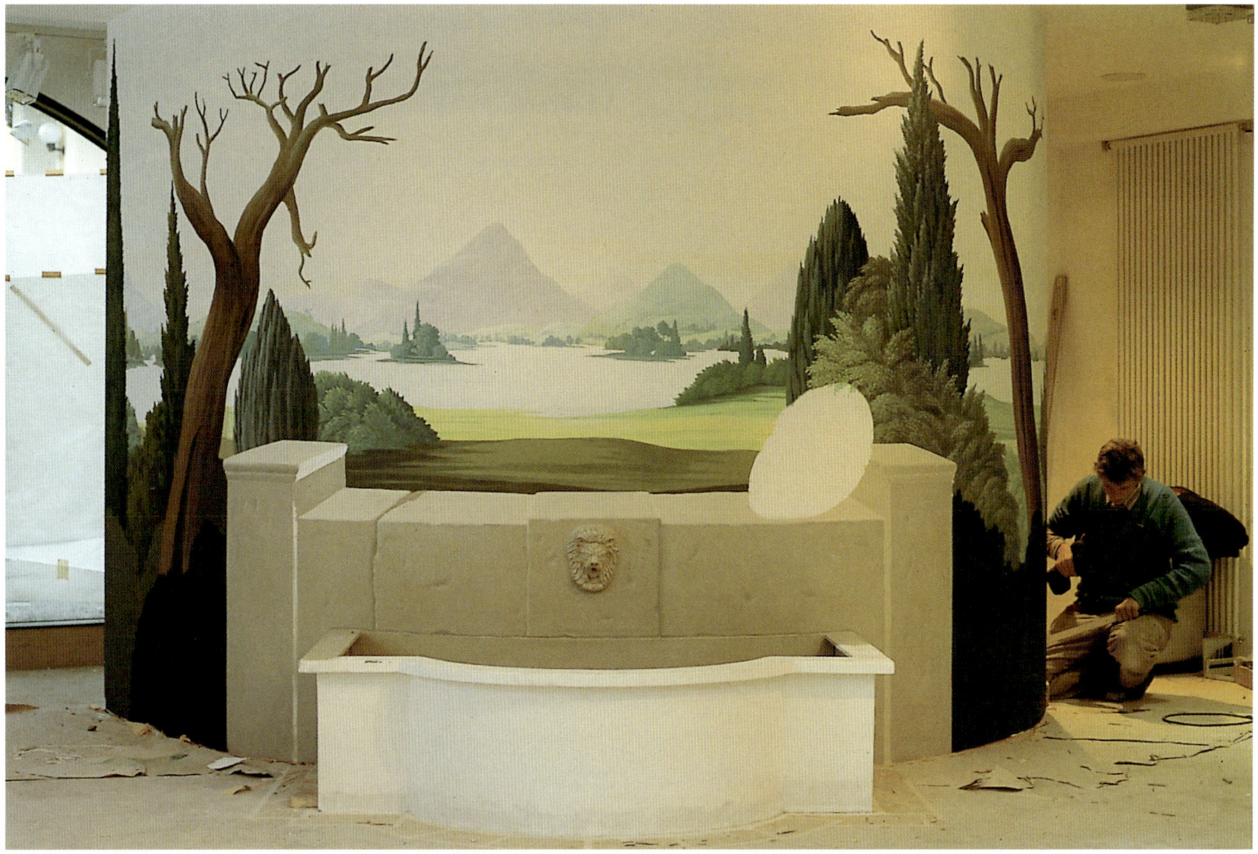

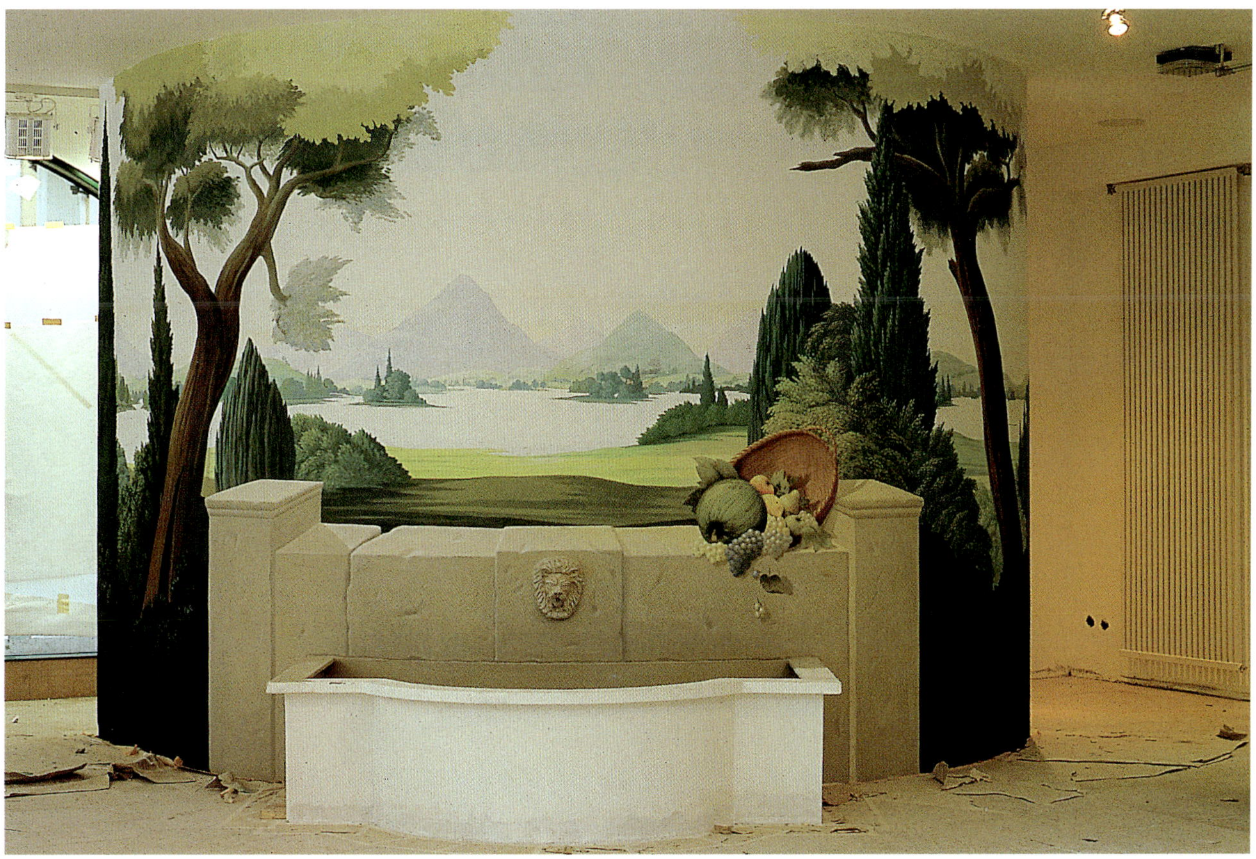

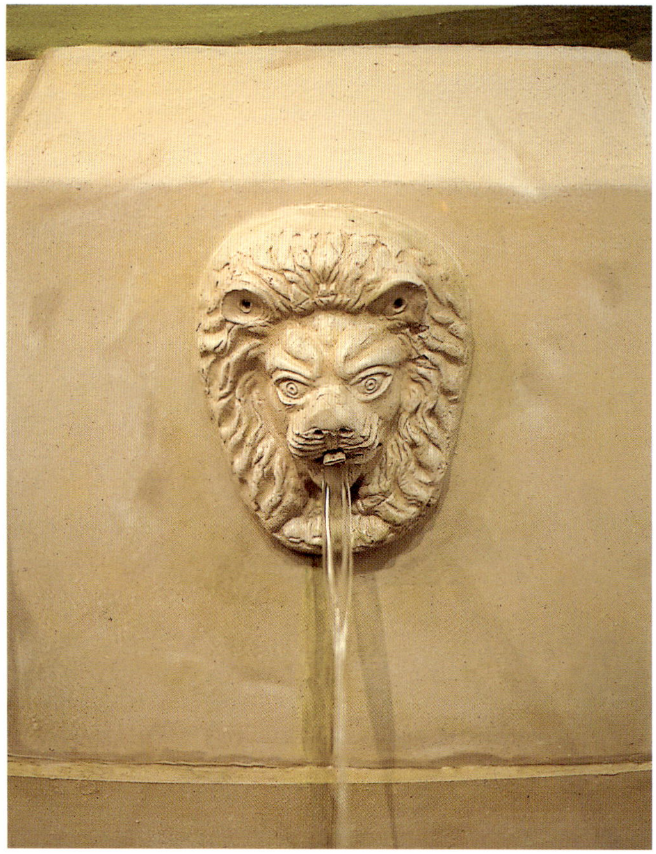

117, 118 *Ein aufgesetzter plastischer Löwenkopf speit Wasser in den vorgesetzten Brunnen, der in Form und Farbe der Malerei angepaßt ist. Wieder sind Illusion und Realität ganz nahe beisammen.*

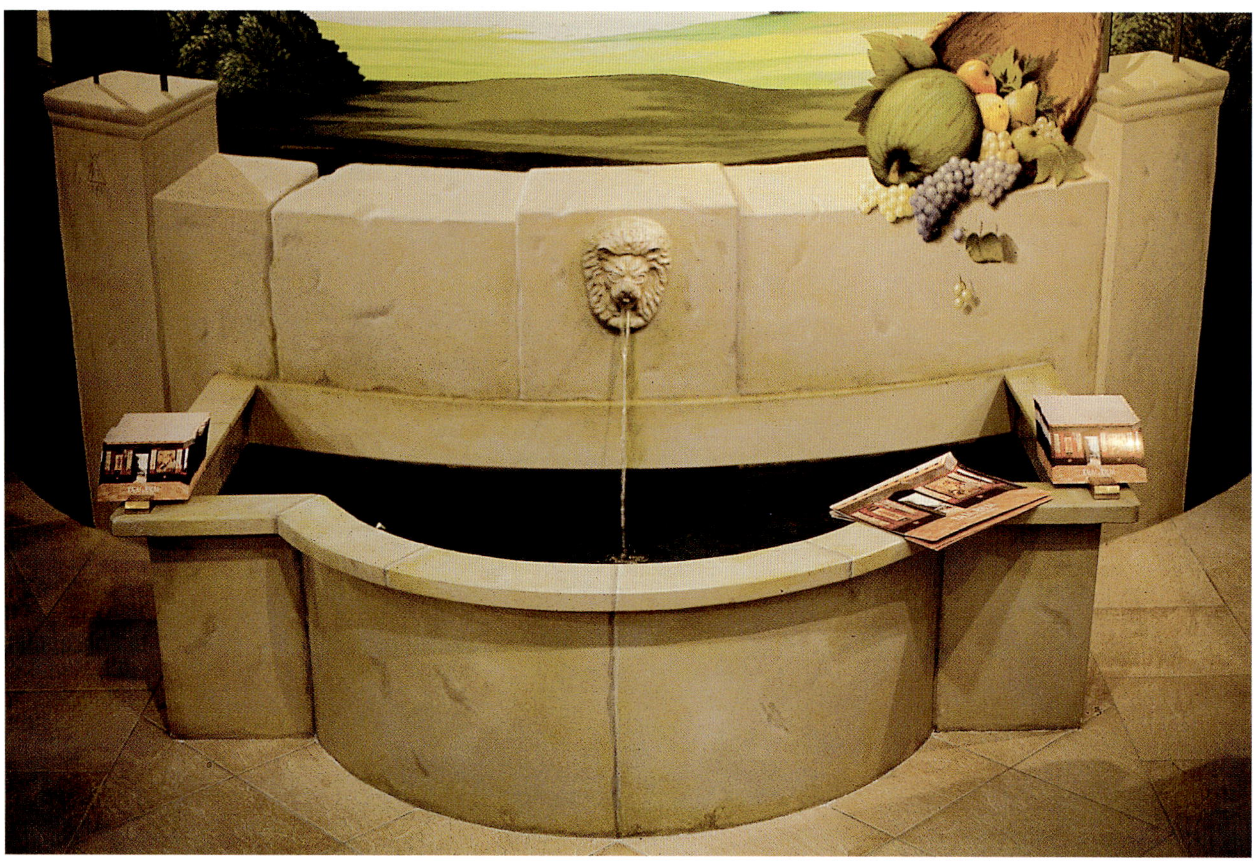

119 Fertiger Verkaufsraum mit halbrunder Brunnenwand

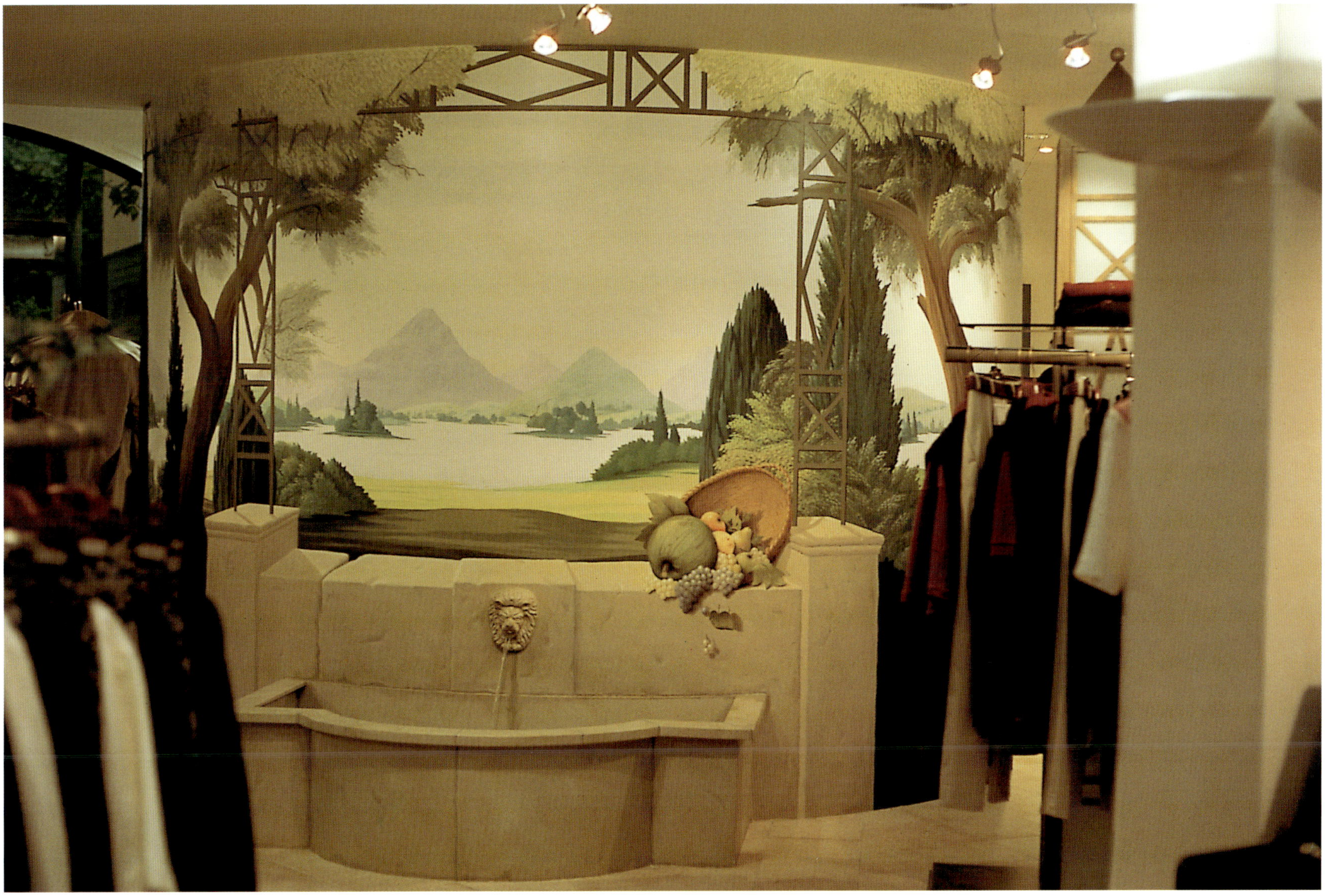

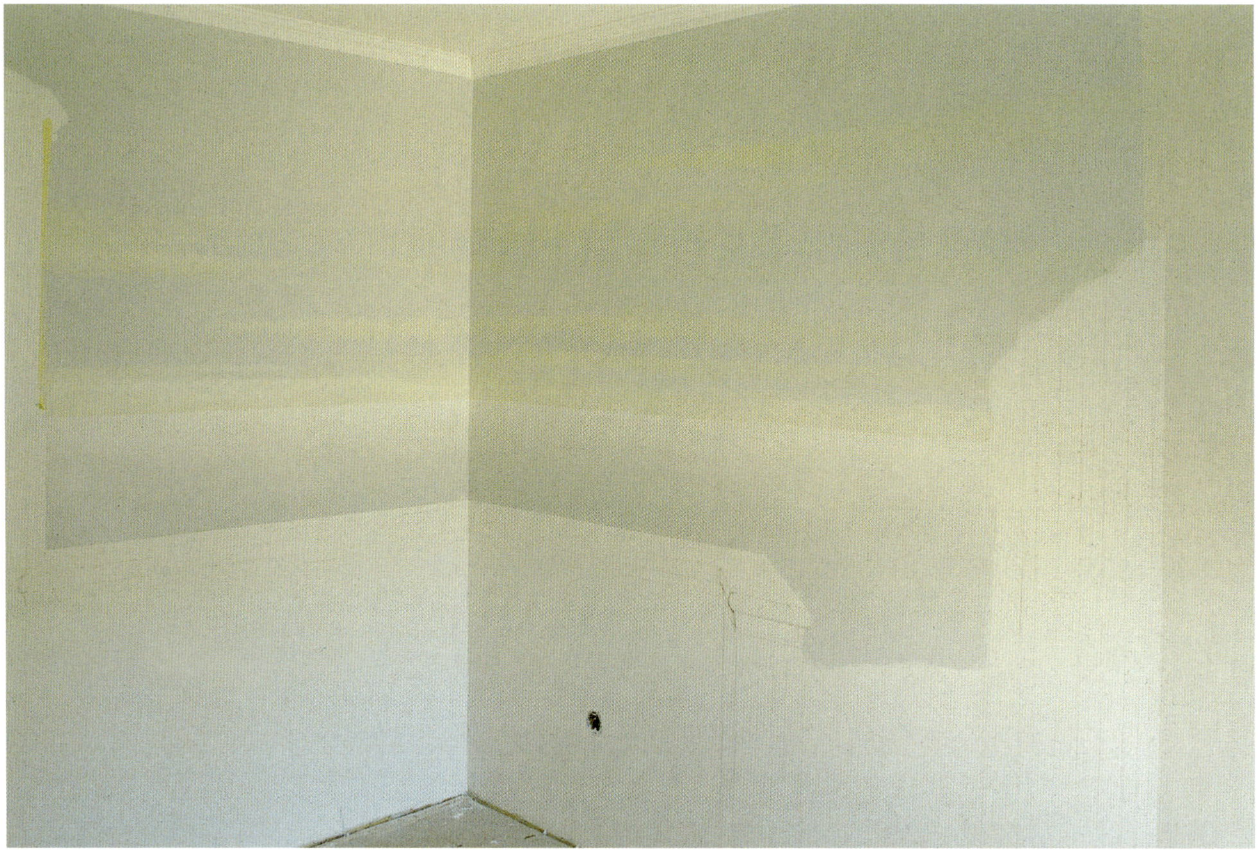

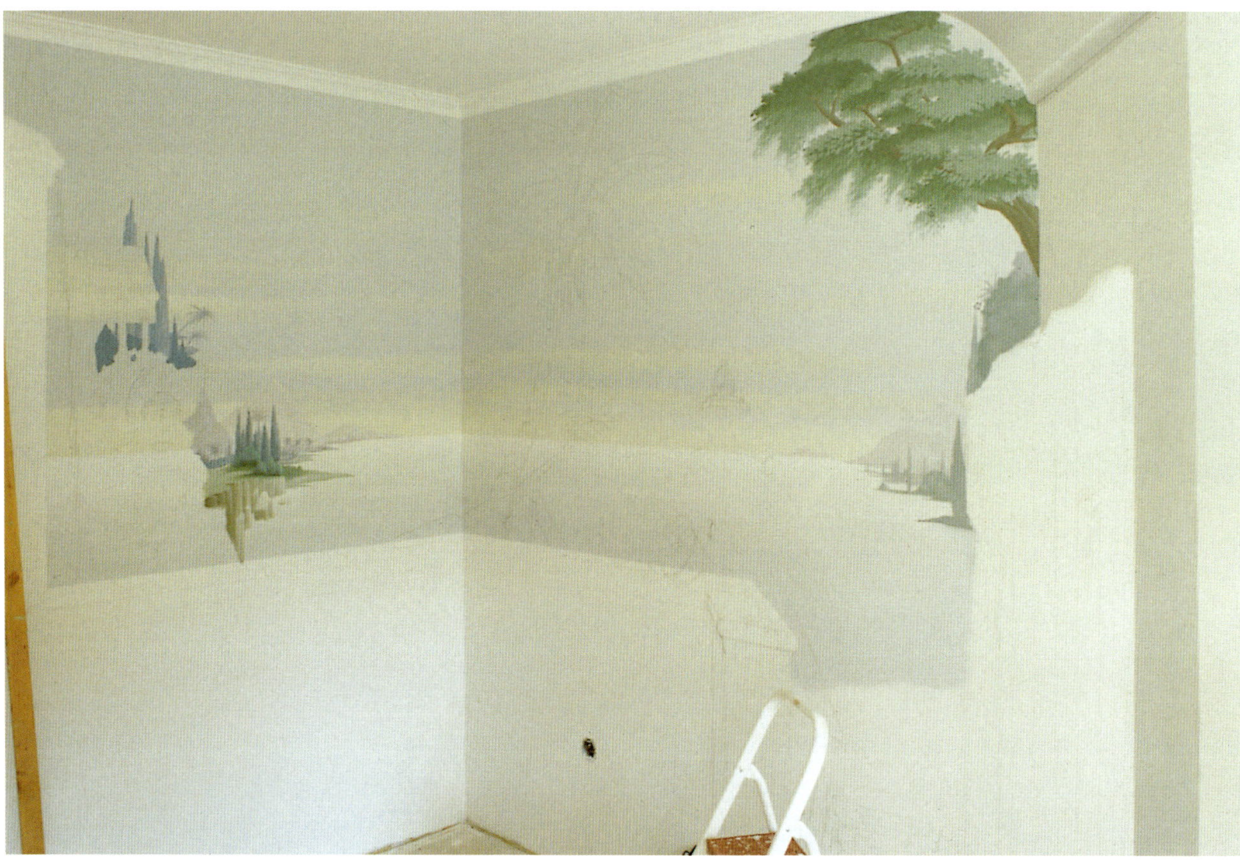

120–123 Die einzelnen Arbeitsschritte einer Illusionsmalerei in einem Eßzimmer

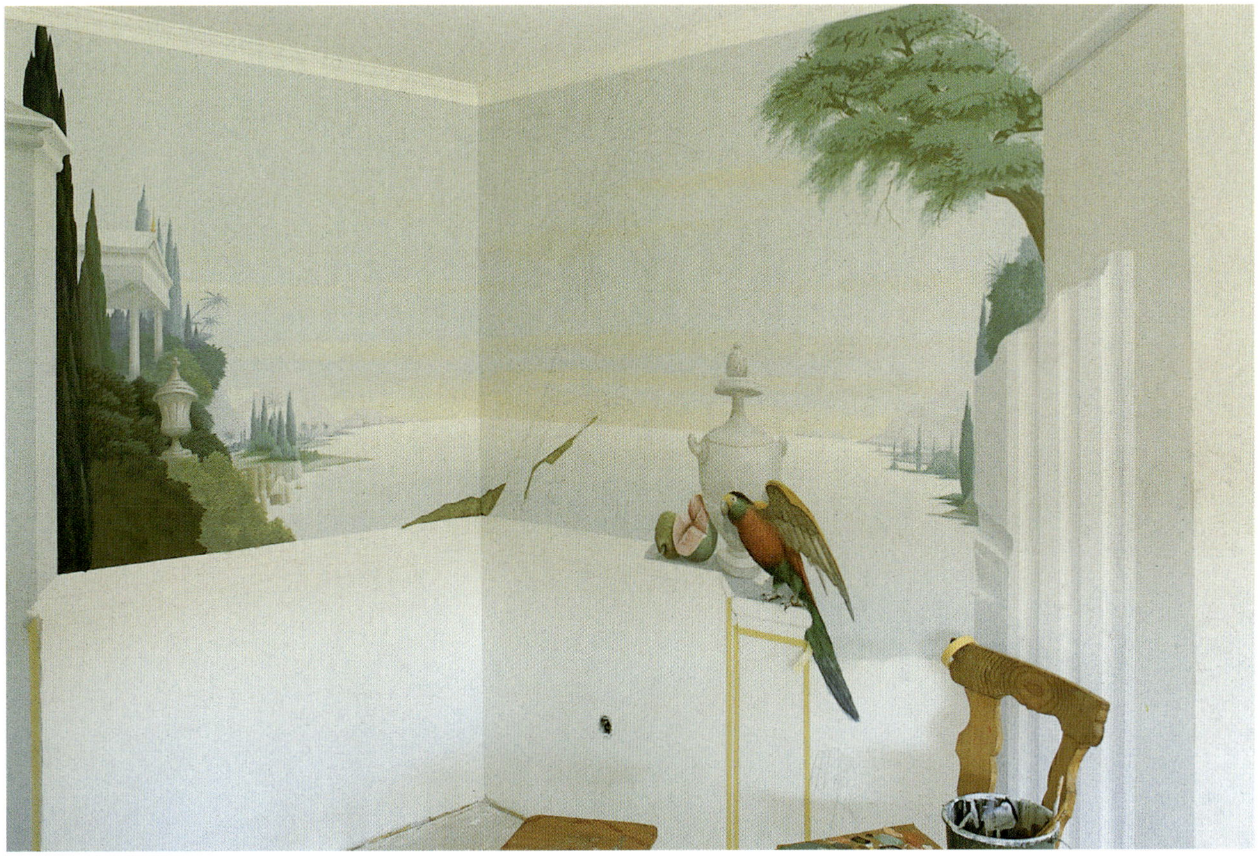

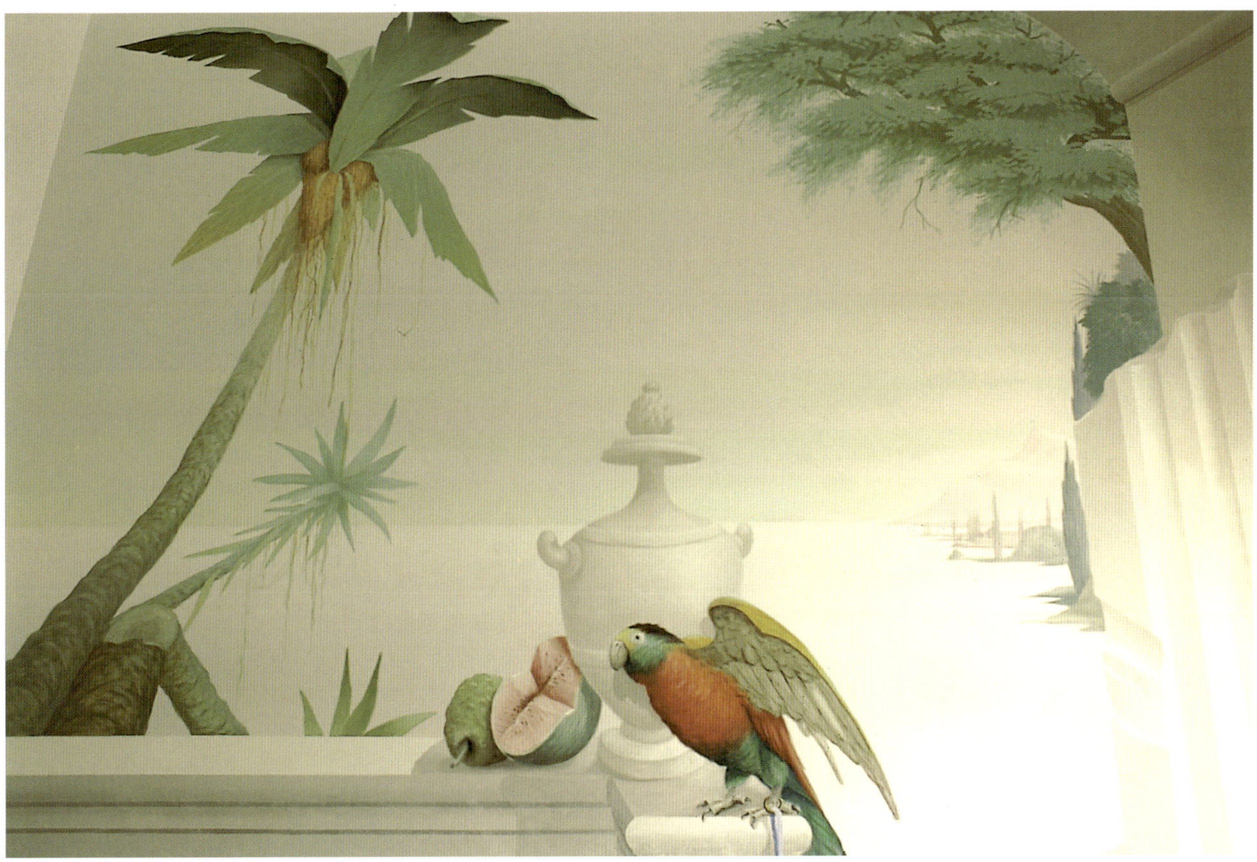

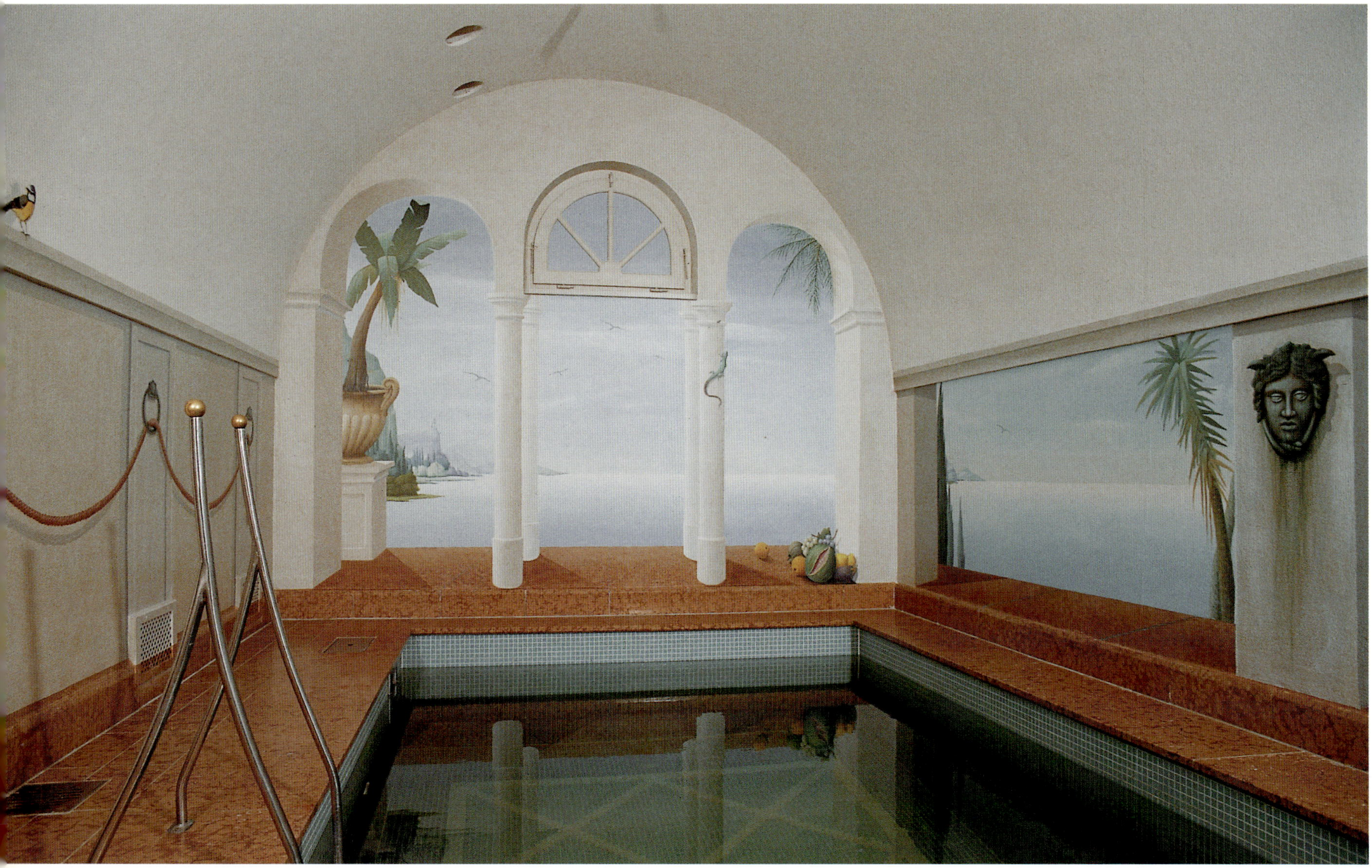

124–129 Mediterranes Wandbild in einer Schwimmhalle. Es sind die Details, die den Charme eines Wandbildes ausmachen: Besonders das Kippfenster in einer klassischen Säulenarchitektur ist eine zart-ironische Anspielung.

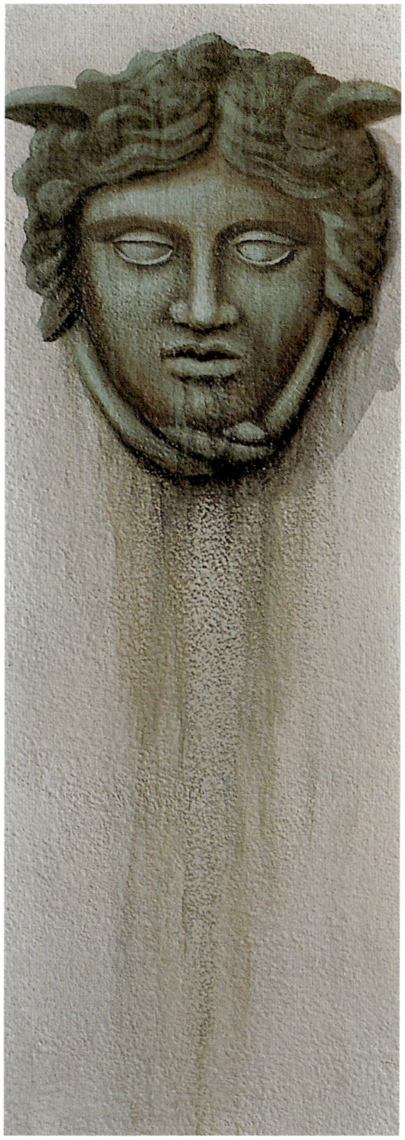

125 *Der Silenenkopf bietet eine Reminiszenz an antike mediterrane Feste am Strand und in heiligen Hainen.*

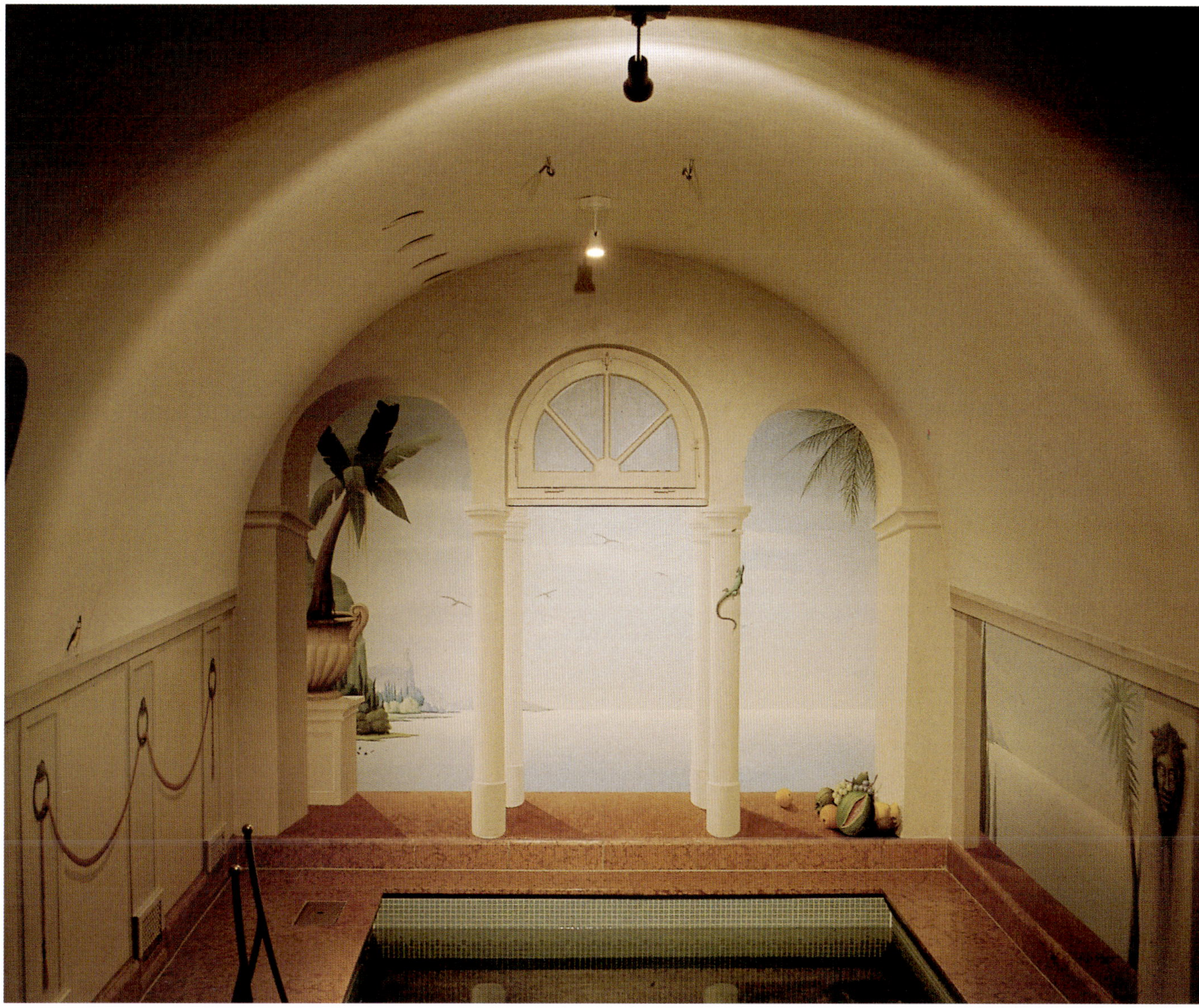

126 *Die richtige Beleuchtung taucht die Halle in strahlendes Licht.*

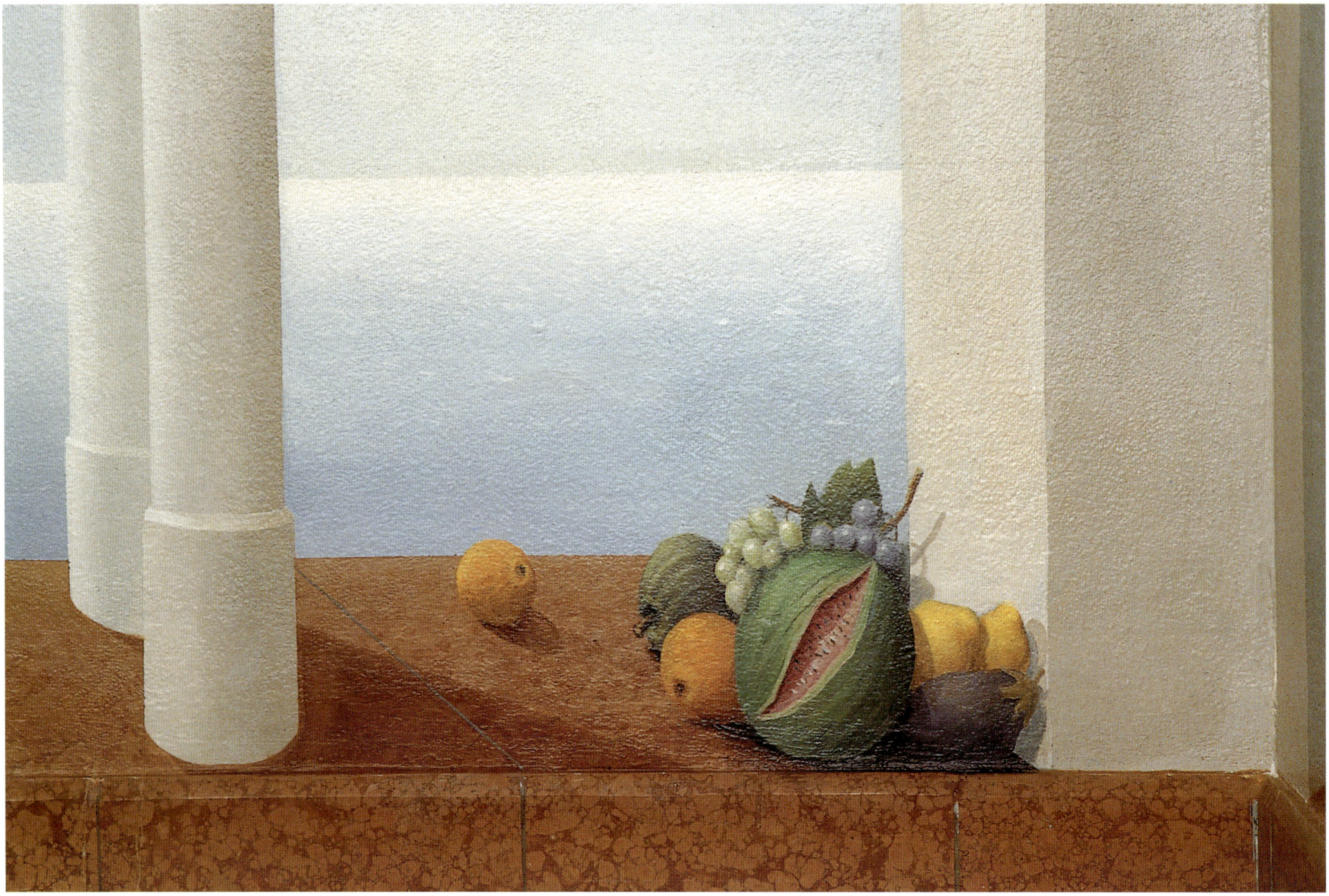

127△

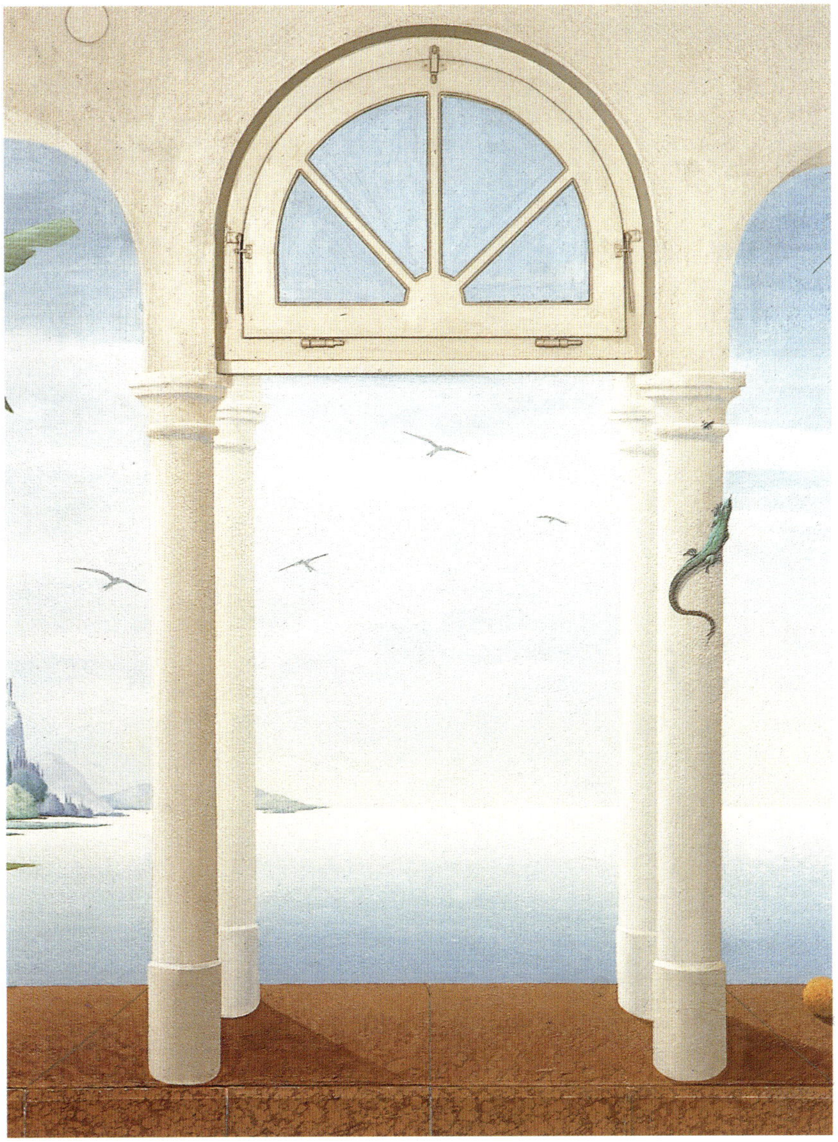

128 △

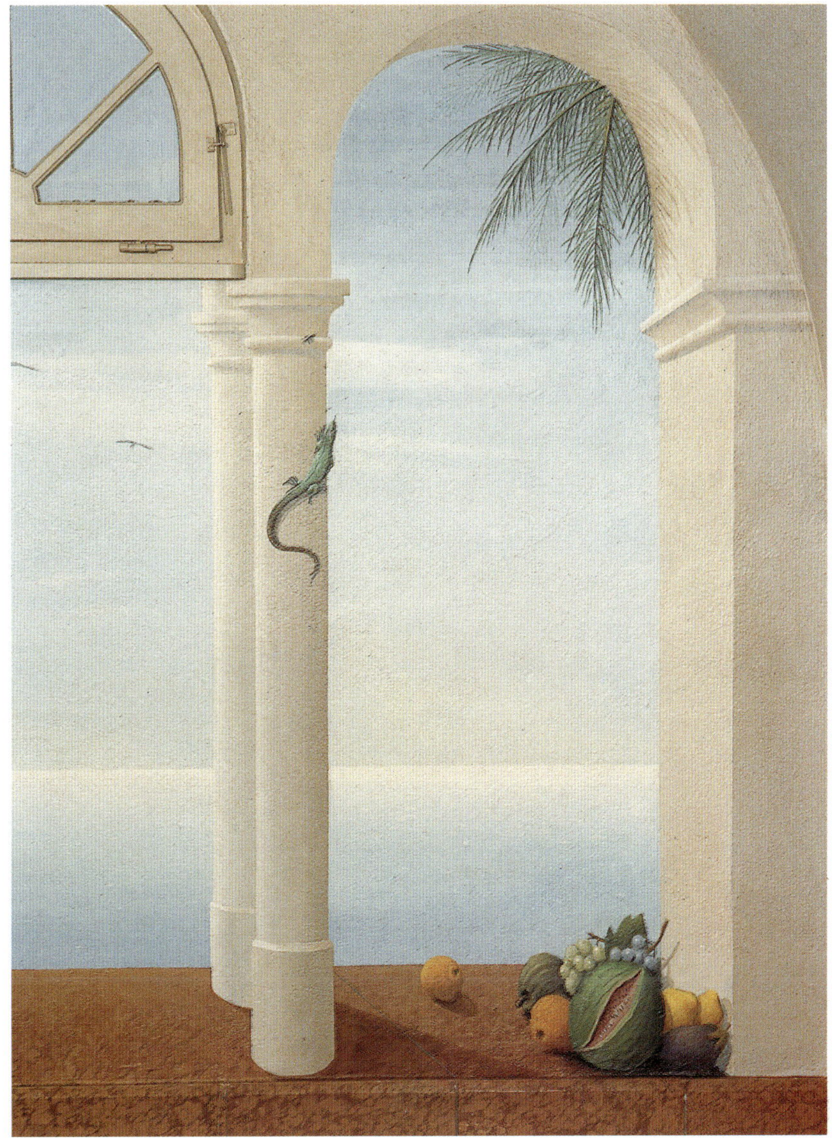

129 △

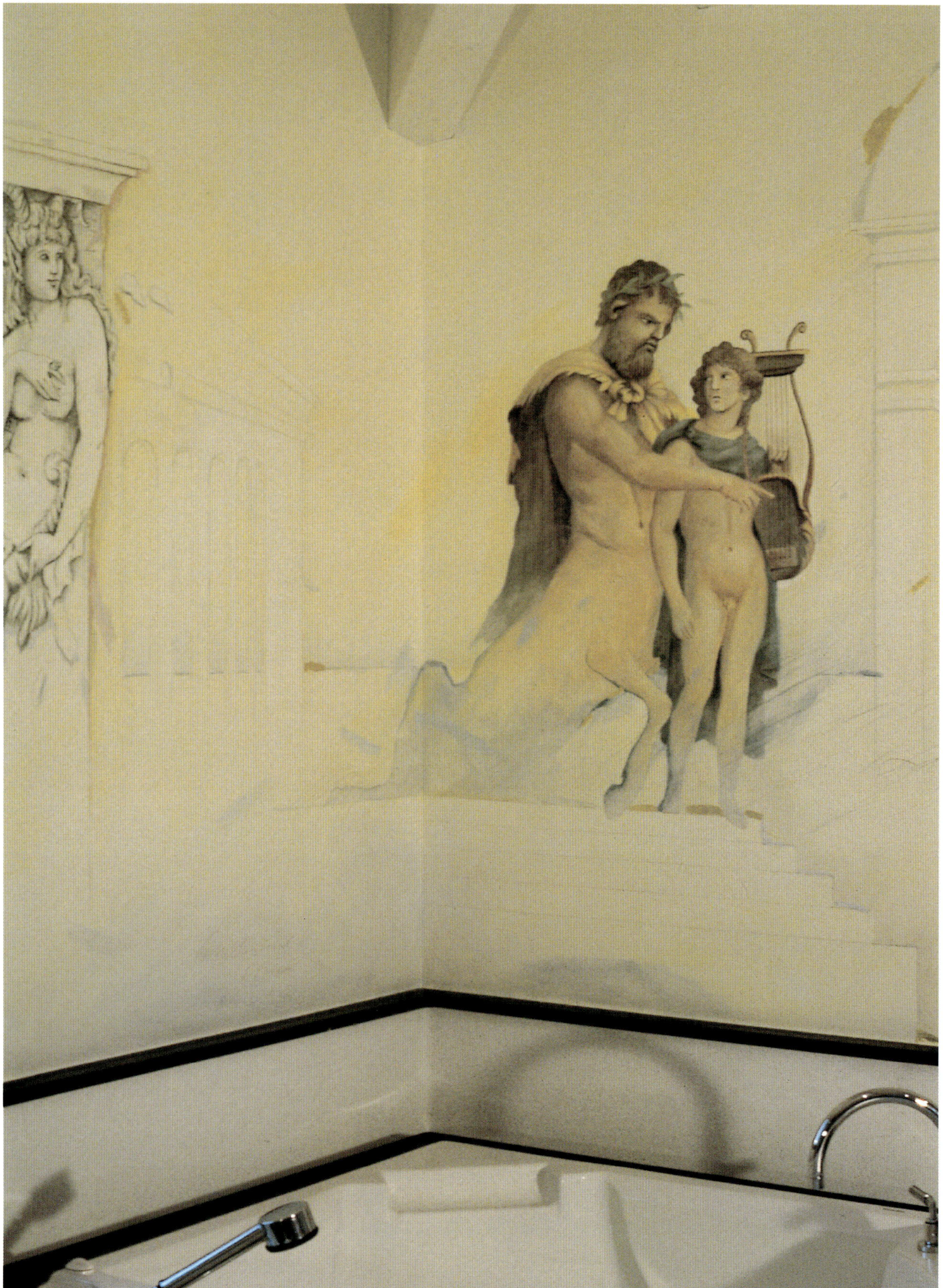

130–134 Illusionsmalerei in einem kleinen Bad. Sehr reizvoll ist hier der Kontrast zwischen Skizze und Fresco. Dadurch entsteht eine moderne, kollagenhafte Wirkung.

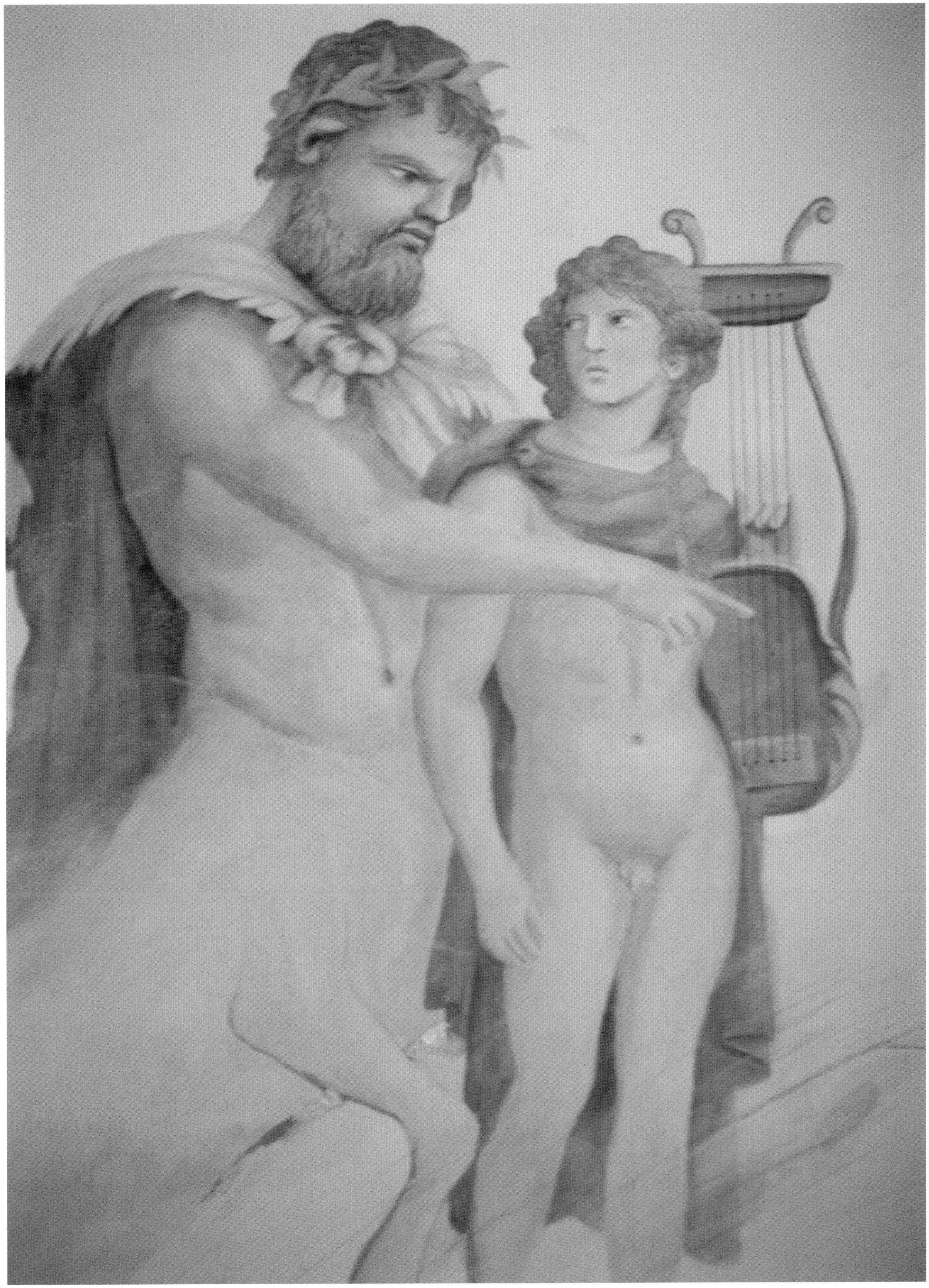

131 ▷

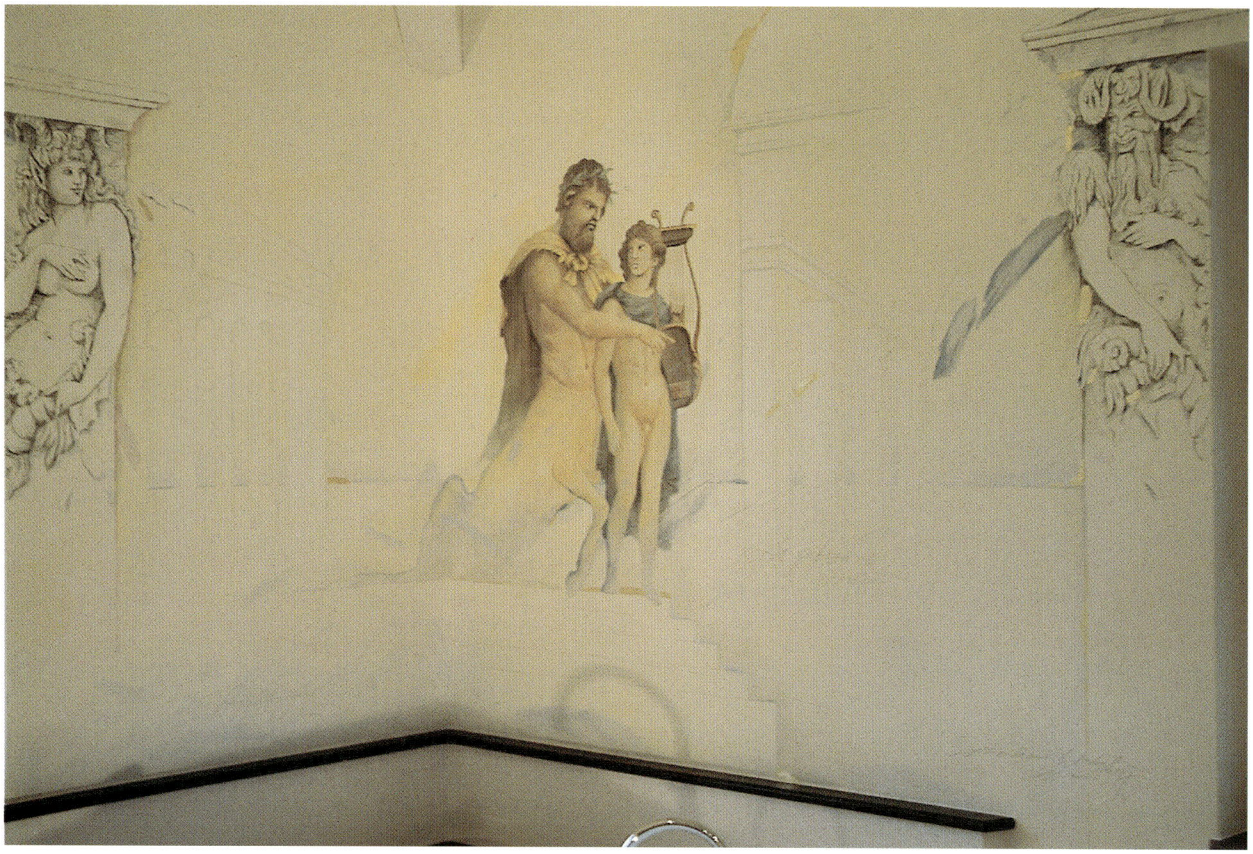

132 △

133 ▽

134 ▽

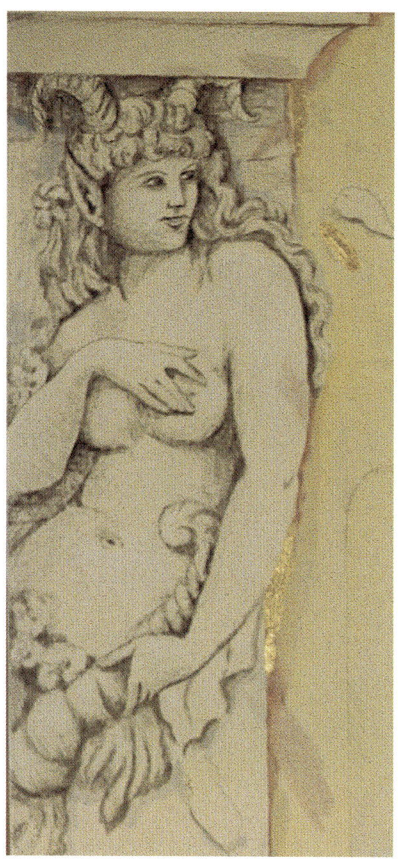

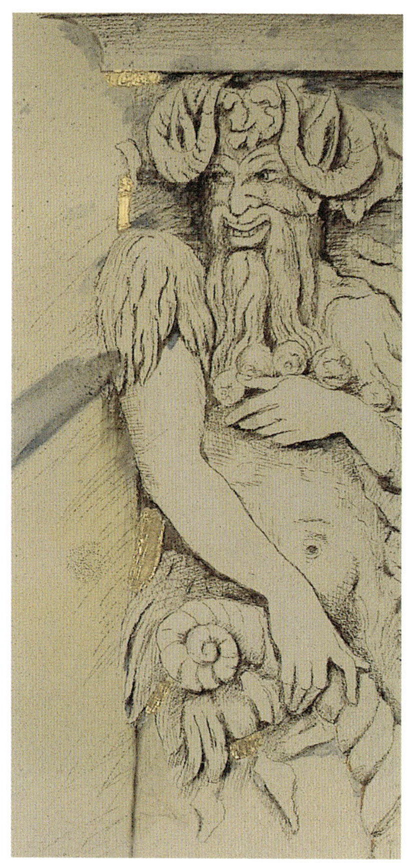

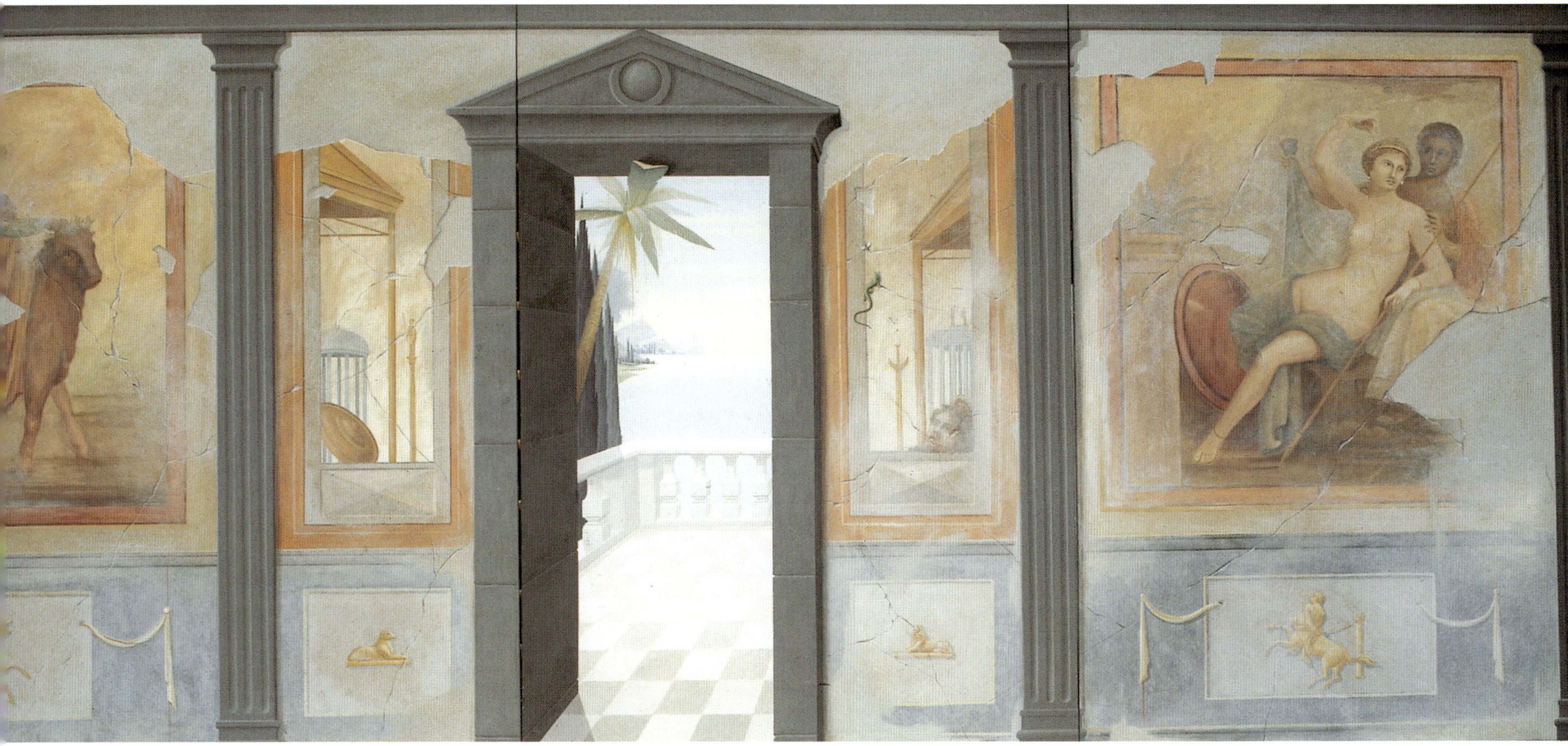

135 Ausgeführtes Triptychon, das für Messen und Ausstellungen eingesetzt wird. Die toskanische Villa – bevölkert von mythischen Gestalten, mit Blick auf die Dachterrasse und mit täuschend echt wirkender Eidechse auf der bemalten Wand – muß kein Traum bleiben.

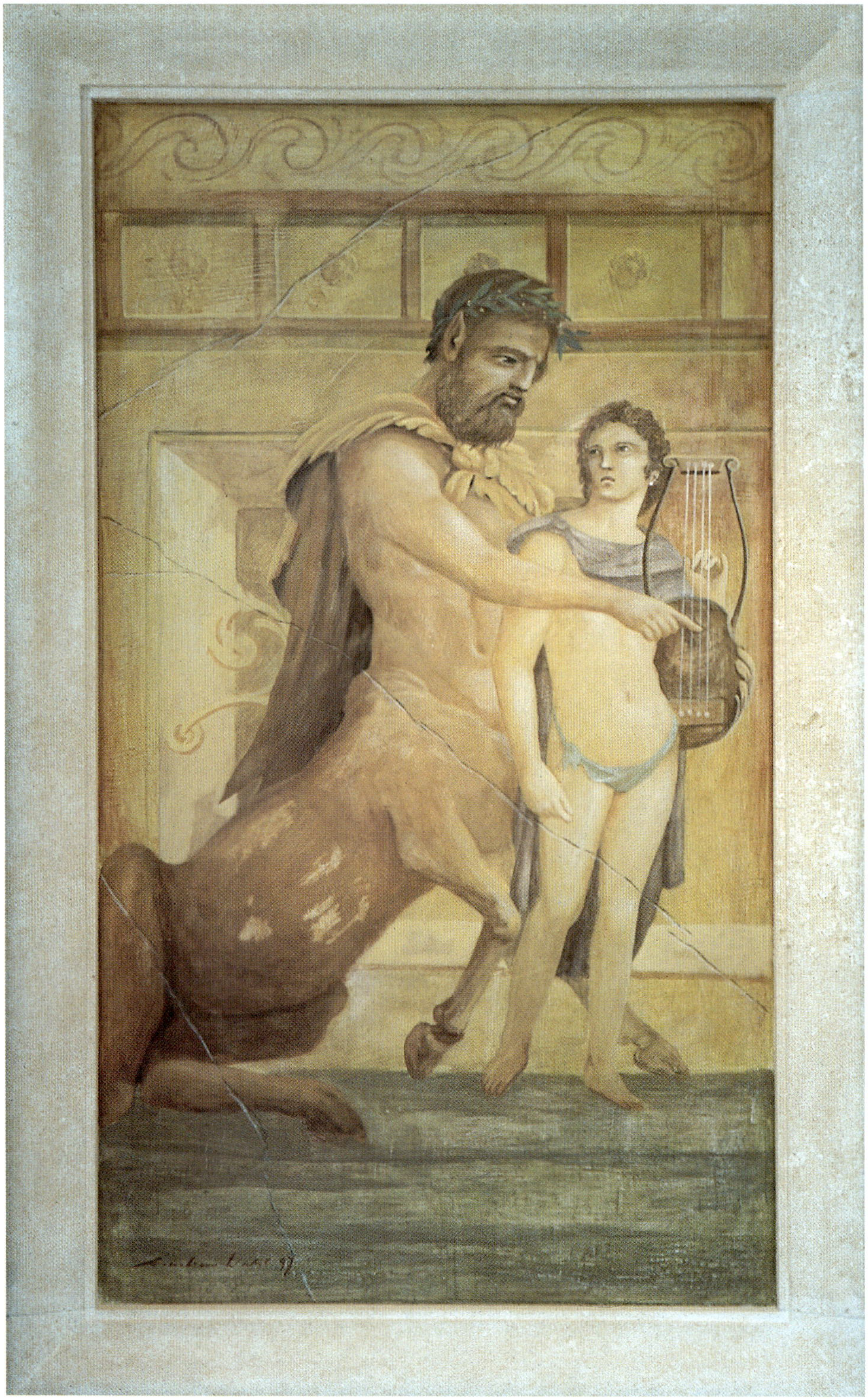

136 Achilles und Chiron im Herculaneum, pompejanische Wandmalerei in einem Schwimmbad.

137 Kleiner römischer Löwenkopf auf den Säulen im Eingangsbereich des Schwimmbades

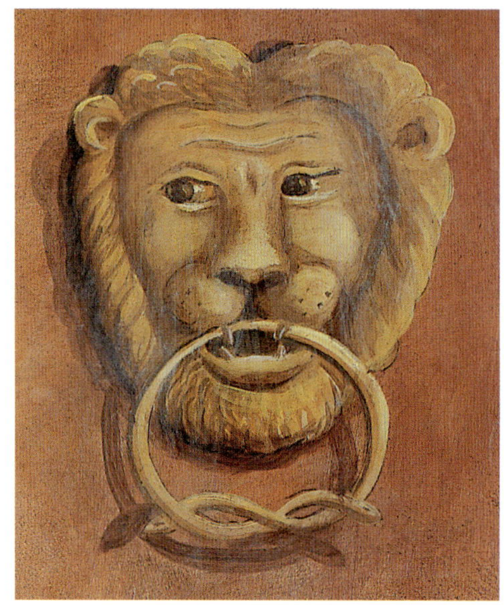

138–153 Pompejanische Malerei mit Ausblick auf die mediterrane Landschaft. Der Kontrast Innen - Außen wurde durch warme/kalte Töne bei der Malerei unterstützt. Die Beleuchtung unterstreicht mit Warm- und Kaltlicht diese Wirkung.

138 Glättetechnik, Lasurtechnik und Fresco-Imitationen. ▷

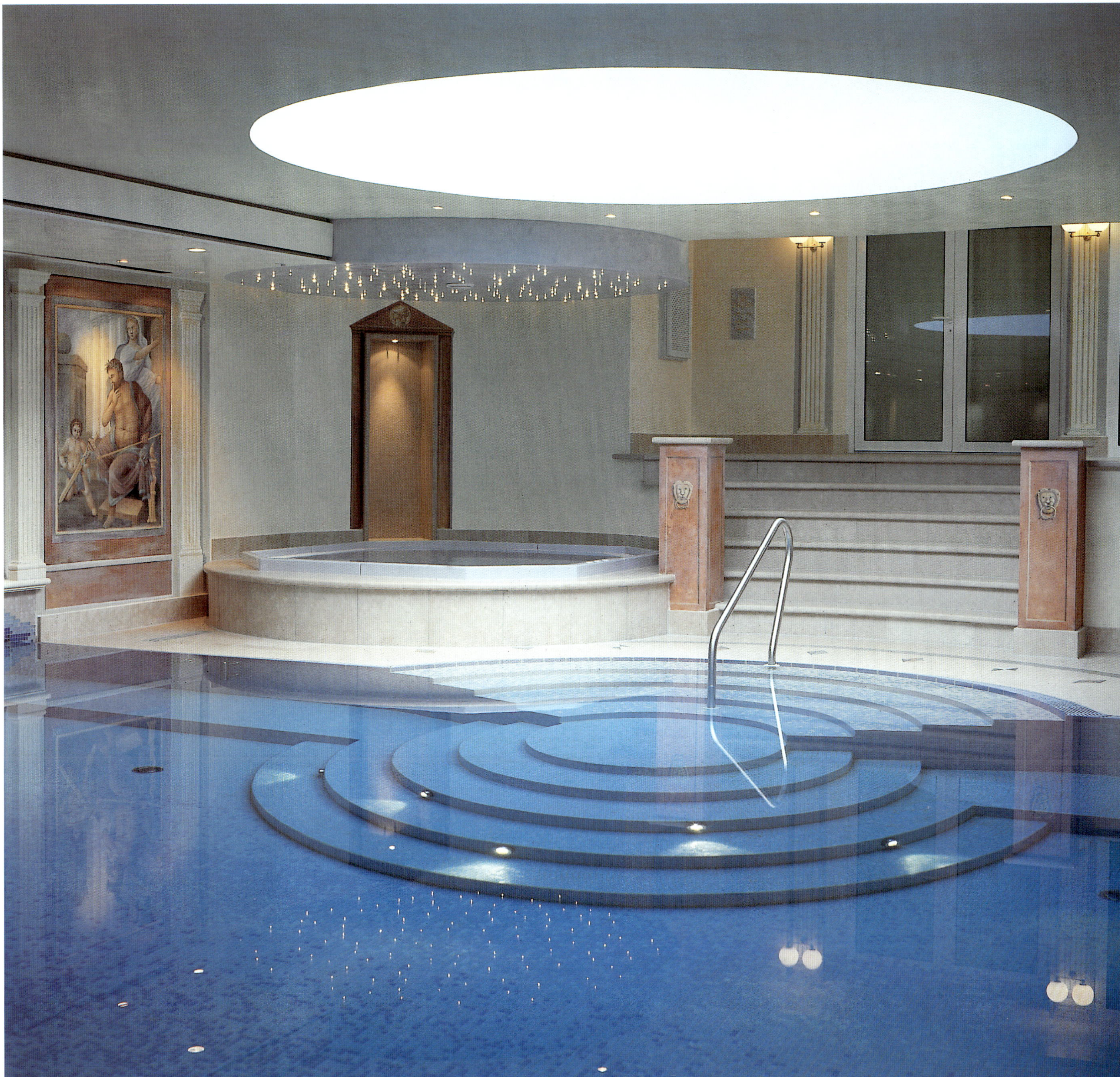

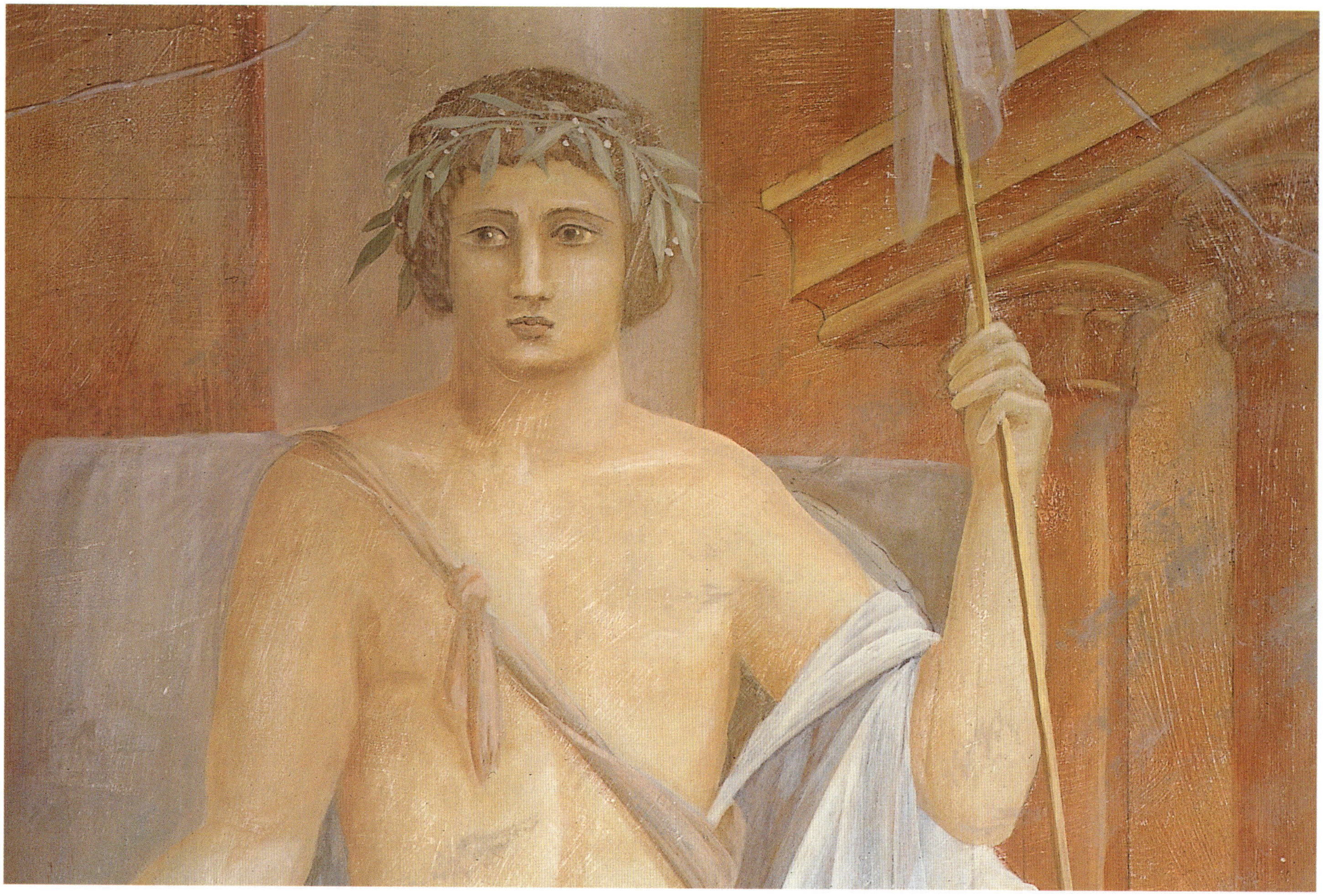

139 Bacchus im Haus des Schiffers, vermutlich Casa della nave Europa.

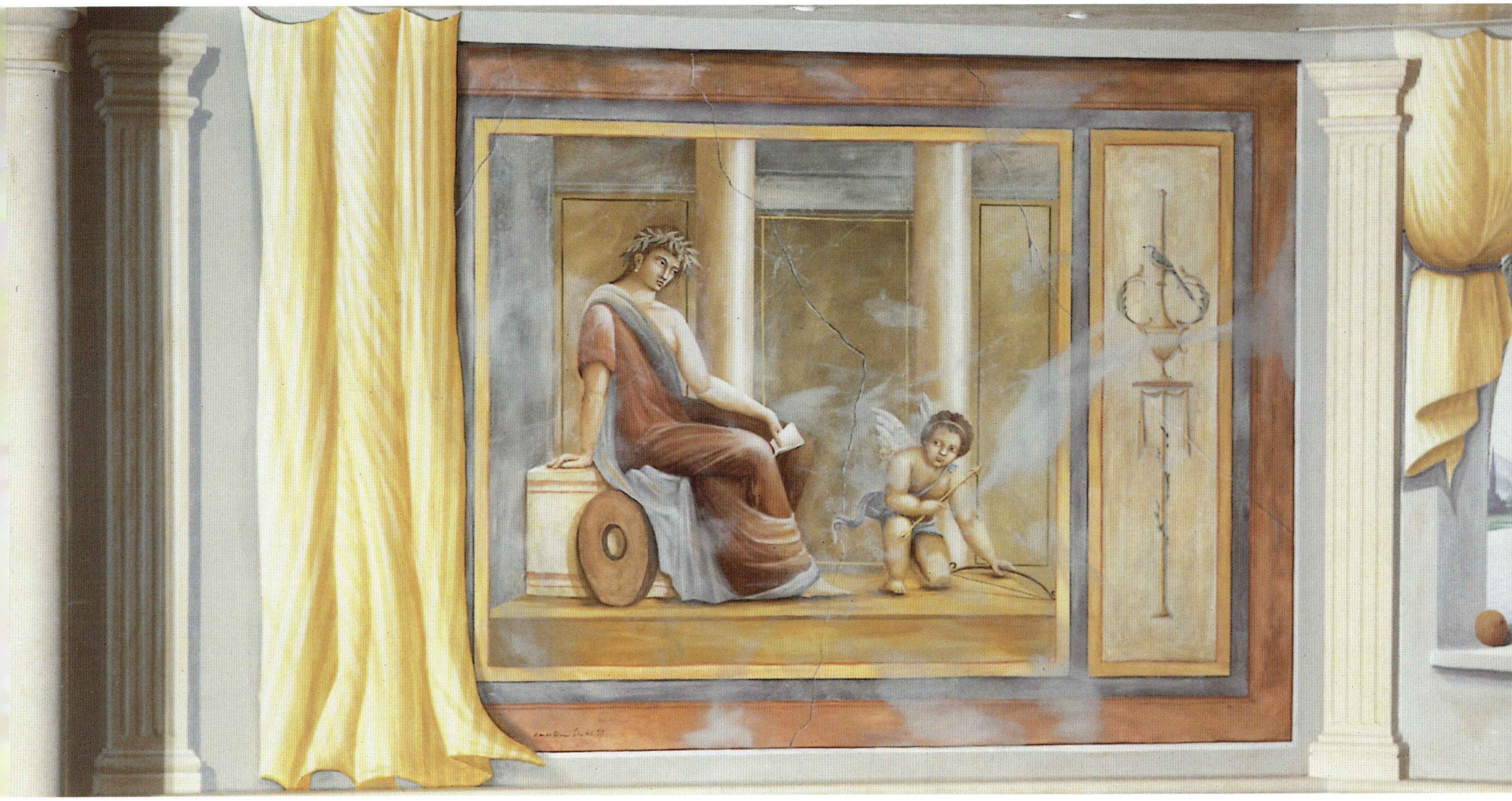

140 Vermutlich Amor und Psyche,
Casa del collonnato tuscanico, Pompeji.

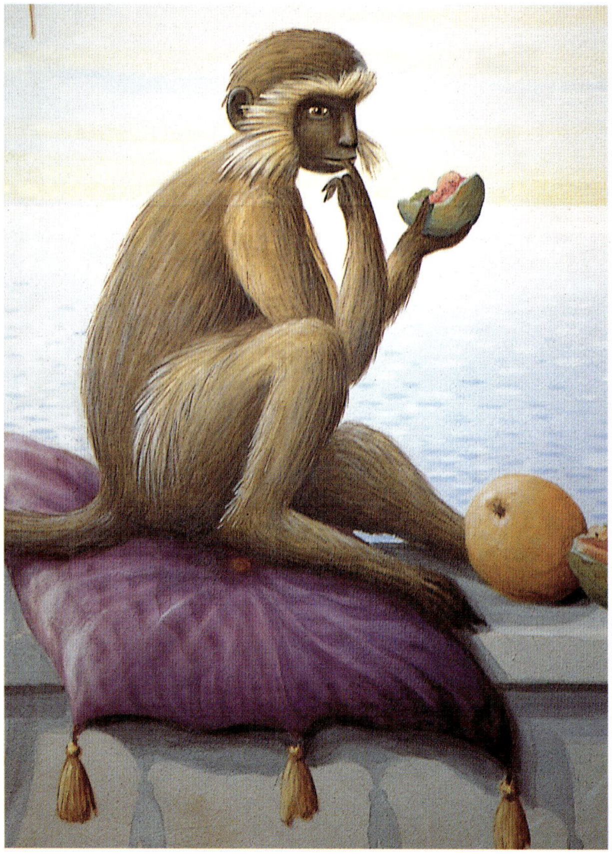

141, 142 *Details aus der Wandmalerei in einem Schwimmbad.*

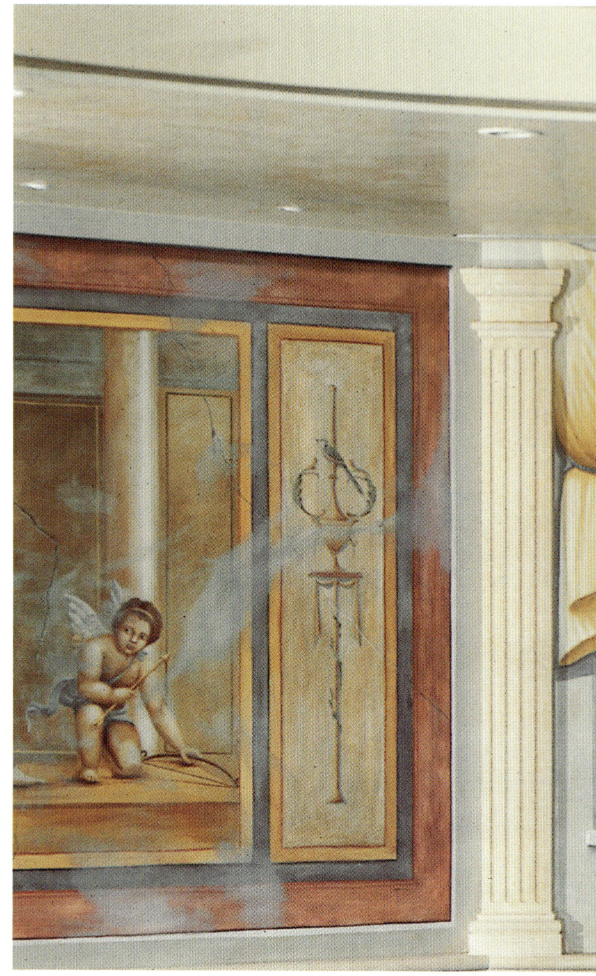

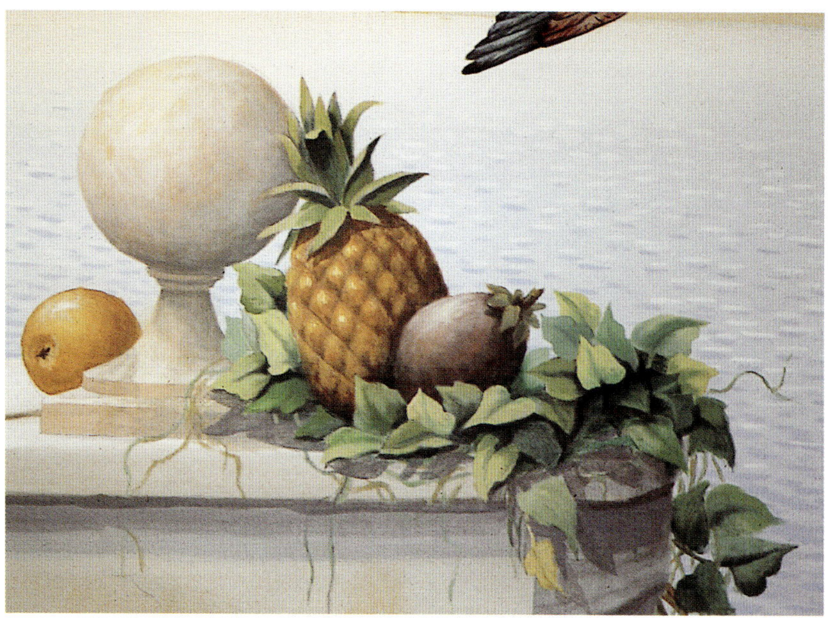

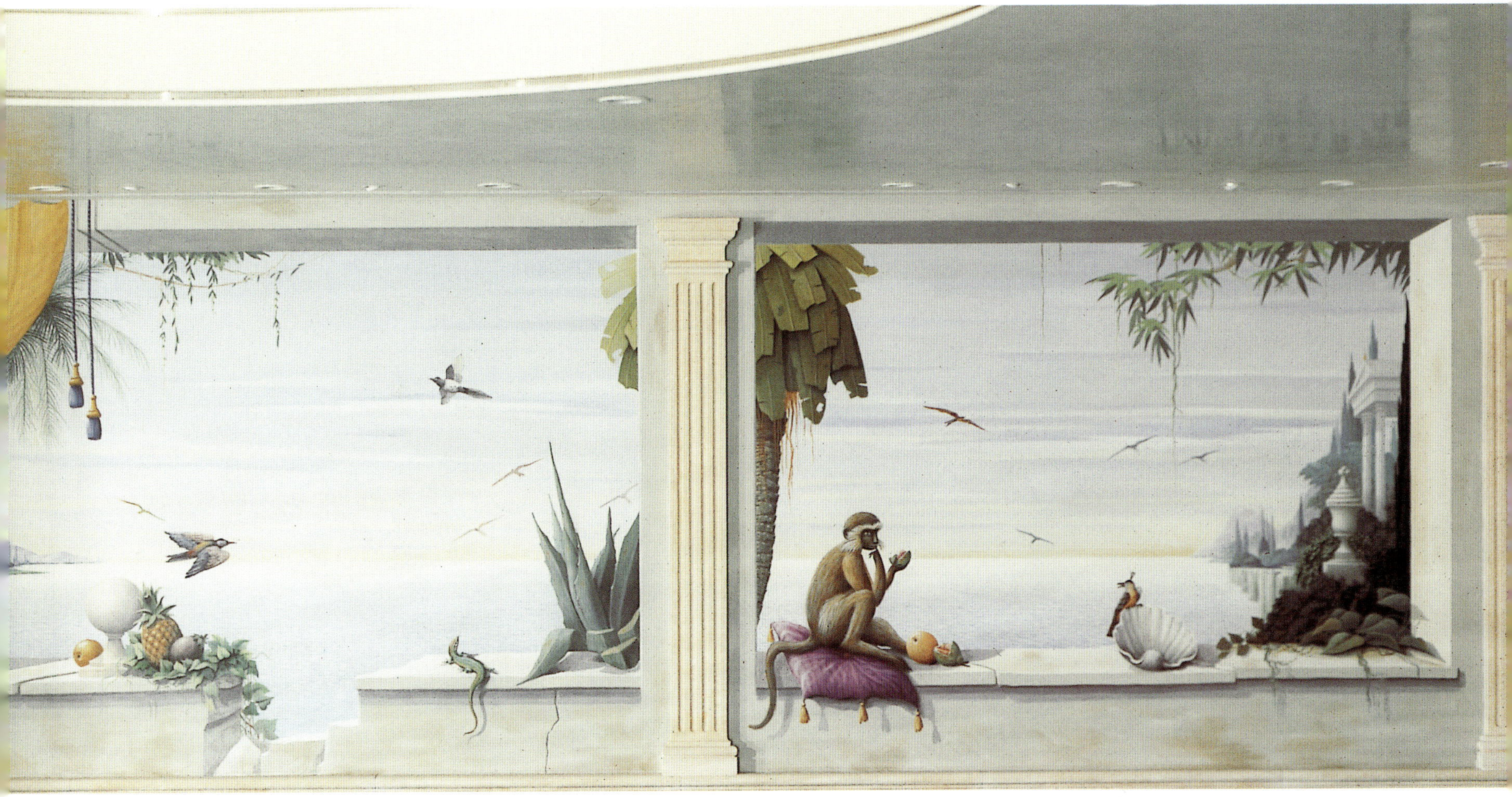

143 Panorama-Ausblick, eingerahmt von aufgesetzten Wandpilastern.

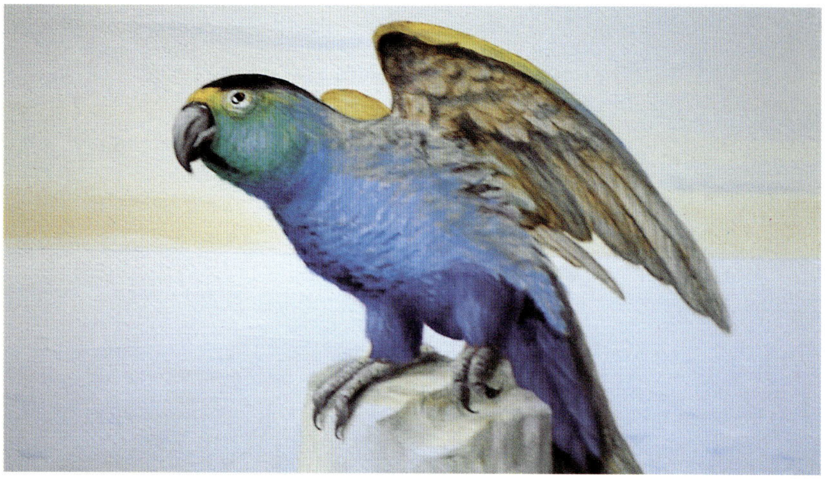

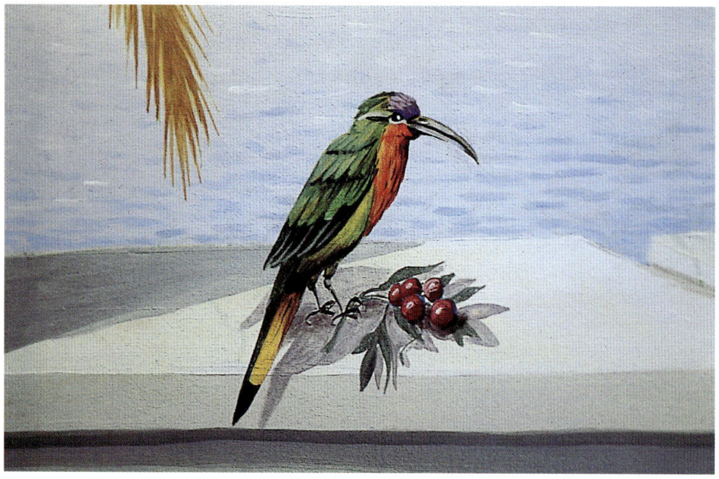

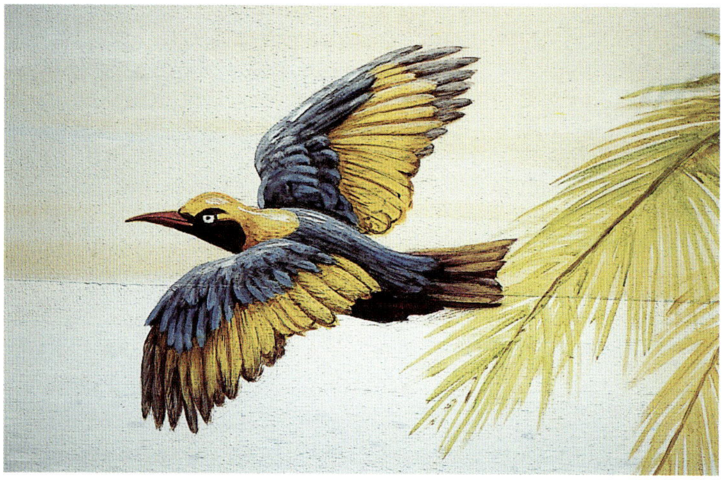

144–146 Details aus der Schwimmbadmalerei.

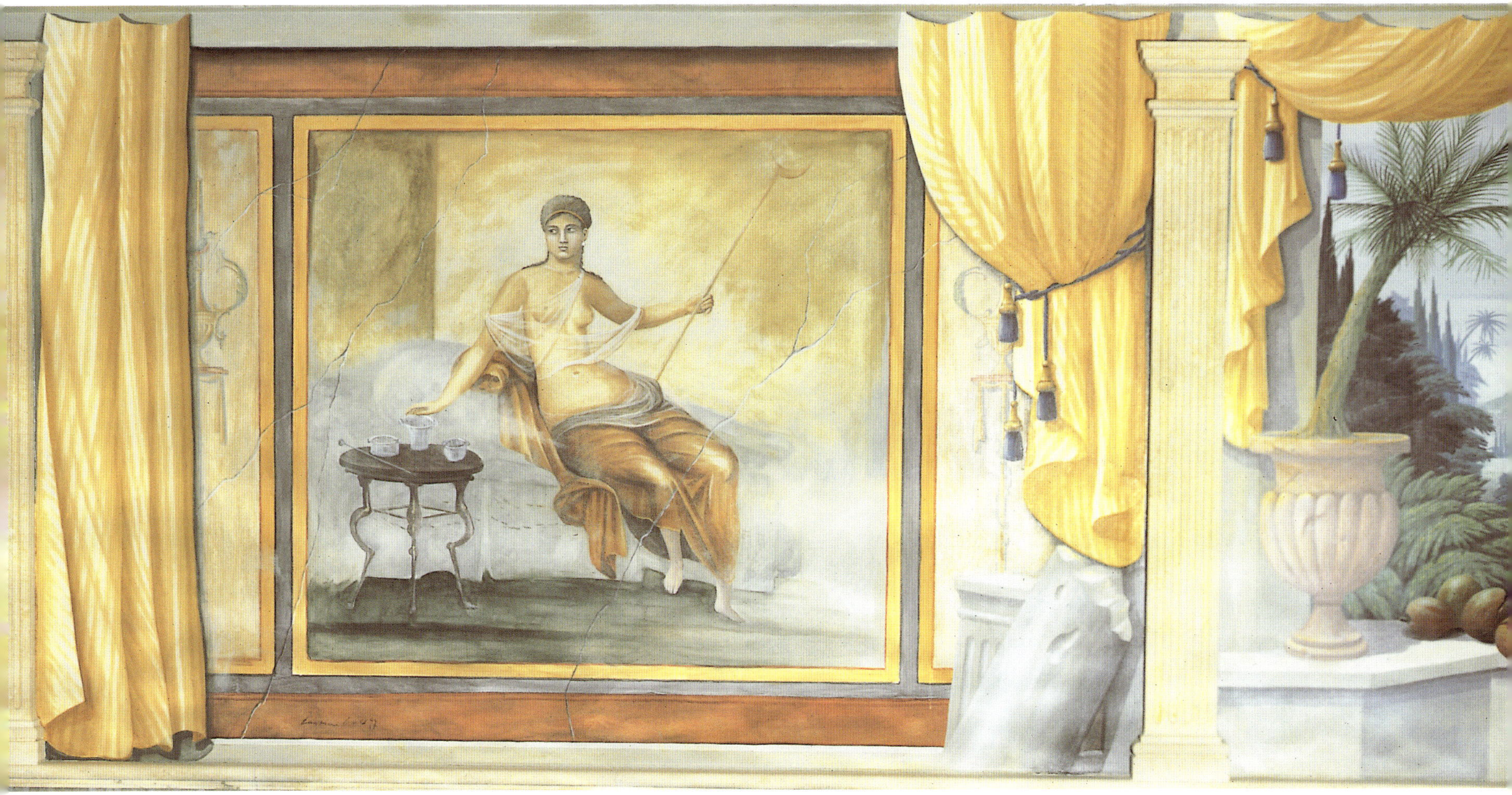

147 Bankett mit Kurtisane aus dem Herculaneum, Pompeji.

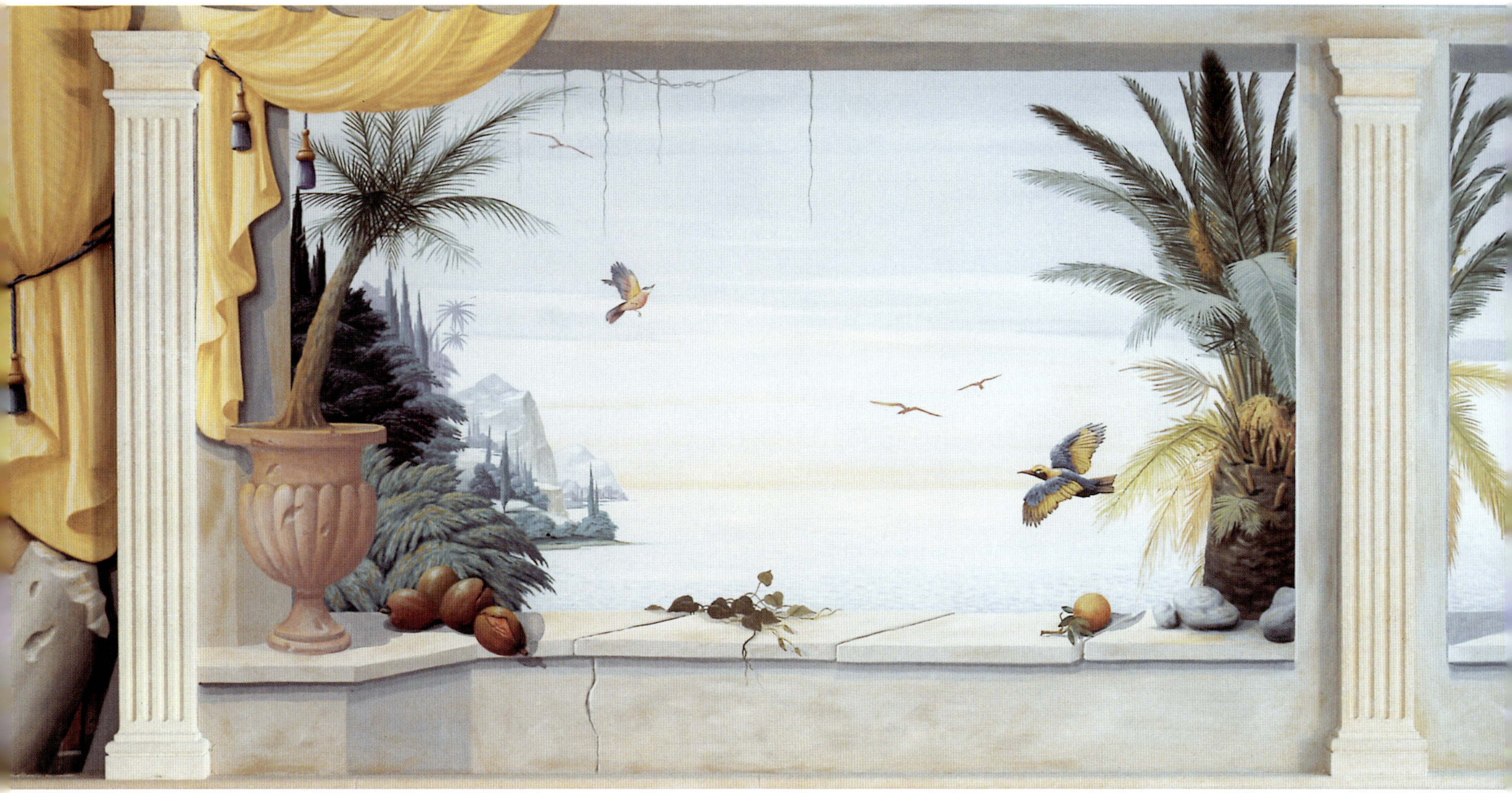

148, 149 Ausblicke auf die mediterrane Landschaft.

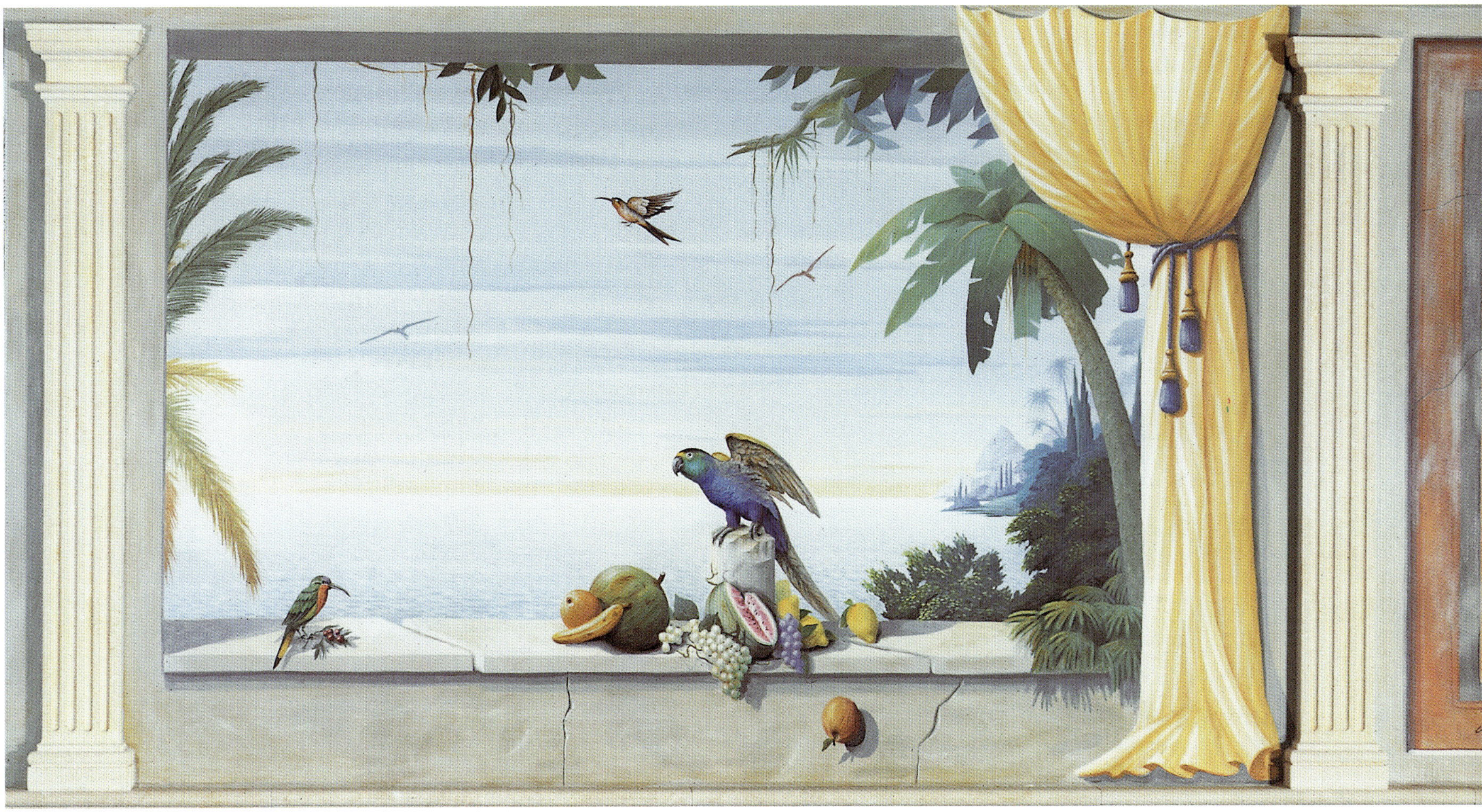

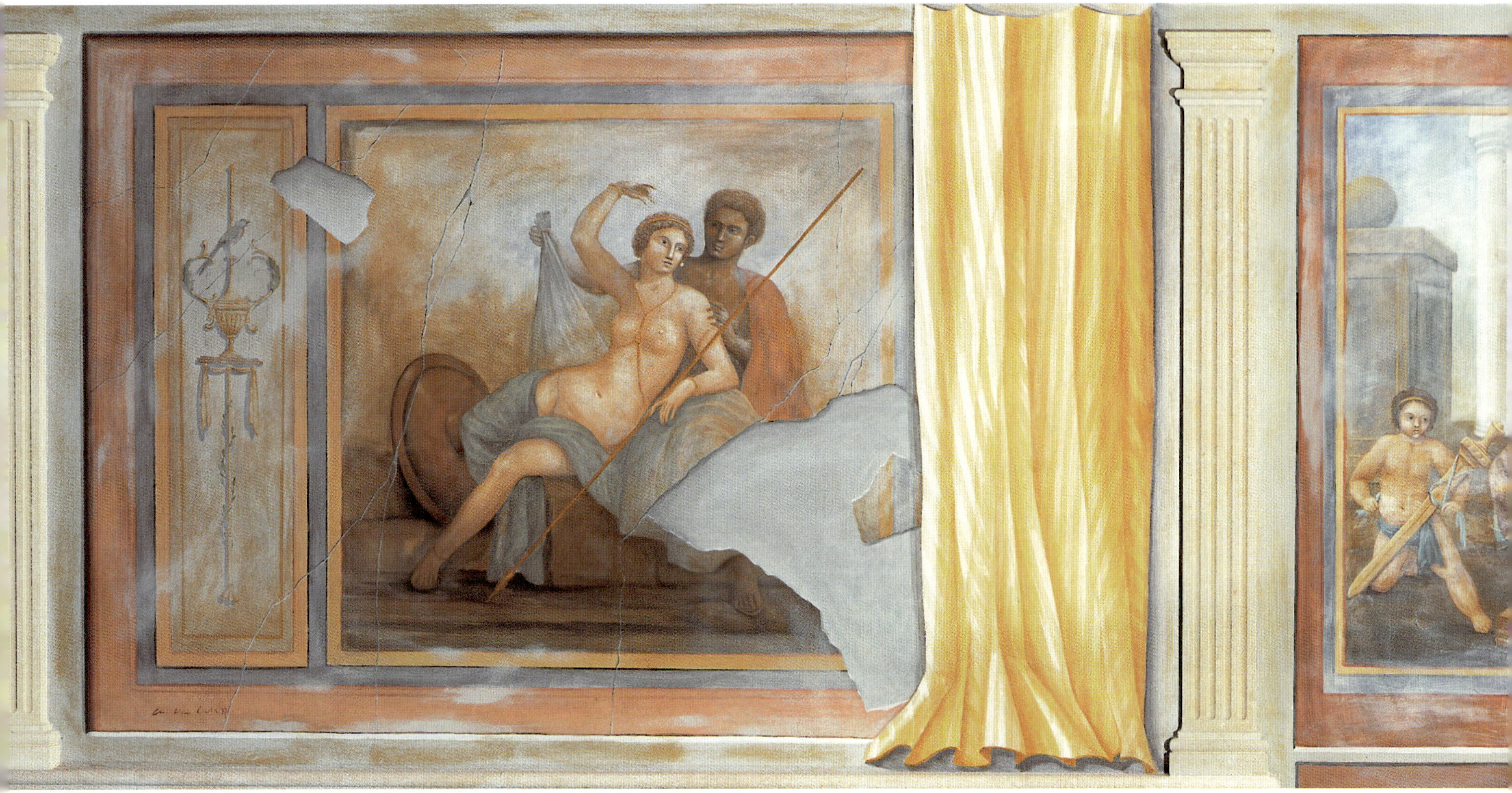

150 Casa di Marte e Venere (Venus), Pompeji.

151 *Casa dei Vetii, Herkules als Knabe.*

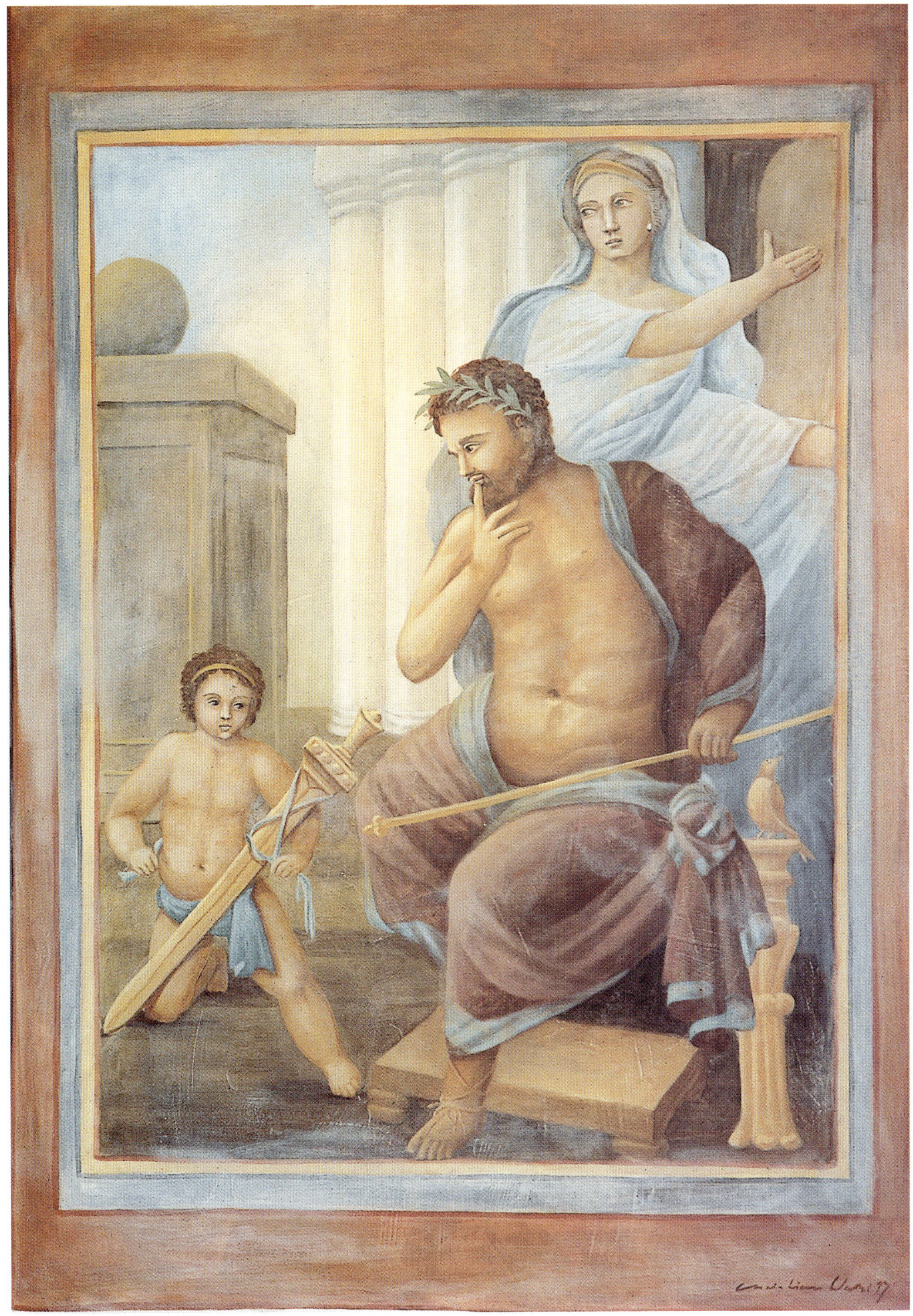

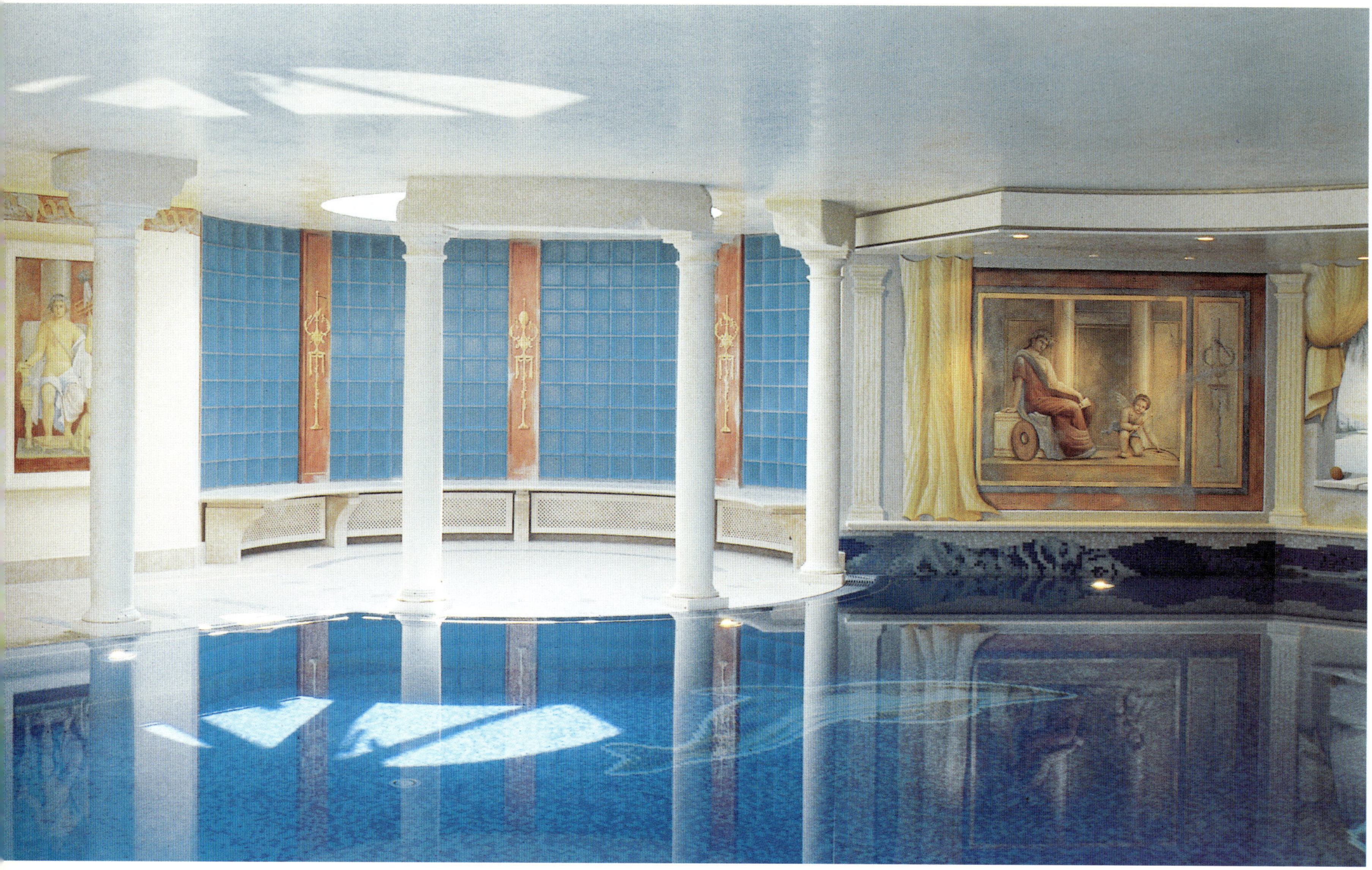

152,153 Blick auf die Säulenarchitektur mit aufgesetzten Quadern als Imitation

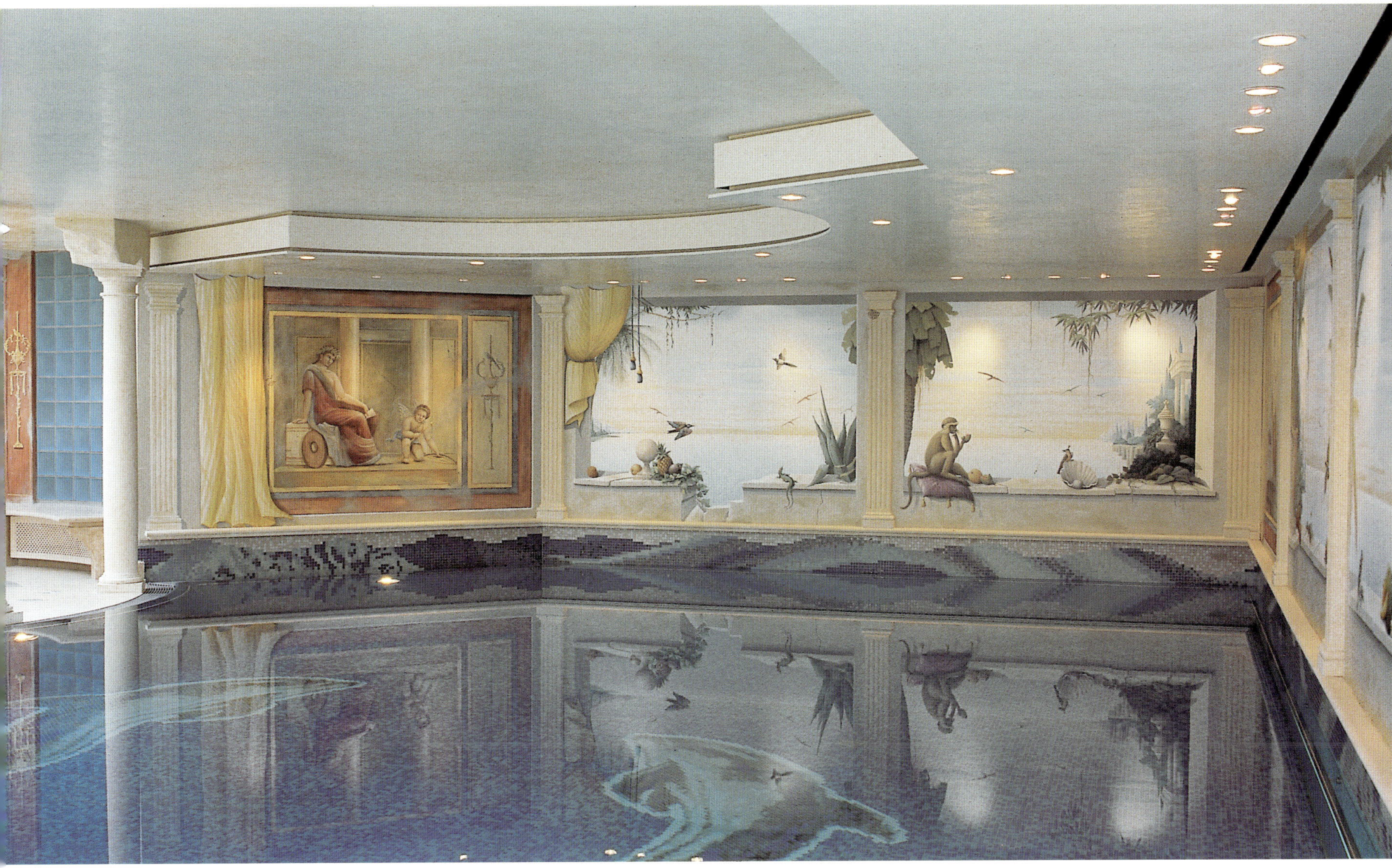

154–157 Dschungelmalerei auf dem Kranzgesims eines Treppenhauses. Der dunstig gemalte Hintergrund vermittelt den Eindruck traumhafter Wirklichkeit.

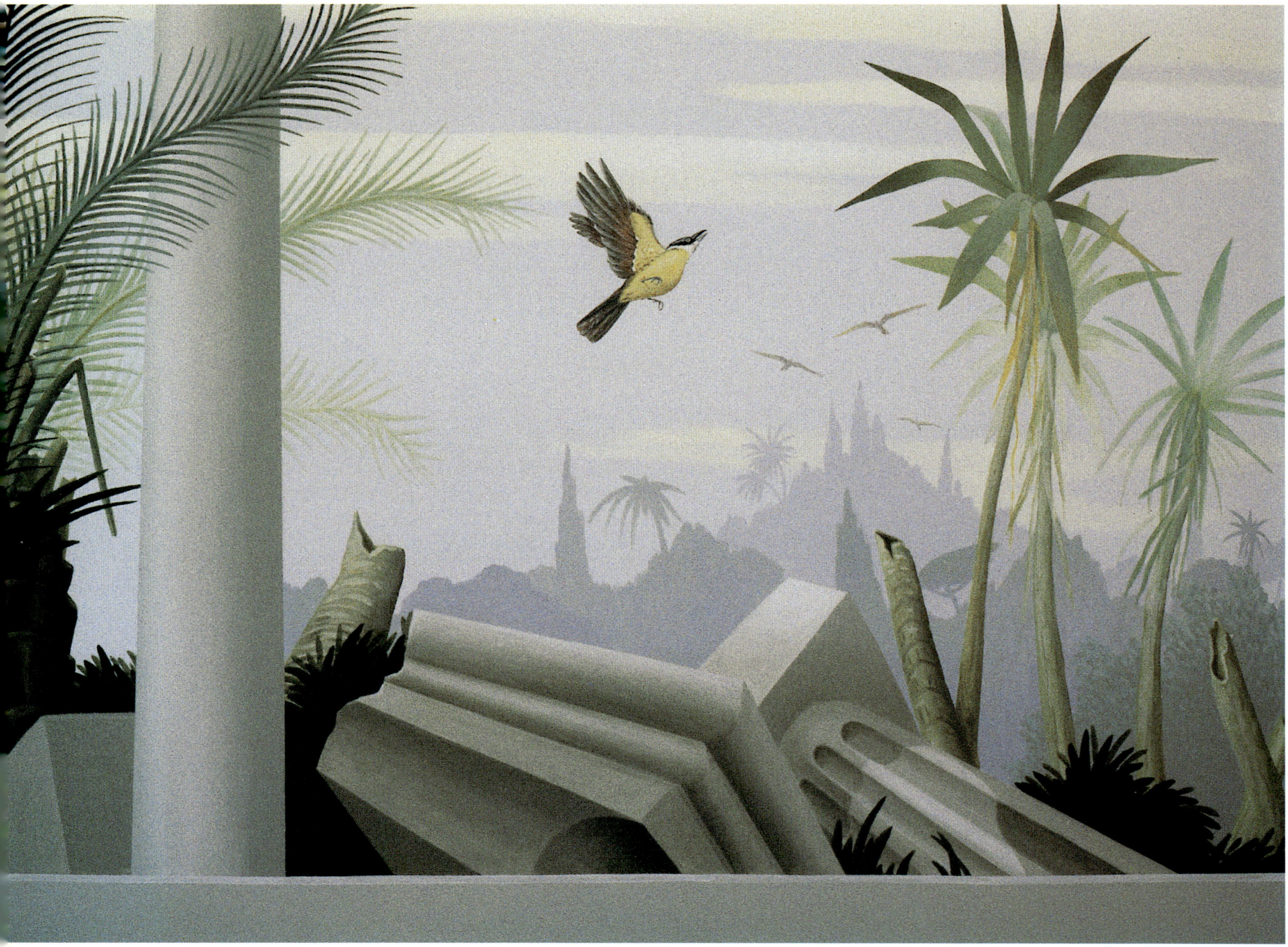

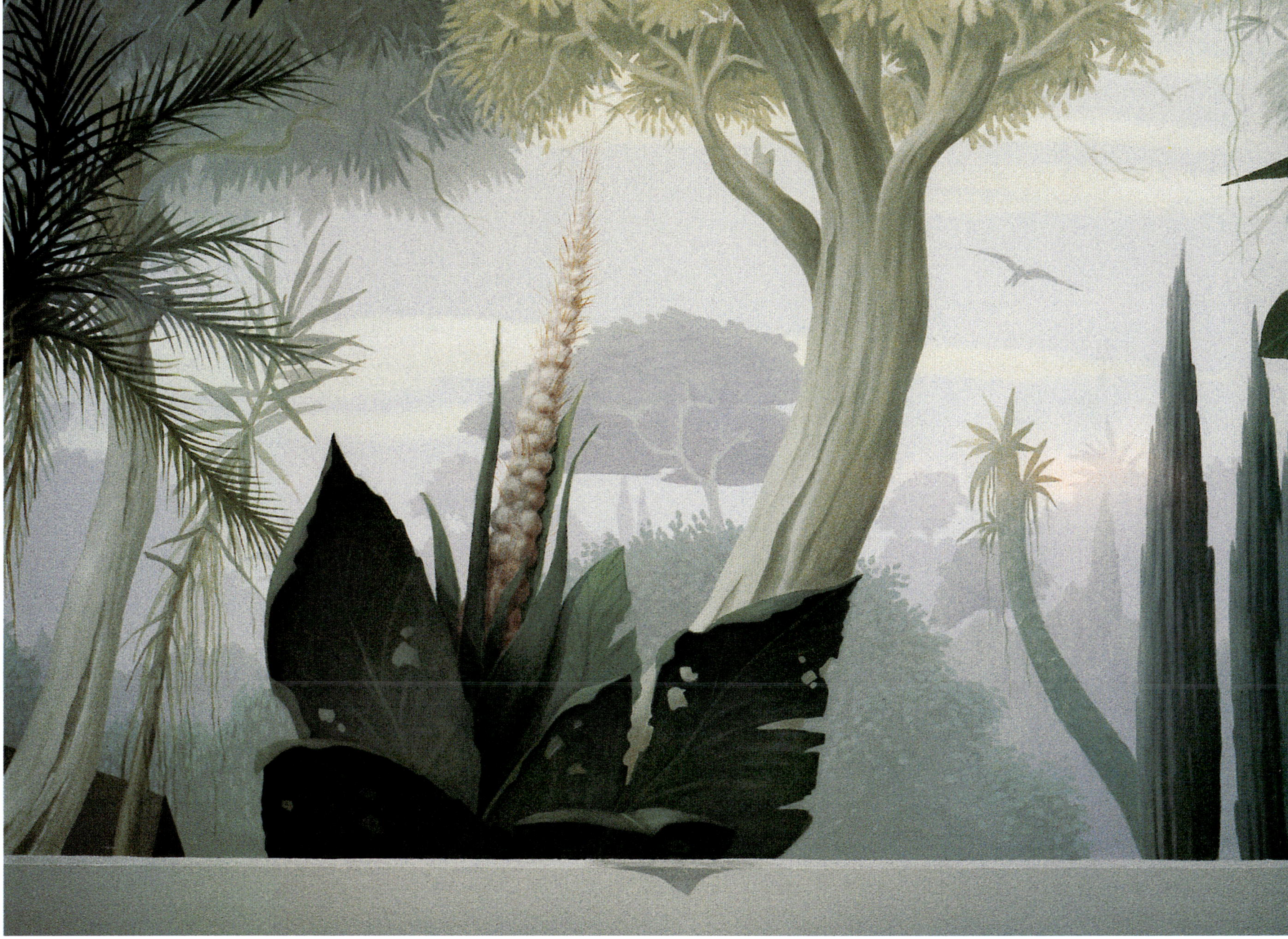

155 △

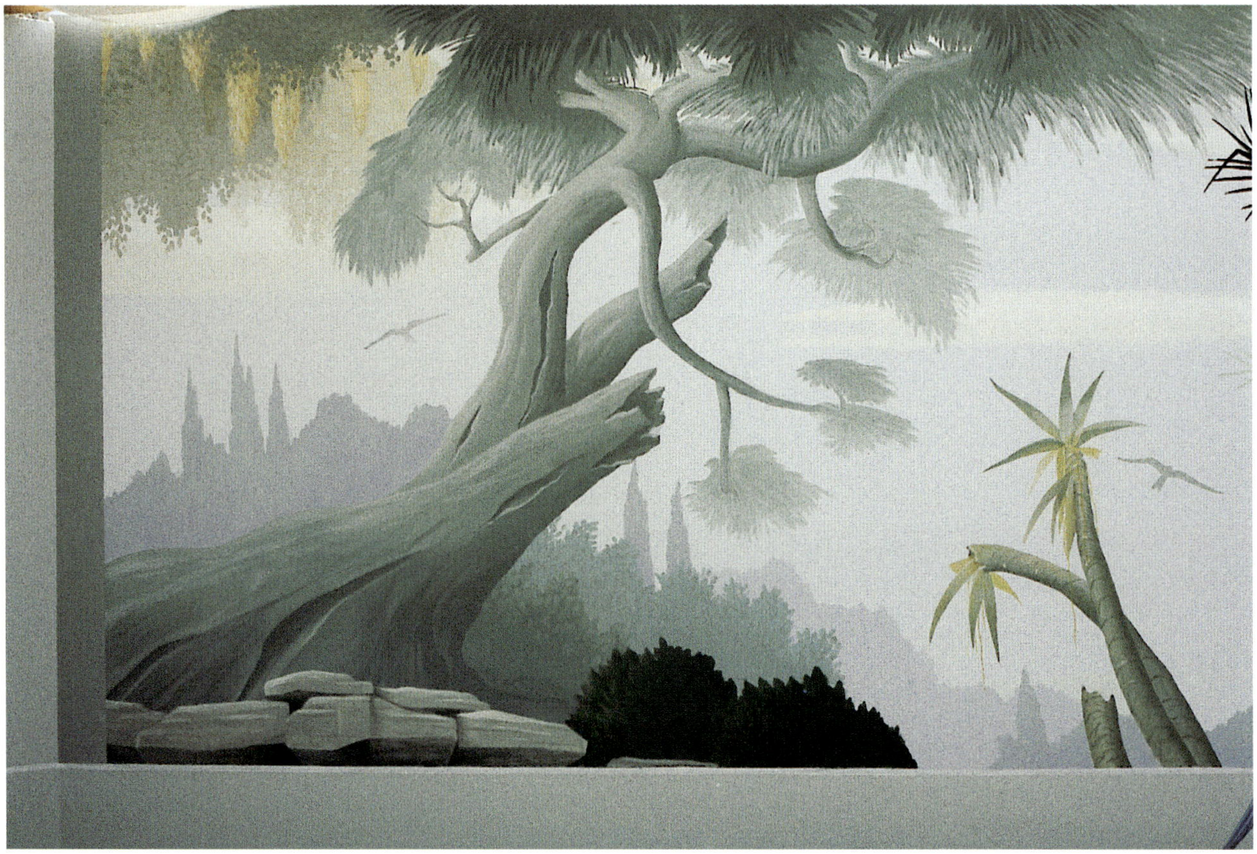

156 △

157 ▽

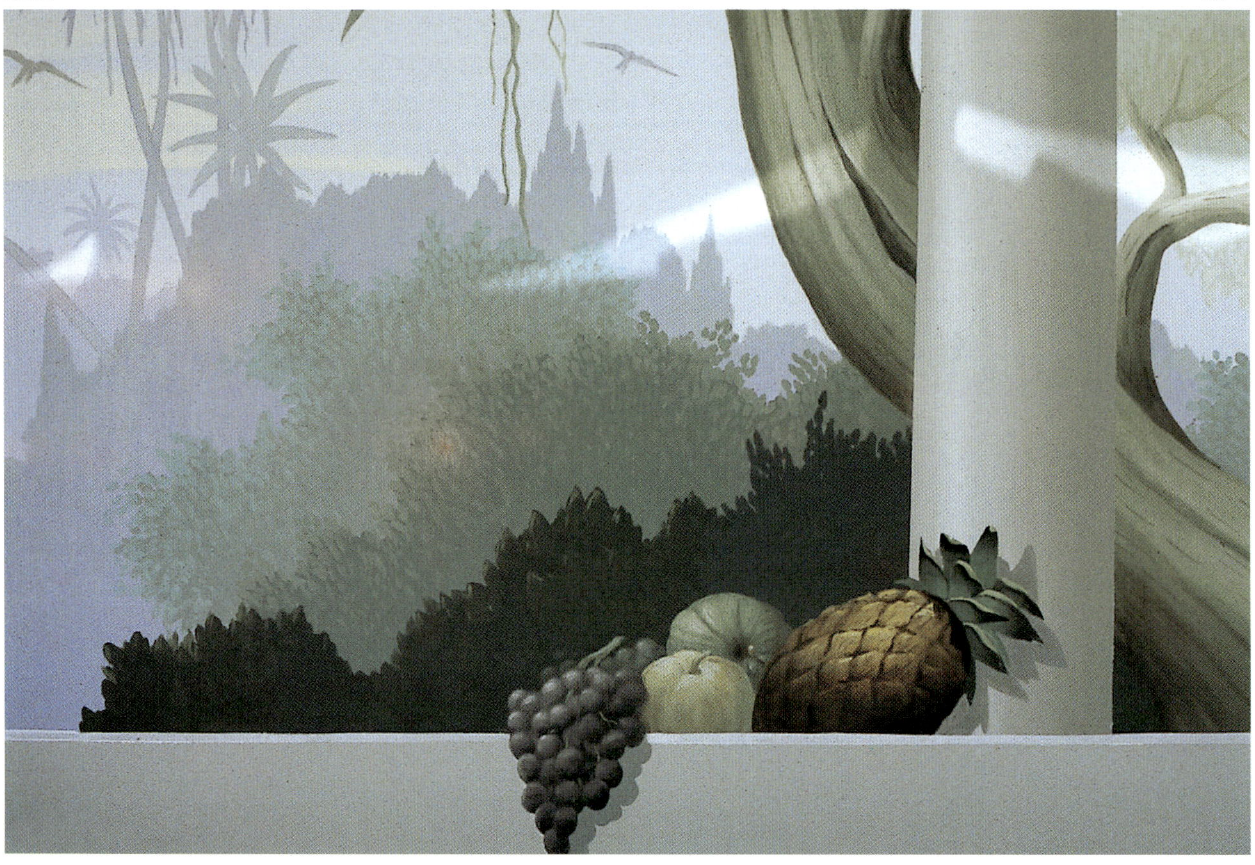

158 Im Atelier ausgeführte Malerei auf Leinwand ▷

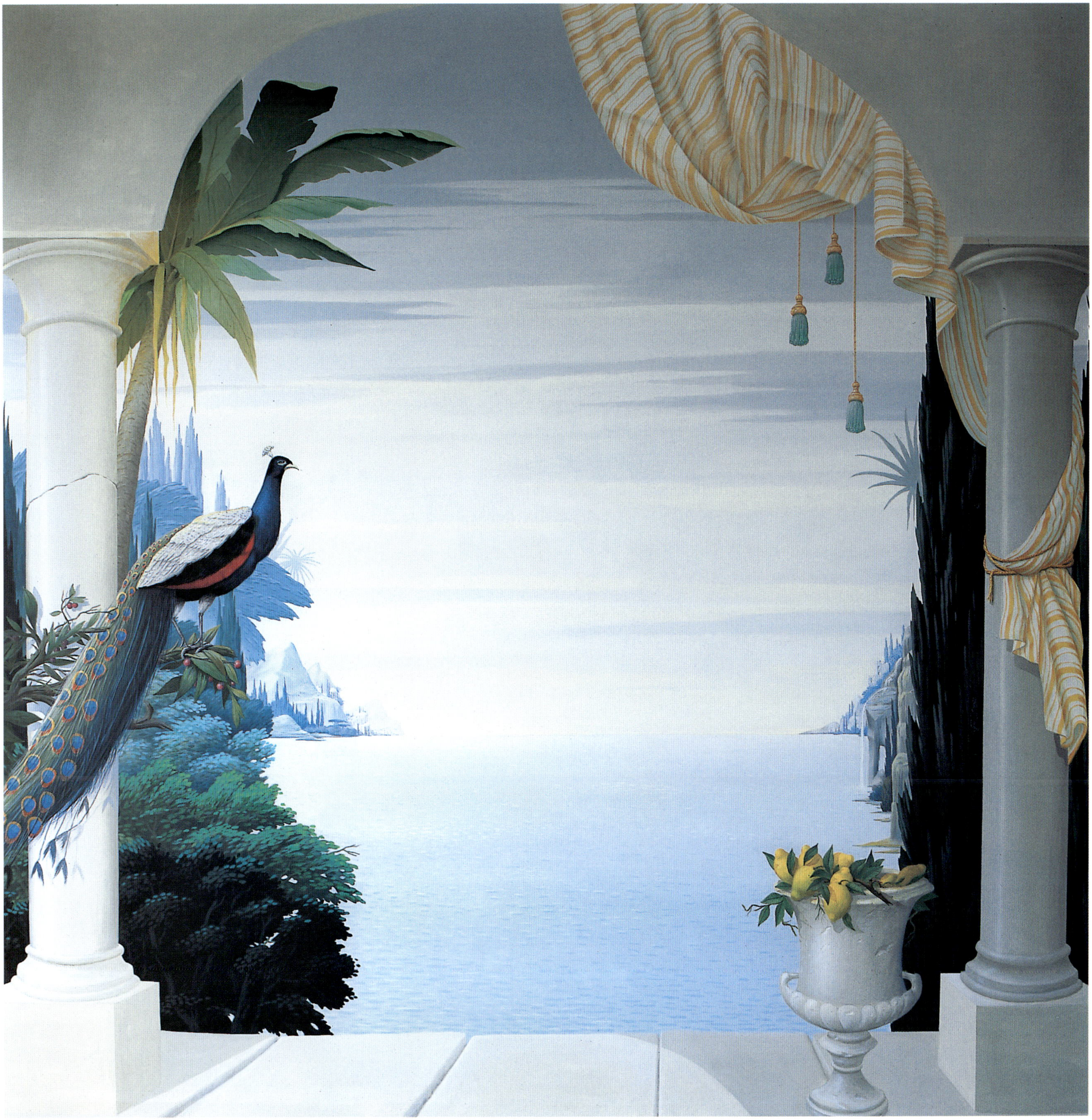

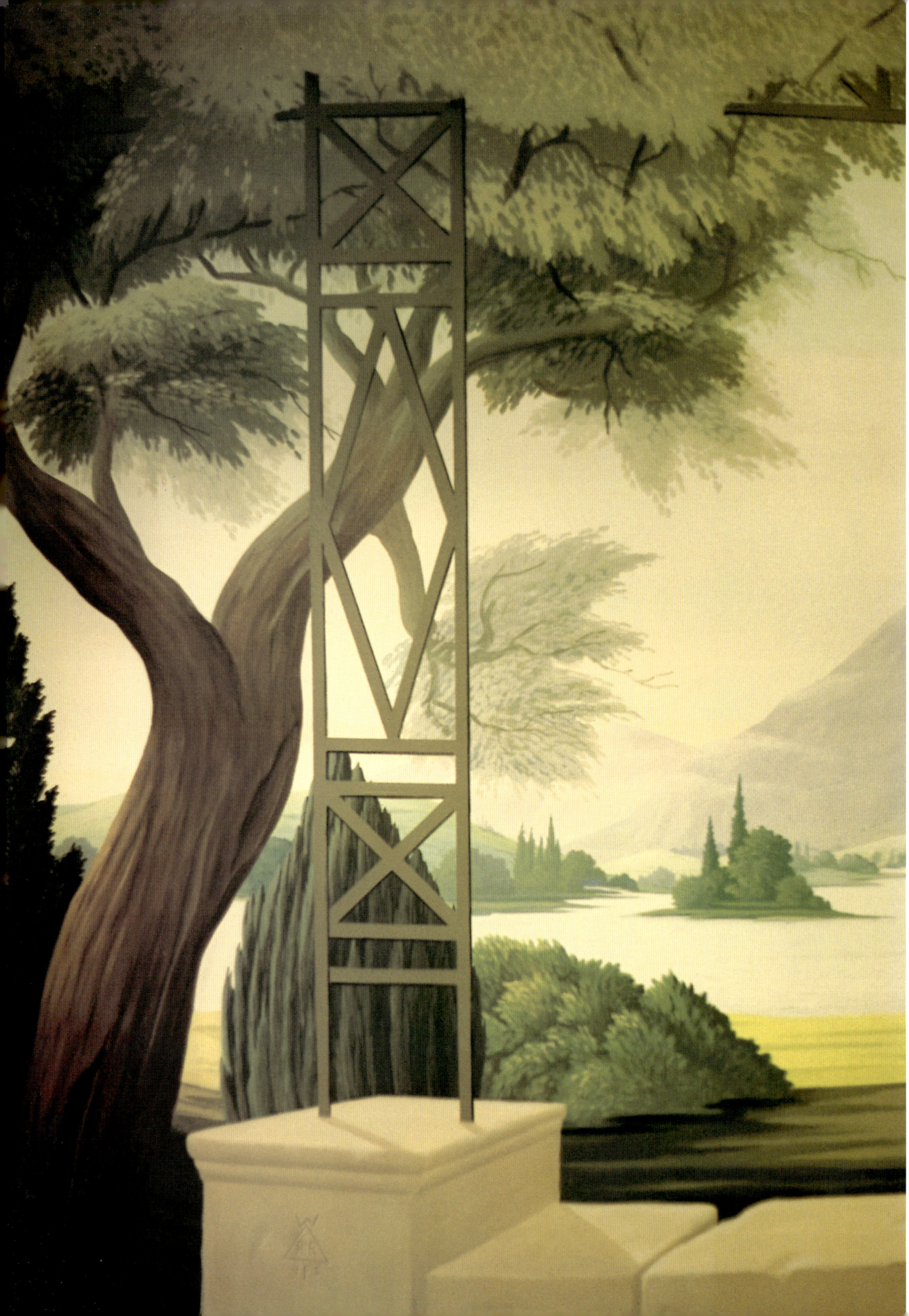

159,160 Wandmalerei auf einer gewölbten Wand in einem Verkaufsraum; im Hintergrund erschließt sich eine Seelandschaft.

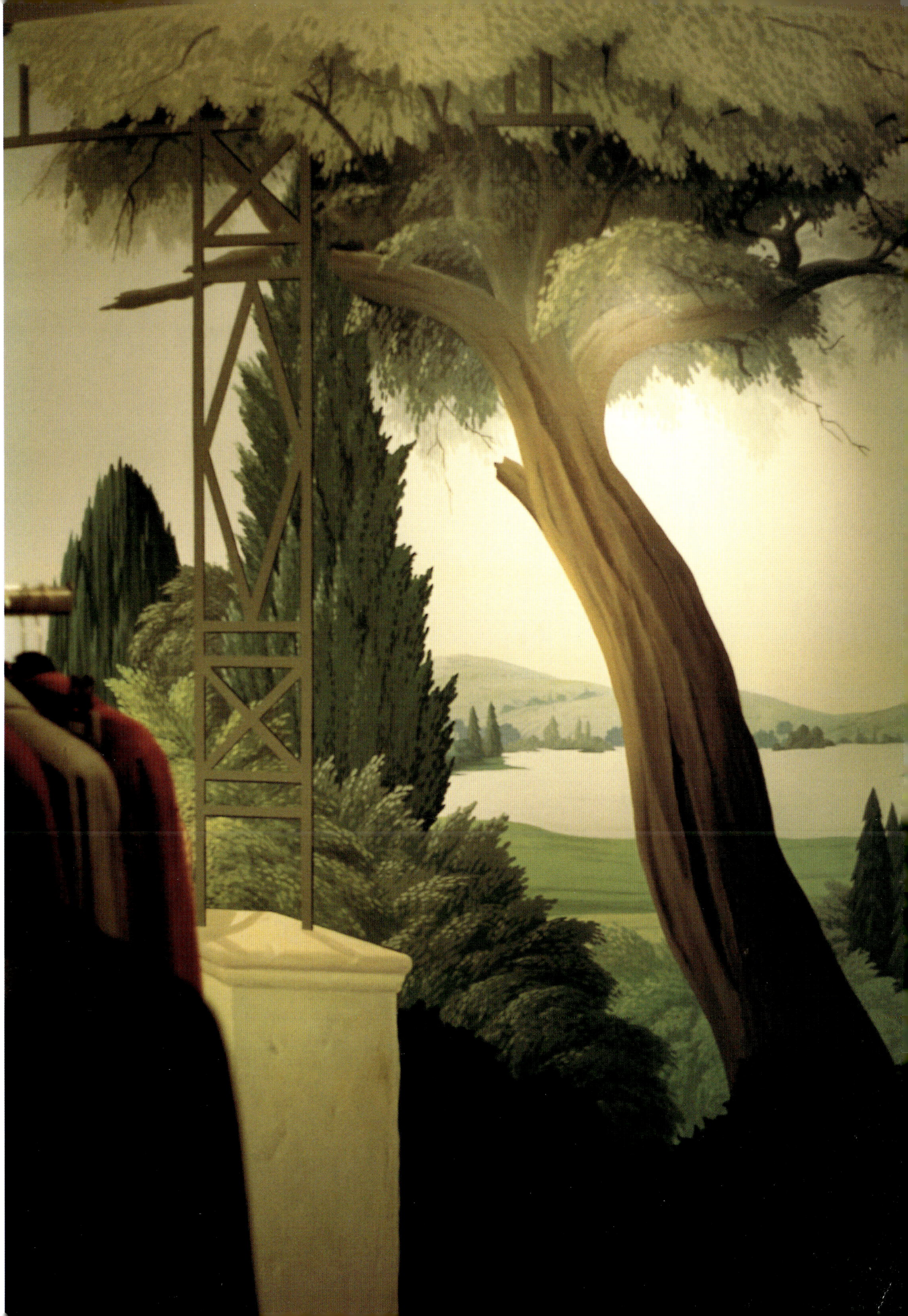

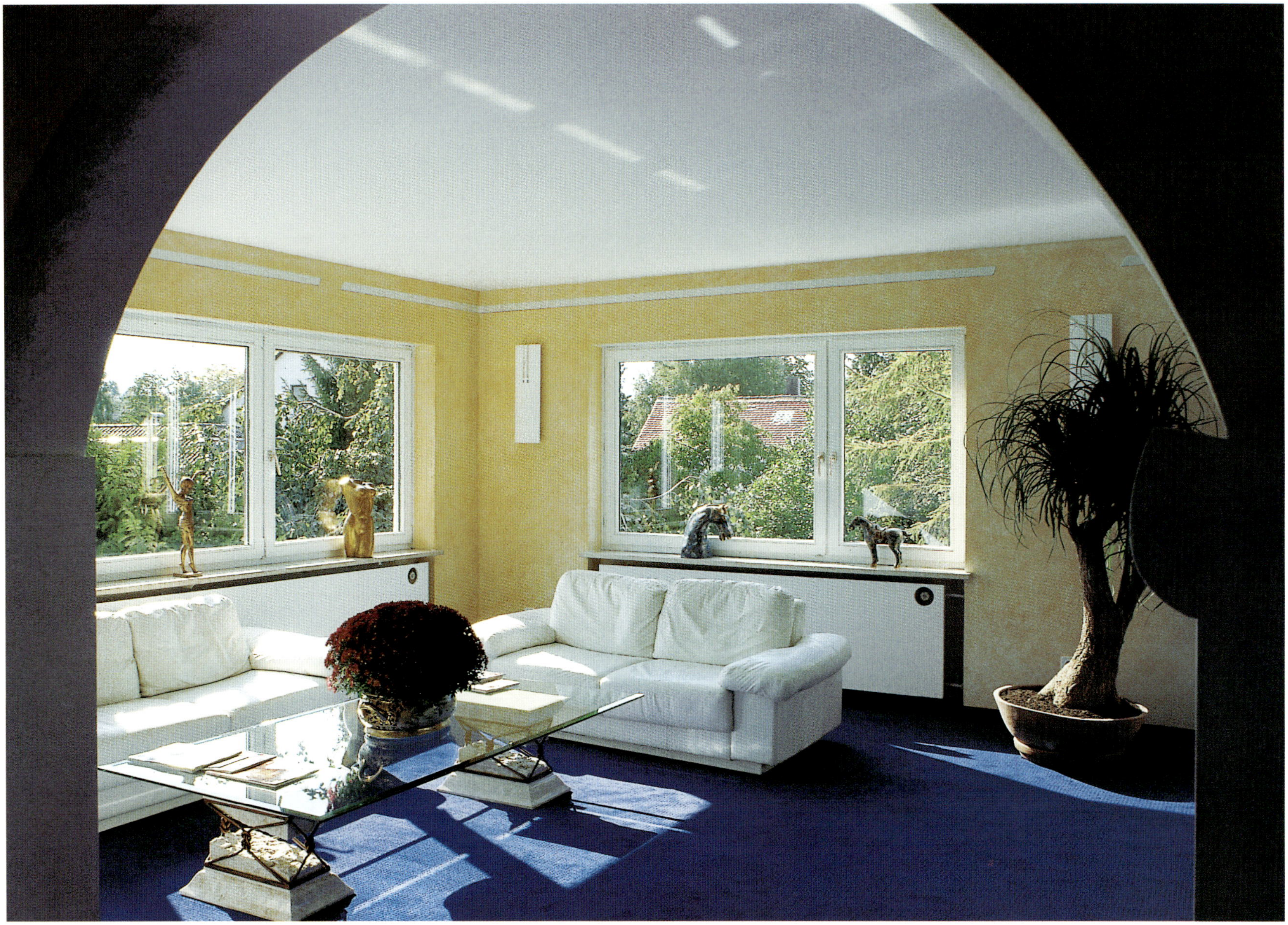

161 Das Wartezimmer einer Arztpraxis wurde mit Wandlasurtechnik ausgeführt; die eingemalte Bordüre unterhalb der Decke zeigt immer wieder Ausbrüche und Fehlstellen.

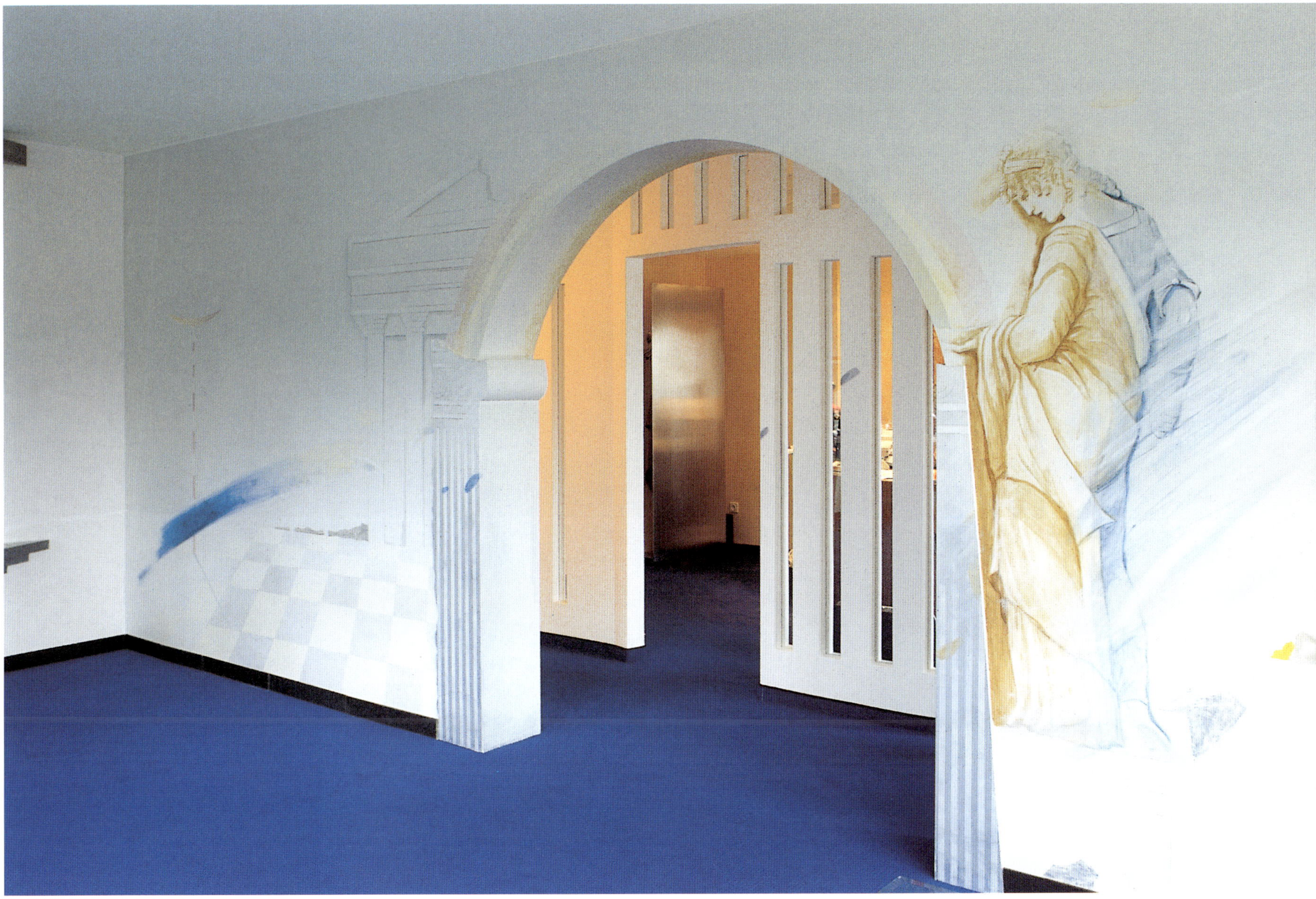

162 Durchblick vom Wartezimmer zum Empfang: Moderne Innenarchitektur, begleitet von antiken Themen, in zeitgenössische Malerei umgesetzt.

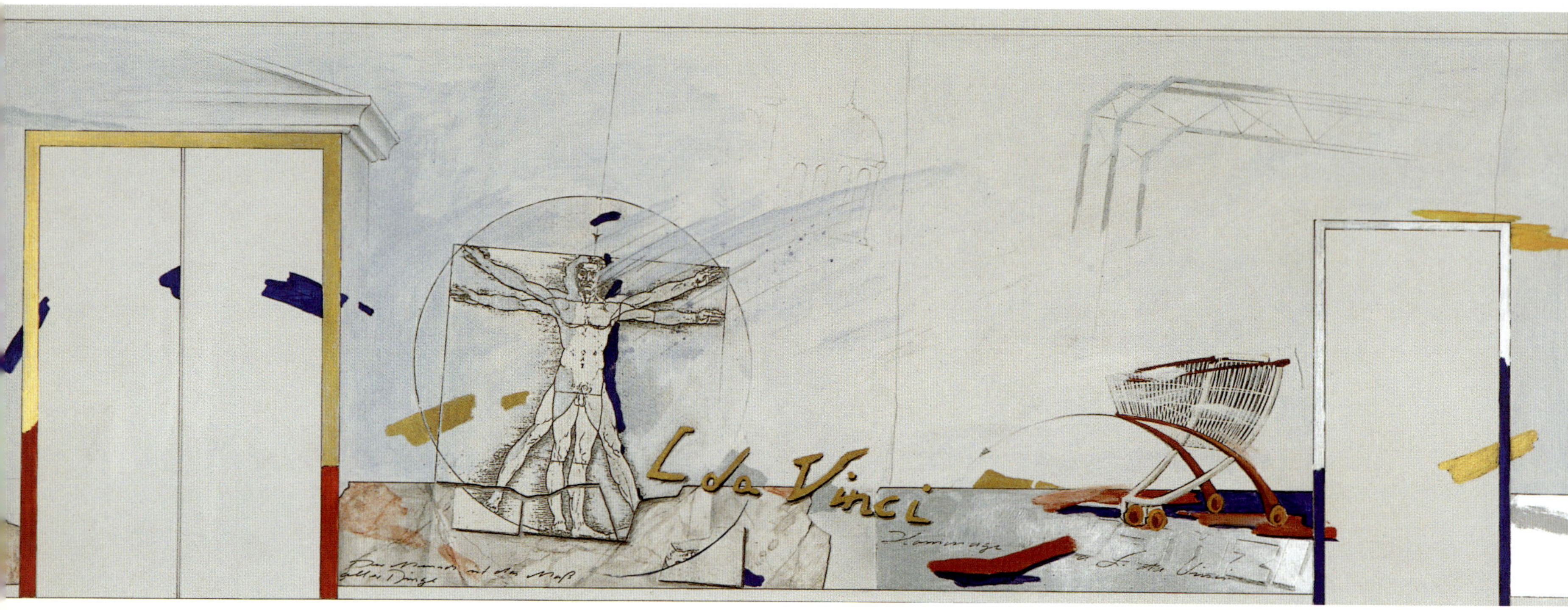

163 Gestaltungsvorschlag für die Empfangshalle eines Industriegebäudes.

164 Entwurfsblatt für eine moderne Wandgestaltung: Abbröckelnde alte Frescomalerei wird kombiniert mit Elementen moderner Malerei. Die halb offenstehende Türe gibt den Blick auf eine Terrasse mit Meeresblick frei. ▷

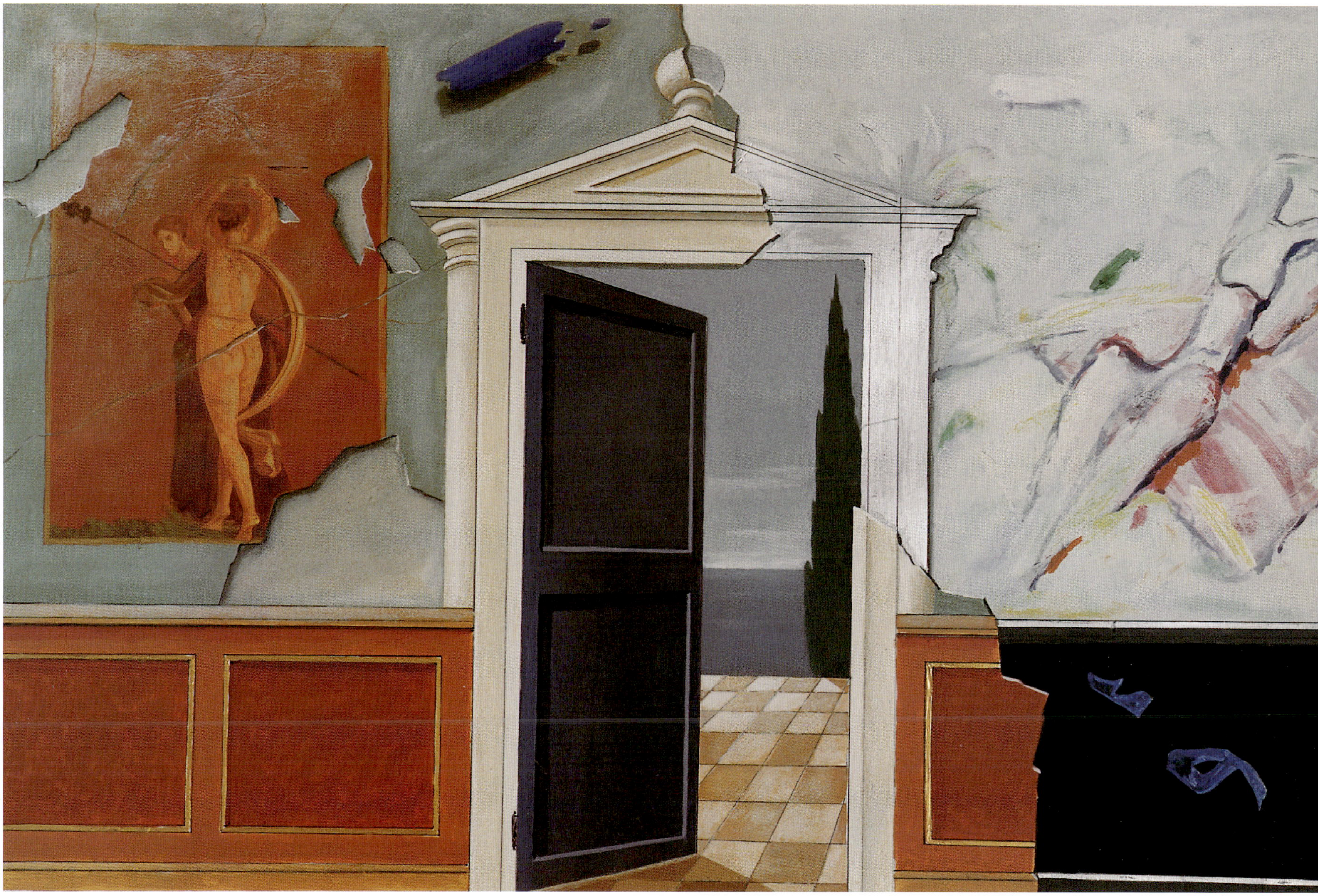

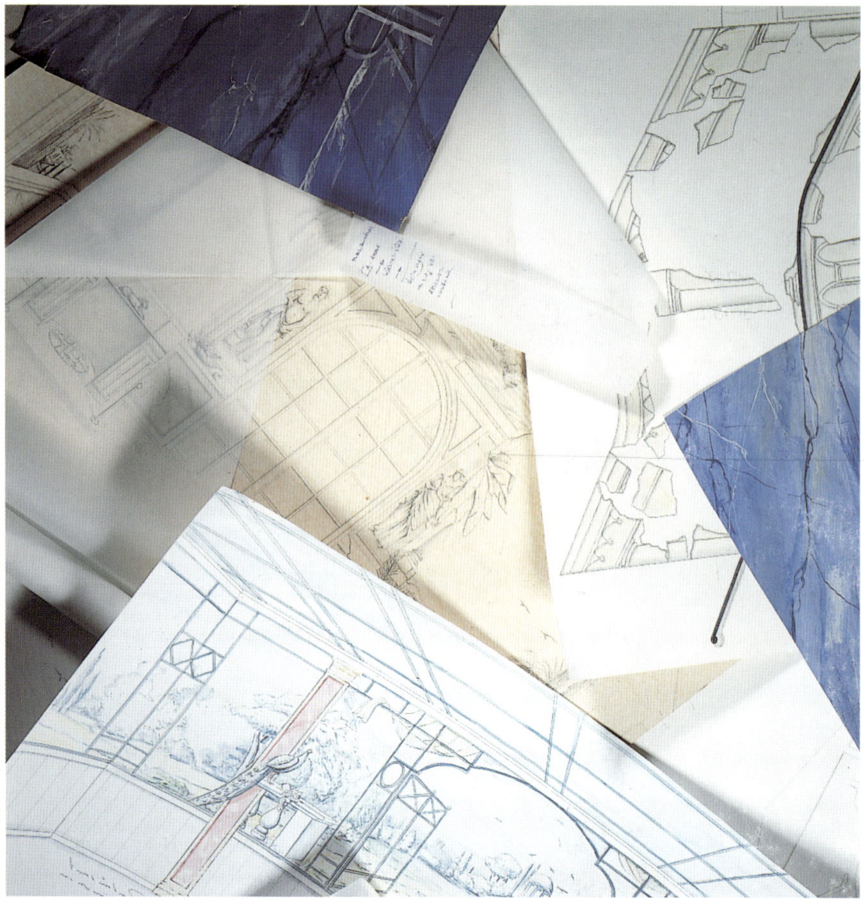

165 *Skizzen und Entwürfe im Atelier.*

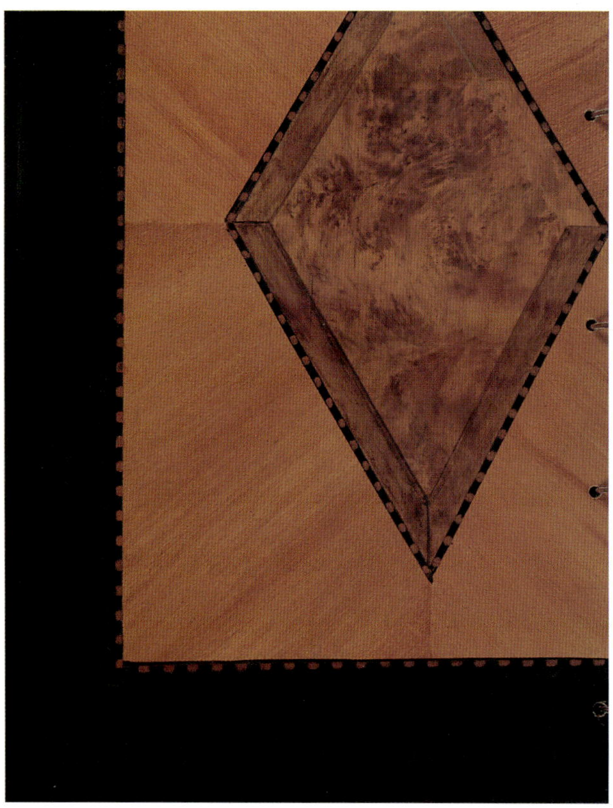

166 *Präsentationsmappe mit aufgemalter Holzintarsienmalerei.*

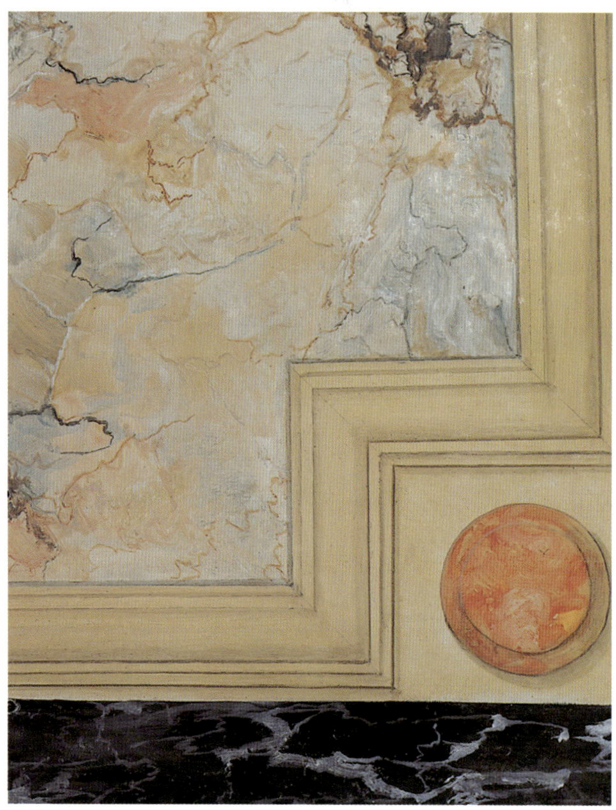

167 *Rückseite der Mappe mit Marmor- und Steinmalerei.*

168 Auf einem marmorierten Untergrund wurde das Logo der Autoren mit Licht- und Schattenwirkung eingemalt.

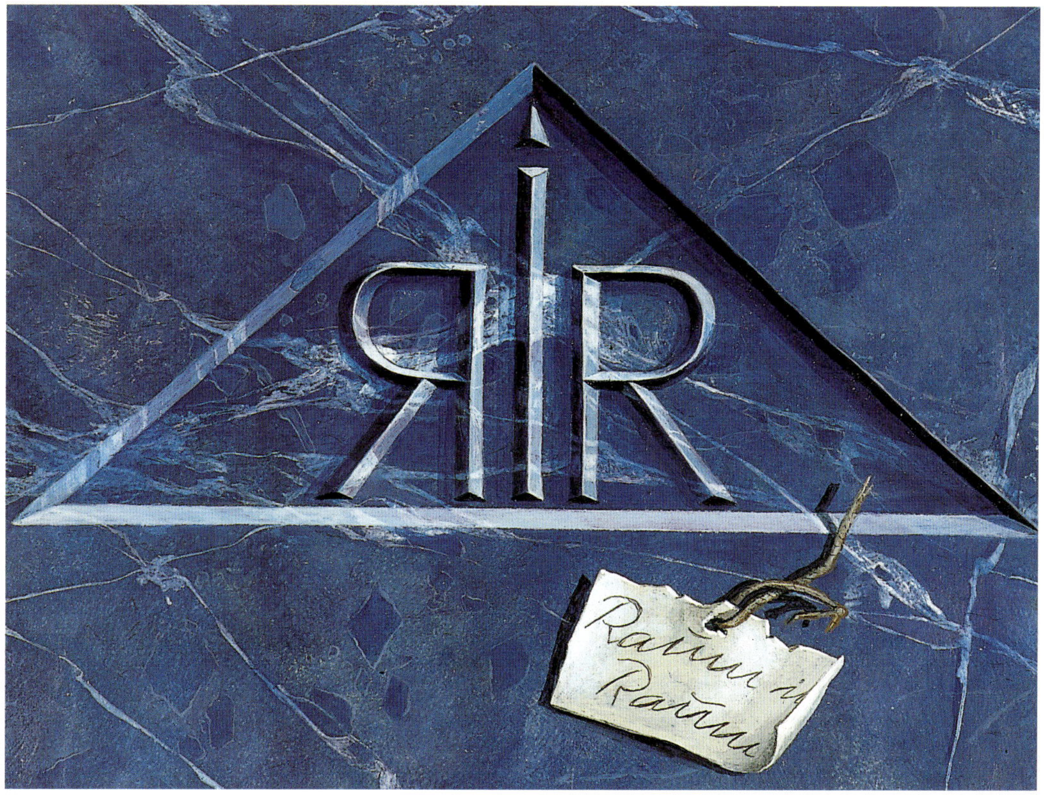

169 Die Autoren, von links: Christian Wahl, Sabine Wahl, Carlo Forster in ihrem Atelier Dorfstr. 18, 86981 Kinsau.

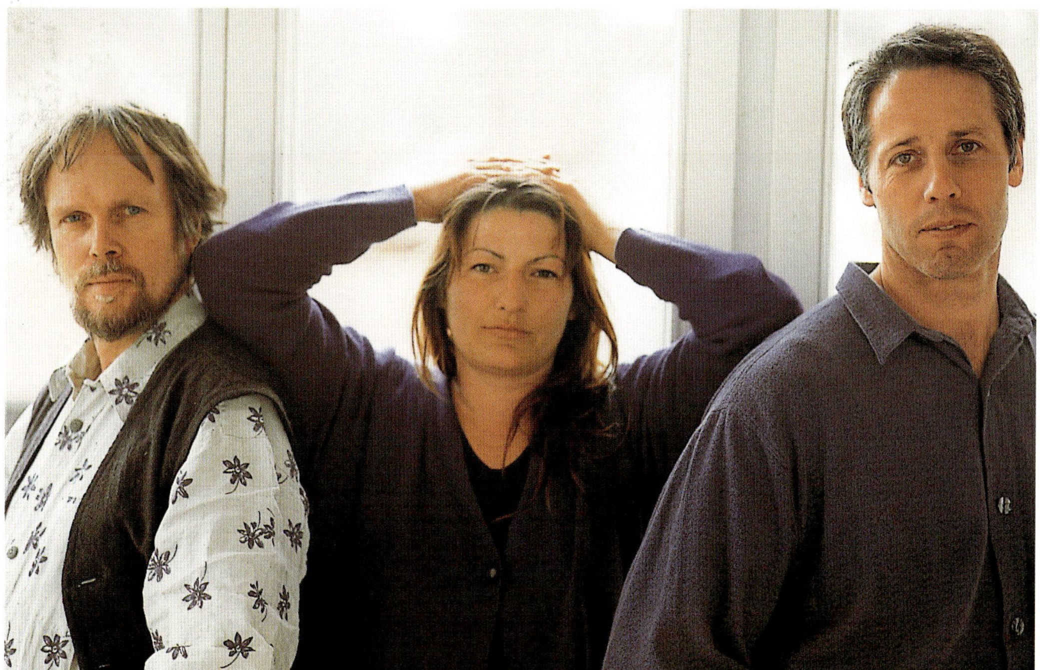